创新型国家科学传播

王康友 主编

中国科学技术出版社
·北京·

图书在版编目（CIP）数据

创新型国家科学传播 / 王康友主编. —北京：中国科学技术出版社，2020.1

ISBN 978-7-5046-7700-6

Ⅰ.①创… Ⅱ.①王… Ⅲ.①科学技术-传播-研究-世界 Ⅳ.①G219.1

中国版本图书馆CIP数据核字（2017）第253221号

策划编辑	王晓义
责任编辑	王　琳　周　玉
装帧设计	程　涛
责任校对	杨京华
责任印制	徐　飞

出　　版	中国科学技术出版社
发　　行	中国科学技术出版社有限公司发行部
地　　址	北京市海淀区中关村南大街16号
邮　　编	100081
发行电话	010-62173865
传　　真	010-62179148
投稿电话	010-63581202
网　　址	http://www.cspbooks.com.cn

开　　本	720mm×1000mm　1/16
字　　数	360千字
印　　张	22
版　　次	2020年1月第1版
印　　次	2020年1月第1次印刷
印　　刷	北京顶佳世纪印刷有限公司

书　　号	ISBN 978-7-5046-7700-6 / G・765
定　　价	79.00元

（凡购买本社图书，如有缺页、倒页、脱页者，本社发行部负责调换）

《创新型国家科学传播》编委会

主　　编　王康友

副 主 编　尹　霖　张志敏

编委会成员　王康友　颜　实　王玉平　赵立新　王晓丽
　　　　　　　尹　霖　何　薇　张　超　陈　玲　周寂沫
　　　　　　　郑　念　钟　琦　高宏斌　谢小军

课题组成员　王康友　颜　实　王玉平　赵立新　王　玥
　　　　　　　王　茜　王大鹏　尹　霖　刘　萱　李红林
　　　　　　　张会亮　张志敏　陈　玲　姚利芬　侯蓉英

目录
CONTENTS

综述

第一节 关于创新型国家的选取 ………………… 3
第二节 本书的主要内容 ………………… 5
第三节 创新型国家科学传播的特点 ………………… 6
第四节 对我国科学传播的启示和借鉴意义 ………………… 8

上篇 专题篇 ………………… 13

第一章 科学传播的主体 ………………… 15
第一节 科学家 ………………… 18
第二节 政府 ………………… 22
第三节 企业 ………………… 26
第四节 科技类场馆 ………………… 28
第五节 科学媒介中心 ………………… 30

第二章 科学传播的内容开发 ………………… 33
第一节 科学写作 ………………… 35
第二节 图书作品 ………………… 40
第三节 影视作品 ………………… 42
第四节 展教品 ………………… 47

第三章 大众媒体的科学传播 ………………… 51
第一节 广播 ………………… 55
第二节 报刊 ………………… 58
第三节 电视 ………………… 61
第四节 网络 ………………… 64

第四章 科学传播的基础设施 ………………… 67
第一节 科学传播专门机构及其科学传播活动 ………………… 70
第二节 实验室 ………………… 74

第五章 面向公众的科学传播活动 ………………… 79
第一节 科学节活动 ………………… 81

第二节 主题日科学传播活动 ………………………… 88
　　　第三节 青少年科学传播活动 ………………………… 92
　　　第四节 特色科学传播活动 …………………………… 93

第六章 **科学传播的评估** ………………………………………… 97
　　　第一节 评估的目的和意义 …………………………… 99
　　　第二节 科学节评估 …………………………………… 100
　　　第三节 科学传播项目评估 …………………………… 105
　　　第四节 科技博物馆评估 ……………………………… 106
　　　第五节 小结 …………………………………………… 111

下篇｜国别篇 …………………………………………………… 113

第七章 **美国的科学传播** ………………………………………… 115
　　　第一节 科学传播政策环境 …………………………… 117
　　　第二节 科学传播主体 ………………………………… 125
　　　第三节 科学传播内容开发 …………………………… 133
　　　第四节 媒体科学传播 ………………………………… 135
　　　第五节 科学传播基础设施 …………………………… 139
　　　第六节 科学节活动 …………………………………… 149

第八章 **英国的科学传播** ………………………………………… 153
　　　第一节 科学传播政策 ………………………………… 156
　　　第二节 科学传播主体 ………………………………… 162
　　　第三节 科学传播的基础设施 ………………………… 169
　　　第四节 大众媒体的科学传播 ………………………… 172
　　　第五节 公众科学传播活动 …………………………… 173

第九章 **加拿大的科学传播** ……………………………………… 183
　　　第一节 科学传播的背景、战略和政策 ……………… 186
　　　第二节 科学传播的主体 ……………………………… 188
　　　第三节 科学传播的内容 ……………………………… 199
　　　第四节 科学传播的基础设施 ………………………… 203
　　　第五节 媒体科学传播 ………………………………… 209

　　　　第六节 科学传播的公众活动 ……………………… 213

第十章　**德国的科学传播** …………………………………… 219
　　　　第一节 科学传播的背景、战略和政策 ……………… 221
　　　　第二节 科学传播的主体 ……………………………… 227
　　　　第三节 科学传播的内容开发 ………………………… 232
　　　　第四节 媒体科学传播 ………………………………… 234
　　　　第五节 科学传播的基础设施 ………………………… 238
　　　　第六节 科学传播的公众活动 ………………………… 243
　　　　第七节 科学传播的评估 ……………………………… 247

第十一章　**日本的科学传播** ………………………………… 249
　　　　第一节 科学传播政策环境 …………………………… 252
　　　　第二节 科学传播的主体 ……………………………… 257
　　　　第三节 科学传播的内容开发 ………………………… 260
　　　　第四节 媒体科学传播 ………………………………… 267
　　　　第五节 科学传播的基础设施 ………………………… 272
　　　　第六节 科学馆及科学中心 …………………………… 273
　　　　第七节 科学传播公众活动 …………………………… 277
　　　　第八节 科学传播的评估 ……………………………… 282

第十二章　**韩国的科学传播** ………………………………… 289
　　　　第一节 韩国科学传播的政策环境 …………………… 292
　　　　第二节 韩国科学传播的主体 ………………………… 303
　　　　第三节 韩国的科学传播的基础设施 ………………… 309
　　　　第四节 韩国科学传播的公众活动 …………………… 312
　　　　第五节 科学传播的内容开发 ………………………… 317

第十三章　**澳大利亚的科学传播** …………………………… 321
　　　　第一节 科学传播的政策 ……………………………… 324
　　　　第二节 科学传播的主体 ……………………………… 326
　　　　第三节 科学传播人才培养 …………………………… 333
　　　　第四节 科学传播的基础设施 ………………………… 334
　　　　第五节 大众媒体的科学传播 ………………………… 336
　　　　第六节 公众科学传播活动 …………………………… 340

科技进步和创新

Scientific and Technological
Progress and Innovation

OVERVIEW

综 述

‖ 综述 ‖

第一节　关于创新型国家的选取

当前，世界各国尤其是发达国家越来越把推动科技进步和创新作为国家战略，大幅度提高科技投入，为经济社会发展提供持久动力，已经形成国际潮流。创新型国家具备四个方面特征：创新投入高、科技进步贡献率高、自主创新能力强、创新产出高。目前，世界上公认的创新型国家有20个左右。根据近两年全球五大创新评价报告排名，包括我国国家创新指数报告2015（中国科学技术发展战略研究院）、2016年全球创新指数报告（世界知识产权组织、康奈尔大学、英士国际商学院）、2016年世界竞争力年鉴（瑞士洛桑国际管理发展学院）、2015—2016年全球竞争力报告（世界经济论坛）、2016年全球创新指数（彭博社），至少在4份报告同时出现的国家有17个，分别是美国、日本、瑞士、丹麦、德国、瑞典、英国、荷兰、芬兰、新加坡、法国、挪威、澳大利亚、加拿大、爱尔兰、卢森堡、新西兰，全球五大创新评价报告中的创新型国家排名情况见表0-1。

通过综合分析这些国家的国情，我们主要选取了美国、英国、德国、加拿大、

表0-1 全球五大创新评价报告中的创新型国家排名

排名	国家创新指数报告2015（中国科学技术发展战略研究院）	2016年全球创新指数报告（世界知识产权组织、康奈尔大学、英士国际商学院）	2016年世界竞争力年鉴（洛桑学院）	2015—2016年全球竞争力报告（世界经济论坛）	2016年全球创新指数（彭博社）
1	美国	瑞士	瑞士	瑞士	韩国
2	日本	瑞典	美国	新加坡	德国
3	瑞士	英国	新加坡	美国	瑞典
4	韩国	美国	瑞典	德国	日本
5	丹麦	芬兰	丹麦	荷兰	瑞士
6	德国	新加坡	爱尔兰	日本	新加坡
7	瑞典	爱尔兰	荷兰	芬兰	芬兰
8	英国	丹麦	挪威	瑞典	美国
9	荷兰	荷兰	加拿大	英国	丹麦
10	新加坡	德国	卢森堡	挪威	法国
11	法国	韩国	德国	丹麦	以色列
12	芬兰	卢森堡	卡塔尔	加拿大	俄罗斯
13	挪威	冰岛	阿联酋	卡塔尔	奥地利
14	以色列	中国香港	新西兰	新西兰	挪威
15	爱尔兰	加拿大	澳大利亚	阿联酋	爱尔兰
16	中国	日本	英国	马来西亚	比利时
17	澳大利亚	新西兰	马来西亚	比利时	英国
18	加拿大	法国	芬兰	卢森堡	荷兰
19	新西兰	澳大利亚	以色列	澳大利亚	加拿大
20	卢森堡	奥地利	比利时	法国	澳大利亚
中国排名	16	25	25	28	21

日本、韩国、澳大利亚等国家作为典型例证。从地域上看，本书尽可能将最具代表性的国家囊括在内。因此，这里所呈现的有当今世界的头号科技强国——美国，它在科技和创新领域都有着举足轻重的地位；也有世界的另一传统强国——英国，它将科学研究作为长期繁荣的核心战斗力；有德国，虽然起步较晚却引领了以电气为主要标志的第二次技术革命；有北美的加拿大，它在教育、政府透明度、社会自由度、生

活品质及经济自由等方面的国际排名都名列前茅；在亚洲，有我们的近邻，也是当今世界的经济强国日本，它是亚洲最发达的创新型国家之一；此外，还有我们的邻邦韩国，它依靠科技创新实现了经济的突飞猛进；同时，作为大洋洲的主要代表，澳大利亚也是我们关注的对象。略显遗憾的是，欧洲的法国、南美及非洲的代表性国家没有出现在本书中，尽管我们曾经计划列入这些国家，但由于掌握材料有限，只能希望在将来的工作中弥补这个缺憾。

第二节　本书的主要内容

从时间段上看，本书更好地体现了最新的，尤其是近年创新型国家科学传播的概况。又因篇幅所限，本书主要集中于2010年以来，特别是科技创新被提升到前所未有的国家战略高度以来的情况介绍，只有在必要的时候才会回溯历史。我们希望这样的方式可以更具时代性及现实意义，为当前我们正在进行的科学传播工作提供有效的借鉴与指导。

在内容上，尽管不同的国家由不同的作者撰写，但我们还是尽可能依照统一的体例来安排各章节内容。因此，各章的介绍紧紧围绕"科学传播的背景、战略和政策""科学传播的主体""科学传播的内容开发""媒体科学传播""科学传播的基础设施""科学传播的公众活动""科学传播的评估"等主要内容来进行。其中，"科学传播的背景、战略和政策"不仅介绍了当前的政策，还对政策出台的历史背景、国家情况进行了陈述，对科学传播在国家科技创新战略中的地位进行了介绍；"科学传播的主体"章节包括进行科学传播工作的政府和机构、科研机构和大学、博物馆、科学中心、社会组织、协会和基金会等；"科学传播的内容开发"包括科学写作、科普作品、展品设计和制作、科学传播奖项设立等；"媒体科学传播"章节则介绍了以报刊、书籍、广播、电视、网络、移动新媒体等方式进行的科学传播；"科学传播的基础设施"主要介绍博物馆和科学中心、图书馆、科学设施和公园绿地等社区科普的设施概况；"科学传播的公众活动"是各国进行科学传播颇有特色的一章，包括精彩纷呈的科技周、科学年、科普巡展、科学电影节等多种多样的活动；最后一部分"科学传播的评估"则是介绍创新型国家如何进行科学传播的评估，对我们借鉴参考各国的经验和模式具有重大意义，学习好的模式和做法，避免问题，少走弯路，并对结合我国国情开展科学传播评估工作也有一定的借鉴作用。

我们尽可能地将各章的内容按照统一体例来安排，主要出于以下考虑：一方面，统一的体例有利于保持各章节之间的联系，让本书呈现一个既清晰又富于条理的画面；另一方面，这样的安排也和国内科学传播工作的相关环节相对应，因此更具实践指导性。当然，由于各国境况的不同，各个章节的安排可能也会具有不同的特征。其次，与以往的类似书籍或报告相比，本书不仅局限于介绍政策、机构、场馆等，还重点介绍了创新型国家进行科学传播的理念，以及科学传播被提升到国家战略高度的始末；另外，结合当前互联网和移动终端的快速发展与普及，本书还突出介绍了信息时代新媒体的科学传播等。

此外，本书的出发点是"述"，而非"评"，因此分析研究的味道并不浓，或者说，并不像我们通常认为的那样浓厚。我们的写作更多地倾向于向读者介绍客观状况，希望通过这样的介绍向大家提供进一步了解国外科技传播的平台或渠道。我们希望，对科学传播工作感兴趣的各类人在读过本书之后可以得到进一步研究的钥匙，去开启更为广阔的天地。因此可以说，本书又是一条船，将带领读者进入他感兴趣的世界。尽管如此，我们还是相信这样的工作具有独特的意义，因为没有好工具的帮助则难登高峰。我们希望我们的工作可以为读者提供这样一个工具。

第三节　创新型国家科学传播的特点

通过对美国、英国、德国、加拿大、日本、韩国、澳大利亚等国家的科学传播进行广泛而深入的调研，发现虽然因为国家的国情和发展阶段不同，制定相关政策时采取的做法和模式不同，但是这些国家的科学传播却有一些共性的特点，具体归纳如下。

一、政府重视科学传播，甚至把科学传播提升到国家战略层面

例如，韩国制定的专门的科普政策——《科学技术文化昌盛五年计划》，把科普作为一项独立的事业加以推进；德国的《德国公民科学战略2020绿皮书》虽然不是官方发布的政策性文件，但也是由政府及一些非政府机构联合发布的，体现了政府的态度。虽然并不是所有国家都以科学传播战略的规划直接命名，但是不同的政府部门都在一定程度上将科学传播纳入了本领域的发展战略，例如，日本的《科学技术基本计划》、德国的《德国2020高科技发展战略》都明确提出了要通过各种政策、采取各种举措、组织各种活动来传播科学技术，提升国民的科学素养。

二、强调科研工作和科学传播相结合

科研人员在服务经济社会发展的过程中不仅要做"负责任的科学研究"，也要在新技术的应用推广过程中主动为公众答疑解惑、示范演示。例如，英国研究理事会（RCUK）是英国科学研究资助部门，理事会十分重视科学家、公众和决策者之间的信息流动和观点交换，科研人员承担一部分科学传播工作，公众的意见和建议反过来也会影响科研工作，而且会提出非常有建设性的意见，有的部门则直接欢迎志愿者加入他们的研究工作；德国著名的马克斯·普朗克科学促进学会（Max Planck Society，简称马普学会）发起的《柏林宣言》的主要内容就是鼓励科研人员与学者在"开放获取"的原则下公开他们的研究工作，声称科学研究成果的意义在于被广泛传播和应用。除此之外，在几乎所有国家开展的科学传播公众活动中，浓墨重彩的一笔就是开放国家实验室，让科研人员和公众面对面进行交流。

三、科学传播呈现出越来越明显的大众化、社会化特征

科学传播和普及让"高大上"的创新成果更加"接地气"。新技术、新成果的推广应用亟需科学普及，在生命科学、食品安全、资源环境等一些与公众生活密切相关的领域，科研活动越来越受到来自社会舆论的影响。新技术的推广应用往往会遇到行政部门管理者的质疑，也可能使传统经济中的"利益相关者"焦虑与迟疑，更常常引起社会大众的好奇与追踪。

四、科学传播的理念和方式方法有所改变

随着经济社会发展和人民生活水平的提高，除了科学知识的普及之外，更重要的是科学思维方式和健康生活态度的传播。科学普及也从过去被动的"传授—接受"模式转变为"主动寻求"的过程。科学普及为科技成果转化和产业化提供了高效的"催化剂"。科技革命和产业变革发轫之时，也是知识流动、技术扩散、科学普及空前活跃的阶段，科学家、工程师、企业家和公众之间的交流互动，新技术、新产品在生产生活中的快速扩散，为企业家开拓市场提供了新的空间。从这个意义上讲，无论是媒体、管理者还是企业家，需要的不仅是知识的普及，还有观念的更新，社会心理和观念的发展变化，从而创造出巨大的市场需求。

五、重视更新科学传播的方式和设施

信息技术发展催生了全新的科学传播方式和表达方式，社交媒体、自媒体、全媒体成为科学传播的生力军，互联网正在成为科学普及的主阵地和新平台。科学家向公众单向传播知识的传统模式，已经转变为以受众为中心，多元化、多渠道的传播模式。多个国家的科普机构或博物馆都开发了移动应用程序App，并面向公众免费开放，人们可以在手机或智能终端上下载，查看自己感兴趣的科学知识，并与有相同兴趣爱好的网友进行交流互动。

第四节 对我国科学传播的启示和借鉴意义

对于我国来说，建设创新型国家是建设中国特色社会主义事业中的重要内容，是参与国际竞争、全面建成小康社会、实现中华民族伟大复兴中国梦的重要支撑。提高公民科学素质是建设创新型国家的重要基础。因此，科学传播是国家创新体系的重要内容，科学传播既可以传播科学知识、科学方法和科学精神，提高全民科学素养，又能营造科学文化，协调科技、社会与环境的友好关系，让科技创新引领社会持续健康发展。

‖ 综述 ‖

建设创新型国家是一项系统工程,涉及多方面,关乎全社会,需要广泛的公众理解和积极的社会参与,需要不断提高全民科学素质,充分激发人们创新、创造的无穷动力和蓬勃活力,激发全社会的创新热情和创造活力。习近平强调指出,科技创新和科学普及是实现科技腾飞的两翼,应该把科学普及放在与科技创新同等重要的位置。科学技术的普及在经济和社会发展中有着独特的作用。在科学技术快速发展的今天,一个国家、地区科学技术的普及程度,从根本上决定了这个国家、地区生产和文化的发展水平,决定着这个民族的创造能力。科技创新是国家、地区综合竞争力的关键,而科学技术普及是科技创新的前提和基础。通过大力普及科学知识、弘扬科学精神、传播科学思想、倡导科学方法,提高全民科学文化素质,在全社会推动形成讲科学、爱科学、学科学、用科学的良好氛围,为实施创新驱动发展战略奠定坚实的思想基础和群众基础。

2005年,英国具备基本科学素质的公众比例为14%,德国为18%,法国为17%,丹麦为22%,瑞典为35.1%,芬兰为22.2%,爱尔兰为9.4%。中国科普研究所针对美国及欧洲32国2005年公民科学素质水平进行了研究分析,得出结论,认为作为创新型国家公民科学素质水平一般应达到10%。到2020年,我国进入创新型国家行列,具备基本科学素质的公众比例要达到10%,这将是一个跨越式发展,任务十分艰巨。[1]

结合创新型国家科学传播的特点和经验,我们认为以下几方面对我国开展科学传播工作具有一定的借鉴意义。

一是从政府层面重视科学传播工作,要做好科学传播工作,需要政府部门、社会团体、新闻媒体、科研人员、社会公众等多方面共同参与和群策群力。对政府部门来讲,要把科学普及和科学传播作为组织实施重大科学研究计划的重要目标之一,在科研评价机制上要体现对科学普及的导向。政府在研究论证重大科技项目和工程过

---

[1] 国务院办公厅.到2020年公民具备科学素质的比例提到10%以上[EB/OL].(2016-03-14). http://www.chinanews.com/gn/2016/03-14/7796779.shtml.

程中，应当充分听取社会公众的意见和建议，这既是科学决策、民主决策的要求[①]，也是对纳税人负责。

二是促进科研与传播相结合，营造科技创新社会氛围。科普资源的开发与开放在贴近公众的同时，更要紧密地贴近科技前沿，推动科研机构将新成果转化成科普内容，及时获取并发布国际科技创新动态，引起社会对科技创新进展的关注，激发公众特别是青少年的创新热情，形成崇尚创新、支持创新的社会氛围。鼓励和促进科学家和工程师更加积极地投身科普、传播科学，自觉肩负起弘扬科学精神、传播科学思想、倡导科学方法、普及科学知识的重要社会责任，以更加主动的担当、更加平等的姿态、更加朴实的语言与公众沟通交流，让公众乐于倾听、接受、认同科学家的声音。科学家的权威性、科学共同体的公信力，不仅仅因为站在"知识高地"，更应当体现作为一种"公器"的社会价值。

三是突出科学精神，融入文化建设。要打破科普偏重普及科学知识、推广实用技术的传统格局，把弘扬科学精神、倡导科学思想、提高创新意识作为科普的重要内容，构筑创新的思想基础。科学传播也属于文化建设的范畴，要把科普融入文化强国的部署和措施中，与文学和艺术结合，繁荣科普创作，增强艺术性、通俗性、娱乐性，提升软实力。

四是加强信息化建设，创新科普手段方式。要树立现代信息社会的理念，充分运用先进信息技术，创新科普资源开发、分享、传播的手段和方式，应用新媒体广泛拓展传播渠道。从相关机构于2016年发布的统计数据来看[②]，我国的智能手机普及率达到58%，因此移动终端的大量普及可以为我们开展科学传播工作提供有力支撑。

---

① 万钢.大众化的科技创新创业与社会化的科学普及是创新发展的两翼[EB/OL].（2016-09-30）.http://www.sohu.com/a/115358222.S07423.

② 皮尤研究中心（Pew Research Center）是美国的一所独立性民调机构，总部设于华盛顿特区。2016年7月，皮尤研究中心发表一份数据报告，报告上显示中国的智能手机普及率达到58%（成年人拥有的智能手机的比例），远远高于全球智能手机普及率43%。

我们要将互联网发展成为科学传播的主阵地和新平台。

五是增强科普组织实力，发挥民间组织作用。要真正实现科学普及，需要全社会、全体公民的共同参与。要进一步巩固完善"政府推动、多部门联合协作、社会和公众广泛参与"的工作格局，加强各类科技、科学传播社会组织体系建设，强化社会力量，健全社会动员和治理机制。

（本章作者：王康友、赵立新、陈玲、王茜）

上篇:专题篇

第一章　科学传播的主体

第二章　科学传播的内容开发

第三章　大众媒体的科学传播

第四章　科学传播的基础设施

第五章　面向公众的科学传播活动

第六章　科学传播的评估

CHAPTER ONE
The Subject of Scientific Communication

第一章
科学传播的主体

第一章 科学传播的主体

美国学者H.拉斯维尔提出构成传播过程的五种基本要素,即通常所称的"五W"模式:Who(谁)、Says What(说了什么)、in Which Channel(通过什么渠道)、to Whom(向谁说)、with What Effect(有什么效果)。从"五W"模式看,科学传播的主体(Who)在进行科学传播工作。科学传播主体是科学传播得以开展、进行和完成的行动者,是整个科学传播活动的主动因素。

科学的发展及以此为基础的科学传播的发展,使科学传播的主体发生了很大的变化。在科学传播早期阶段,科学传播主体以科学家为主。随着科学技术的发展及其与社会越来越密切的相互作用,在科学社会化、社会科学化的"大科学"背景下,科学传播变得越来越活跃、广泛且复杂,由于之前身兼科学知识生产和传播两者之职的科学家越来越难以直接面向公众开展科学传播,而政府部门、大众传媒、企业、科技类场馆以及当前自媒体时代的公众,都进入了科学传播环节,科学传播主体实现了从个人到群体、组织(机构)乃至全社会的多元化扩展。

本书第四章有对大众传媒科学传播的专门论述,因此本章对媒体这一主体不再论及。本章将就典型创新型国家的科学传播中的几类主体——科学家、政府、企业、科技类博物馆、科学媒介中心等进行综述,综述内容包括:各类主体在科学传播中的作用分析、典型创新型国家各类主体在科学传播方面的状况以及部分典型案例。

第一节　科学家

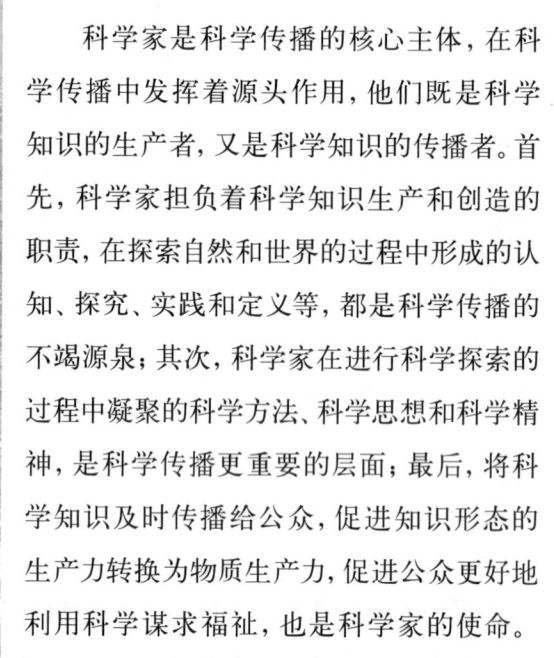

科学家是科学传播的核心主体,在科学传播中发挥着源头作用,他们既是科学知识的生产者,又是科学知识的传播者。首先,科学家担负着科学知识生产和创造的职责,在探索自然和世界的过程中形成的认知、探究、实践和定义等,都是科学传播的不竭源泉;其次,科学家在进行科学探索的过程中凝聚的科学方法、科学思想和科学精神,是科学传播更重要的层面;最后,将科学知识及时传播给公众,促进知识形态的生产力转换为物质生产力,促进公众更好地利用科学谋求福祉,也是科学家的使命。

科学家作为科学传播的核心主体,经历了从个体到群体(以科学组织和团体为载体形式)、从自觉到制度化的发展过程。并且,这一发展过程与科学的发展紧密相连。

在相当长的历史时期内,科学传播作为科学家个体科学行为的一部分而自然发展。古希腊时期,自然哲学家们就已经自然形成了共同体内科学交流和传播的传统。文艺复兴时期,近代自然科学逐渐摆脱宗教和神学的桎梏而诞生,很大程度上得益于自然哲学家们不断向公众传播科学,赢得越来越多的公众对科学的支持。随着近代科学的确立和发展,科学家开展科学传播的优良传统得到了传承和发扬,并且,从原来以共同体内部交流为主转变为更加注重面向公众的科学普及。在科学研究过程中,科学家定期向公众进行科普讲座,热心传播科学发现,例如,化学家戴维、物理学家法拉第等一些科学巨匠。博物学家布丰、昆虫学家法布尔等更是以其极具科普性的著作而享誉世界,如布丰的《自然史》和法布尔的《昆虫记》。

1660年,英国皇家学会成立,标志着科学建制化伊始,科学活动进一步组织化。科学发展成为一项专门的行业,科学研究逐渐从科学家个体基于兴趣爱好而开展的研究发展至以团体和组织(或机构)为载体开展的研究,科学传播也从科学家的个体行为发展为以组织或机构为载体的科学家的群体行为,尤其以研究机构和学会(协会)等为载体。1799年,英国皇家学会成立英国皇家研究院(Royal Institution,简称RI),明确提出"通过定期的讲座和实验,向公众传播知识和有用的机械发明及进展,并教会他们将科学应用于日常生活之中",这大概是世界上第一个正式以科学传播为宗旨的机构。1831年,英国科学促进会(British Association for the Advancement of Science,简称 BA)成立,目标是推进公众对科学和科学家的理解,这成为面向公众开展科学传播的标志性事件,表明面向公众的科学传播也逐渐走向了制度化。

当前,主要的创新型国家积极推进科学家开展科学传播,而且越来越多地以科学家共同体形式,即科学组织或团体来推进,这些组织或团体包括学会(协会)、研究机构和大学,开展传播的途径和形式也多种多样。

英国是科学家倡导科学传播最早且最积极主动的国家之一,科学家们以各种形式提倡并开展科学传播。18世纪,著名的科学家如化学家戴维、物理学家法拉第、生物学家达尔文、博物学家赫胥黎等都通过面向公众的科普讲座、科学创作等方式开展科学传播。到19世纪,一些科学家组织和团体明确地将面向公众的科学传播作为核心要义,这些科学组织至今仍是英国科学传播的主体,如英国皇家学会、英国皇家科学研究所、英国科学促进会。以英国皇家科学研究所为例,该研究所在成立之初就囊括了英国最伟大的科学家,他们中的很多人也是一流的科学传播者，在该研究所，科学研究和科学传播被置于同等重要的地位，并形成了传承至今的科学传播项目——圣诞科学讲座。当前，除了圣诞科学讲座外，英国皇家科学研究所还形成了包括数学大师班、青少年计划、公共讲座、法拉第博物馆等系列科学传播项目，面向青少年和社会公众开展讲座、培训和科学实验展示。英国皇家学会则更是因1985年的《公众理解科学》报告引发了全世界对科学传播的关注，并促成以上三家机构联合成立了英国公众理解科学委员会，倡导科学家向公众传播科学知识，并以各种方式促进科学传播活动。英国开展科学传播的科学家组织和团体还包括皇家工程研究院、爱丁堡皇家学会等，英国的所有大学也都或多或少地参与到科学促进会组织的活动和与公众的交流中。

美国的科学家与公众的交流，通常通过专业的机构和组织来做，譬如美国化学学会、物理学会、气象学会、心理学会等专业学会和美国科学促进会等组织。[①]美国的各类专业学会汇聚了领域内大量的科学家，除了促进本领域的学术交流和学科发展，还将本领域的科学传播作为重要的使命之一。以美国化学学会为例，它长期开展面向公众的科学传播活动，包括举办全国化学周、策划儿童化学节目、在报纸上开辟科学普及专页等，它每年花在面向公众的科普上的经费在400万美元左右。美国化学学会最大的特点是能调动自己的会员参加科普活动，如深入学校、新闻单位等宣传科学和化学知识。美国科学促进会在科学传播领域的突出工作即为"2061计划"，这项计划旨在全面提高美国公民的科学、数学和技术素养，以期到21世纪中叶全体美国公民的科学素养能够适应美国国家发展战略的需要。围绕此项计划，他们组织科学家、教育工作者等开展了大量的工作。

[①] 佚名. 看！美国科学家怎样做科普[EB/OL]. [2017-01-05]. http://www.sznews.com/tech/content/2007-06-03/content_1190621_2.htm.

第一章 科学传播的主体

德国的科研机构在科学传播中发挥着重要作用，尤其是马普学会、弗劳恩霍夫协会、赫尔姆霍茨联合会和莱布尼茨联合会四大科研机构的下属研究所和中心。这些科研机构在完成科研工作的同时，还做了大量促进科学传播和交流的工作，一方面通过发布科学新闻等对主要科研活动进行介绍，另一方面，对公众关心的科学问题，特别是重大科学发现和涉及人类健康、环境安全等的科学问题，通过研究机构的对外宣传平台进行及时评论和科学观点阐述。以马普学会为例，除了积极开展科学共同体内的科研成果交流和传播外，还以出版各种科普读物和期刊的方式向公众开展科学传播。例如，《马普研究》季刊，包含了大量马普学会所涉及的研究发展成果，主要栏目包括封面故事、专家视点、研究与社会、在研报告等。作为面向广大公众的科普期刊，《马普研究》的文章通俗易懂，力图促进公众了解马普学会所从事的前沿科学研究。《马普生物》《马普地质》和《马普技术》半年刊则是连接德国教师与在校学生的系列科普期刊，主要报道高中课程所涉及的科学话题，马普学会每年向3000所高中赠送这三种科普期刊，普通公众可以从马普网站上免费获得PDF版本。

澳大利亚的科学传播非常注重依靠科学家的力量。如澳大利亚科学院，促进公众对科学的理解和认识为其使命之一，其目标是提升学校科学和数学教育的质量，并促进公众对科学的认识和欣赏。为此，科学院开展了一系列项目，如"动手做科学""数学探索"等学校教育项目，"新星——为了好奇心的科学"及全国性科学活动等。以澳大利亚皇家学会为例，它作为一个全国性的科学组织，是澳大利亚以科学共同体为背景的科学传播权威机构，致力于促进公众的科学意识和对科学的理解，每年通过各种途径如出版物、广播、网络、教育支持项目等开展各种科学传播活动，包括支持科学动画、科学俳句等。皇家学会网站设置了一个核心栏目"一周科学"，配以视频及文字解说，还有科学博客、媒体新闻以及媒体问答反馈内容，同时向注册会员提供多种科普资源包和相关资料下载，包括教育资源包，图书馆资源包，科学、技术、工程和数学（STEM）就业资源包等，皇家学会网站上的科普内容超过80%。

第二节 政府

近代以来，特别是进入20世纪后，科学技术的发展和创新成为影响一个国家发展和国际竞争力的决定性因素，公众对科学的理解、态度和公众的科学素养成为影响科技发展和科技创新的重要方面。正如《公众理解科学》报告所指出的，"更好地让公众理解科学成为能够促进国家繁荣、提高公共和个人决策质量、丰富个人生活的重要因素"，科学传播因而成为国家的重要发展战略被提上日程。尤其是在面向公众的科学传播制度化发展的时代，政府作为科学传播的主体之一，其作用也得以凸显。

政府作为科学传播的主体，是科学传播大环境的营造者，是相关法律、制度、政策等的制定者、执行者和评估者，是科学传播活动的组织者，也是科学传播系统的协调者，其主要职责：制定关于科学传播事业的政策法规，保障、规范和支持科学传播事业的发展；制定科学传播发展目标与战略，建立促进科学传播发展政策目标实现的制度结构和手段（包括激励机制等）；拨款投入科学传播活动或建立税收优惠政策，以鼓励社会捐赠投入，包括对科技场馆基础设施的建设、人才培养等的投入，推动基础性科学传播的发展；应对科学传播主体之间可能出现的问题，使政府、科学家、媒体、非政府组织等各类主体相互协调，共同促进科学传播的发展等。

> 首先，各创新型国家都制定了国家层面的科学传播政策，形成了科学传播的发展目标和战略。

第一章 科学传播的主体

英国　　美国　　澳大利亚
　　韩国　　　　　　德国

英国政府的科学传播政策注重发展一种各有关利益方相互协调的机制，使科学走向民主化，确保科学为人民的健康和福利服务。1993年，英国政府发表《实现我们的潜力》，提出要增强公众对科学、工程和技术对社会的贡献的认识，这是首次在政府文件中出现这样的内容，也是首次把科普作为英国研究理事会的一部分职责明确出来。英国政府和相关学术机构共同发布的三大报告——《公众理解科学》报告《沃尔芬达尔报告》和《科学与社会》，对不同阶段英国政府科学传播工作及其相关问题进行了认真全面的审视，并提出了建设性的意见和建议。

美国政府把促进公众理解科学作为政府的一项任务，并将提高公众特别是青少年的科学素养放在第一位。1994年，《科学与国家利益》确立了美国政府科技工作的5个目标，其中的一个就是要通过科普提高全体美国人的科学素养。2004年，白宫科技政策办公室印发《为了21世纪的科学》，把美国科普工作的重点放在了对科学、技术、工程劳动力的培养上。2013年，美国发布《联邦政府关于科学、技术、工程和数学（STEM）教育战略规划（2013—2018年）》，旨在加强美国STEM领域后备人才的培养和储备，继续保持美国在国际竞争中的领先地位。美国"2061计划"虽不是由政府推出的，但也体现了美国对科学教育的重视，该计划旨在通过推进中小学科学教育课程改革，提高人们在科学、数学和技术方面的素养。

韩国将科学传播的重点从早期单方向的科学文化传播活动转向增进科学与社会的沟通、发展科学技术文化产业和增强市民参与上，并形成了三个层面的政策：在《科学技术振兴法》和《科学技术基本法》等法律法规中对科学传播进行了相关规定，在科技计划《迈向2025的科学技术发展长期计划》中对科学传播进行规划，制定专门促进科技传播的政策——《第一次科学技术文化昌盛五年（2003—2007）计划》《第二次科学技术文化昌盛五年计划（2008—2012）》和《第三次科学技术文化昌盛五年（2013—2017）计划》。《迈向2025的科学技术发展长期计划》中提出了科学传播的长期目标——到2025年，韩国的国民科技文化水平要达到世界第一。而这三次科学技术文化五年计划则是为了实现这一目标进行的分阶段的详细规划。

澳大利亚和德国的科学传播政策都旨在让更多的公民参与到科学中来。2010年推出的"激励澳大利亚战略"（Inspiring Australia Strategy），就是要让澳大利亚公民感受到国家的科学进展，让公民批判性地参与到关键科学议题之中，并鼓励年轻的澳大利亚公民学习科学知识、追求与科学相关的职业。德国在2016年发布的《德国公民科学战略2020绿皮书》中，提出在2020年以前要加强科学传播的网络和系统建设，建立公民参与科学的法律和制度保障并搭建一部分公众科学项目和公共科学平台，调动科研工作者的主动性和社会民众的兴趣，让公民成为政府与科学家之外的又一个推进科学发展的重要力量。

另外，各国政府积极投入，进行相应的制度安排，以实现科学传播的目标和战略。

英国政府自1997年以来不断增加用于科学传播和科技普及活动的预算，积极开展和改进与公众的对话，大力组织能引起公众对科学的兴趣、促进对科学问题理解的各项活动。2010—2015年，英国政府在增进公众对科学与工程理解方面的投入包括几个层面：资助了科技智慧（Sciencewise）专家资源中心和公众科学态度调查；资助国家级学会的各种项目，其中，包括激励学生学习和从事科学、技术、工程及数学（STEM）有关专业和工作，提升STEM领域工作人员的多样性和唤起公众对科学、技术和工程问题的兴趣；资助一系列针对青少年的科学参与活动，激励学生学习科学、技术、工程和数学，包括"你的生活"、STEMNET、国家科学和工程竞赛、生活大爆炸赛事等；资助举办系列活动以提升公众科学、工程和技术意识，包括英国科学节、国家科学工程周、社区挑战资助计划等。

英国科学技术办公室和研究理事会积极推进英国的公众理解科学。1994年以来，科学技术办公室发起"公众理解科学、工程和技术"（PUSET）计划，目的是努力增进科学界与公众之间的相互理解,提高公众科学常识的总体水平,尤其是让公众意识到科学、工程和技术的重要性。英国研究理事会以实际行动参与了公众理解科学计划,并对科学促进会和皇家学会组织的活动(尤其是全国科学周)提供资助。每个理事会都通过宣传册或互联网让公众(尤其是学生和教师)获得科学普及资料。

  美国重要的科学研究部门都设有科学教育和科学普及项目。美国国家能源部的《强化科学教育法案》单列了教育和科普板块,用于培训和支持更多学生、教师和公众理解和参与科学研究。2006财年,该板块的经费资助额度不低于整个能源部项目经费的0.3%。美国国家航空航天局(NASA)从2002年开始将"教育与科普"项目单独作为一项研究任务进行规划,并单独获得财政预算支持,该项目旨在让更多的学生和公众参与到NASA科学技术工程类的项目研究中来,鼓励更多人加入到NASA的研究团队中。2009财年到2014财年的年度经费预算中,"教育与科普"专项经费预算每年保证在1亿—2亿美元,约占年度总预算的1%。美国国立卫生研究院的各研究所和中心均设有自己的传播办公室,通过各种方式为研究者、学习者、企业以及公众开展教育和科普活动。美国国家科学基金会(NSF)设有"教育与人力资源局"开展科学传播工作。同时,美国国家科学基金会还对申请项目提出了科学传播的要求,即各申请项目要向社区民众及中小学生传播与该研究项目相关的科学知识。

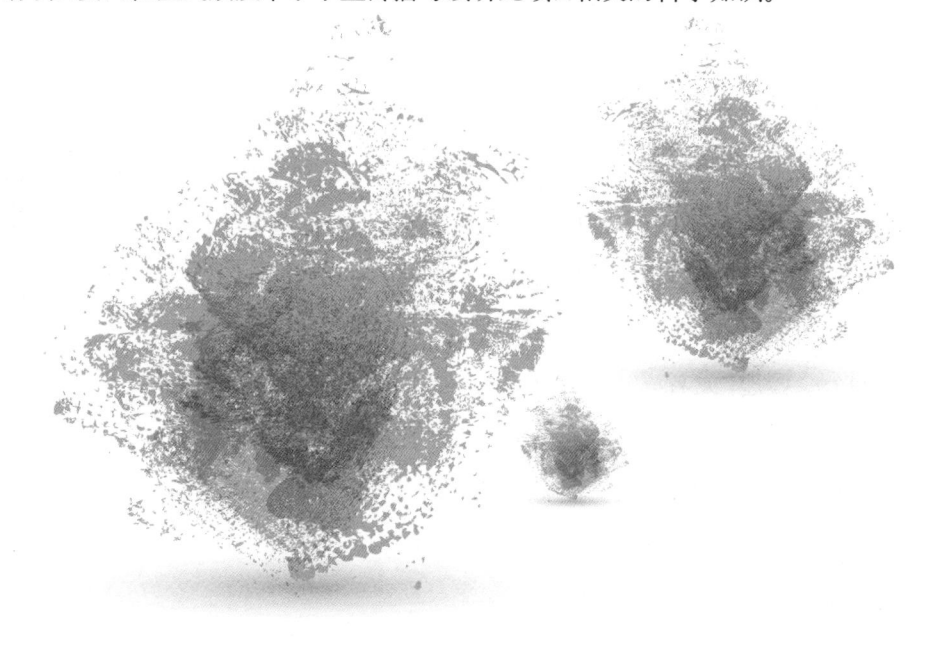

第三节　企业

企业是科学技术的应用主体，既要重视新技术的研发，也要重视科学技术的传播。一方面，是为了提升自身的技术能力和水平，了解社会的知识进展和技术动向，增强企业市场竞争力，另一方面，是为了扩大企业的社会影响力，获取和培育更多的"消费者"，使企业获得更多利润。企业积极参与科学传播，开展整合性的传播与营销活动，成为科学传播的重要主体。企业开展科学传播通常包含两个层面。一是面向企业职工的，以技能培训和继续教育为核心的工作；二是面向社会公众的，以企业产品的技术服务和科技活动为主的工作。在本书的框架下，关注点为面向公众的科学传播。

企业作为科学传播的主体，既是科学技术知识的传播者，也是科技传播的支持者，部分情况下还是科学技术知识的生产者。首先，企业结合生产经营将从科学界获取的知识向公众传递，或者兴建企业科技场馆，面向公众开放；其次，企业捐资支持公益性科学传播活动；部分情况下，企业通过自身的研发活动，发现新知识新技术，并将其面向公众传播。

在美国、德国、法国、英国、日本、韩国等创新型国家，企业在科普活动中都占有重要地位。企业开展科学传播的形式多种多样，主要包括以下几种类型。

1

一是公司根据产品经营和业务需要，发布大量科学技术信息，并开展各类宣传活动，这是种常态化的、与营销宣传结合在一起的科学传播活动。

第一章 科学传播的主体

二是向博物馆、社区组织、公共广播电台等机构或组织捐款,开展科学教育项目或科学传播活动。譬如,美国英特尔公司的"英特尔求知计划——英特尔社区教育项目",该计划是由英特尔教育部门与各国当地政府及教育机构合作推广的一项课外教育项目,以8—16岁的青少年为对象,专为社区活动中心和学校的课外活动设计,旨在促进青少年学习并掌握数字技能、理性思维方法,提高解决问题和团队协作的能力。

三是企业创建科普场馆或举办科普展览,进行科学传播。譬如,法国欧莱雅集团与法国科学工业城经过多年研发策划并设计完成"破解头发的奥秘"科普展览,欧莱雅集团多达10个实验室的研发人员参与了这一过程。2001年首次在法国展出,随后开始了全球巡展,吸引了大量参观者。1997年,德国的巴斯夫在德国路德维希港设立了一个永久性的"巴斯夫小小化学家"儿童互动实验室,免费对全球6—12岁的孩子们开放,这是欧洲第一个以化学为主题并能让孩子们亲自做实验的实验室。日本东京市有几十家由公司花巨资建设的科学馆,包括始建于1961年的东芝科学馆(最初是东芝公司的研发中心)。美国的美国电话电报公司(AT&T)和默克制药公司总部也都建有小型博物馆。企业出资建设科普展览、科学展示馆和科技场馆等设施,在宣传企业的科技实力和企业文化的同时,也参与和支持了科学技术知识的教育与传播活动,对于企业自身发展和推动科学传播具有积极的意义。

目前，在全球范围内开展科学传播比较知名的企业包括美国的英特尔、宝洁、国际商业机器公司（IBM）、强生等，德国的奔驰、宝马、巴斯夫，日本的索尼、松下、东芝、爱普生，韩国的乐金（LG）和三星集团等。它们在开展科学传播活动的过程中增加了企业在公众视野的曝光度，也提高了企业的市场竞争力。这些公司在其他国家的分公司也都结合当地情况，开展了很多科学传播活动。譬如，索尼2000年就开始在中国启动建设了"索尼探梦"科技馆，围绕"为了下一代"的公益主题，致力于开启21世纪中国广大青少年的科学梦想，推出不同主题的"科学实验广场"科普互动活动。

第四节 科技类场馆

科技类场馆是开展科学传播与普及活动的重要依托，作为科学传播的主体，它既是面向广大观众开展各种科技传播和普及活动的场所和设施，也是面向青少年开展各种科学技术的非正规教育平台，包括科学技术馆、自然博物馆、科学中心以及各类科学技术专业博物馆，等等。科技类场馆通过常设展品展示、专题性科普展览和各类科普实践活动，促进公众对自然科学、生命科学以及工程、工业、卫生等各方面的认识与了解，力图既有启发性，又有趣味性，并且日渐强调参与式展览技术。

目前，在美国、英国、加拿大等创新型国家，数量庞大的科技类场馆已经成为博物馆的一个重要分支，并得到政府重视。科技类博物馆文化已经成为市民文化生活的重要组成部分，拥有较为稳定的观众群和观众量。

美国是当今世界博物馆数量最多、发展水平最高的国家。美国现有各类博物馆1万余座，其中科技类博物馆占到1/5，平均每年每5个美国人就有3个人参观过博物馆，利用博物馆获取科学信息的人数比例超过60%。尤其值得一提的是史密森尼学会，它是当今世界最大的博物馆和研究机构的综合体，由19所博物馆和画廊、1个国家动物园和9个研究机构组成，拥有全球数量最多、规模最大的博物馆群落，包括美国历史博物馆、美国自然历史博物馆、国家航空航天博物馆等。美国还是"现代科学中心"的诞生地,其标志是1969年旧金山探索馆的成立,目前我国绝大部分科技馆都属于"科学中心"的性质。美国的科技类博物馆在长期的发展中形成了独具特色的发展理念和运行机制,具体表现为与正规教育紧密结合、高度社会化、高度市场化、科学中心与传统博物馆相互借鉴与融合、重视新技术的应用。

英国的博物馆以其数量众多、分布密度大、主题涵盖广而著称,仅在伦敦就有涉及天文学、人类学、自然科学、海洋科学、科学史学等各个领域的博物馆250多座,犹如百科全书,种类繁多、各具特色。世界上第一个科学博物馆也诞生在英国,即1857年建于伦敦南肯辛顿区的英国科学博物馆。在英国2000多座博物馆中,科技类博物馆占到1/4,英国政府不仅斥巨资建设科技类博物馆,而且每年划拨大量经费保证其运营,伦敦科学博物馆每年85%以上的活动经费来自政府的拨款。并且,从立法上,政府也着力保障博物馆的发展,早在18世纪末,英国政府就制定了博物馆法,对包括科技馆在内的博物馆给予了法律保护,确定其公益法人的地位。

德国有6600多座博物馆,相对于8270万(2017年统计数据)的总人口数,是一个名副其实的博物馆大国。这6600多座博物馆中,主要以历史、艺术和地区文化类型为主,科技博物馆所占比例并不大,尽管如此,科技博物馆在德国却有着十分重要的地位,吸引了大量访客参观,并在德国社会发展中发挥了不可估量的教育和科学传播作用。德国科技博物馆呈现了德国乃至欧洲的科技和工业发展历史,并对德国经济社会的发展起到了积极助推作用。总的来说,当前德国科技博物馆具有三大特点。一是博物馆与科学中心结合的混合式发展,将博物馆的展览收藏和参观者动手体验结合起来,激发了访客的科学兴趣;二是工业博物馆模式,主要以各地特色企业为基本内容,加深公众对某个行业的了解,服务于职业培训;三是技术博物馆,从德国国家战略出发,培养未来的技术人才。

在加拿大,科技类博物馆、科学中心是科学传播的主要场所。除此之外,一些科研场所、公园林地等也开展了一些科学传播活动。加拿大的科技类博物馆呈现出几个典型特征:重视教育功能,主动与学校教育结合;注重科学研究与科学传播的结合;市场机制趋于成熟。

日本的各类博物馆有2000多座，科技类博物馆约为1/5，并且到2016年已登记的科学馆数量为166座。在日本的科技类博物馆中，尤其值得一提的是日本国立科学博物馆。它创立于1877年，是日本历史最悠久的博物馆之一，也是唯一的国立综合性科学博物馆，它以自然史、科学技术史为中心保管着429万个珍贵藏品。它拥有众多下属研究机构，包括驻波研究设施、驻波实验植物园、附属自然教育园、标本资料中心、分子生物多样性研究中心等。[1]

韩国的科技类博物馆以科学馆以及与科技相关的博物馆为主。韩国在推行了《第一次科技文化昌盛五年计划（2003—2007）》后，科学传播事业有了长足发展，同时对于科学传播基础设施的建设也加大力度快速推进，从2007—2014年，韩国的科技馆数量就从62座增长到124座。韩国的主要综合性国立科学馆一般由韩国未来创造科学部支持建立和管理，各类主题科学馆由所属领域相关政府部门管辖。

第五节　科学媒介中心

科学家与媒体的关系是科学传播领域各主体间关系互动的重要一环。为促进科学家和媒体间的良性互动，更好地面向公众开展科学传播，一种独立的、非营利性的组织逐渐建立了起来——科学媒介中心。

作为科学传播的主体，科学媒介中心的主要作用是搭建科学家与媒体之间的沟通桥梁，帮助记者与科学家及其研究工作进行衔接，以更好地进行科学新闻创作，进行及时有效的科学传播。科学媒介中心的目标是通过更大信息量、更准确、更深入的大众媒体报道，提升公众对科学话题的参与度，让科学家、公众、决策者都能从中受益。

英国是世界上最早建立科学媒介中心的国家。之后，澳大利亚、新西兰、加拿大、日本、美国等纷纷建立科学媒介中心，德、法等国家的科学媒介中心正在筹建之

---

[1] 平成25~27年度 日本学术振兴会(JSPS)科学研究费助成事业基础研究(B)课题号码 25282079[EB/OL]. http://www.museum-census.jp/data2014/.

|| 第一章 科学传播的主体 ||

中。这些国家的科学媒介中心基本上沿用了英国科学媒介中心的架构和模式,同时也都认同英国科学媒介中心提出的规章。虽然不同国家科学媒介中心的特点稍有不同,譬如日本以培训科学记者为主,丹麦以开展科学家与媒体互动的活动为主,但大部分国家的科学媒介中心都还是类似于英国科学媒介中心的。

典型案例:
英国科学媒介中心
及其启示

以"通过媒体为公众和决策制定者们提供准确的、以证据为基础的科学与工程信息,尤其是当混乱和失真发生时,为有争议的以及头条新闻的科学话题提供信息"为目标,英国在2002年成立科学媒介中心,其整体框架和做法成为其他各国借鉴的来源,具体包括以下三点。

一是作为一个信息转化和交流平台,采取不同的媒体工作策略。联系科学家和媒体,针对突发事件以及热点、焦点问题,英国科学媒介中心采取快速反应机制,收集相关领域专业文章,转换为媒体可用的消息、故事和解读等发给媒体,并电话联系媒体、召开发布会、联系科学家与媒体见面、邀请权威专家对热点事件中存在的偏颇报道进行点评等。在日常工作中,该中心采取主动出击的工作模式,阅读前沿专业文章,转化为媒体可用的消息、故事和解读,通过邮件组发送给媒体、为记者寻找合适的科学家进行采访提供帮助、协助科研机构进行新闻发布、不定期举办科研院所公共信息官的培训和科学家传播能力的建设活动等。在日本东北部大地震导致福岛核电站发生严重事故后,英国科学媒介中心邀请核电领域的科学家,连续4天,每天24小时守在该机构电话旁接受各种媒体采访和询问,有效地避免了公众恐慌,并为英国正在推动的核电站建设赢得了民意支持。

二是作为一个民间非营利机构，保持独立性和价值中立，从而保证在科学问题面前的客观公正，以赢得科学家、媒体以及公众和政府的多方信任。英国科学媒介中心每年得到英国大部分权威科研机构和一些大型企业的支持和赞助，但为了保证独立性，它要求任何一个赞助商提供的经费不得超过其年度运营经费的5%，而且该机构不承担任何为赞助商进行宣传的任务。其卓越的工作在科学界和媒体界都树立了良好的口碑，英国科学媒介中心目前已经发展成为英国政府的科学部门与媒体进行沟通的平台，科学部长每年都会在此召开新闻发布会公布当年的科研预算和重大科研项目。

三是作为一个科学家与媒体的沟通平台，依托丰富的科学家和媒体资源，进行基础数据库的建设，以满足热点、焦点及突发事件中媒体、科学家以及公众等的多方需求。目前，英国科学媒介中心虽然只有8名职员和一些实习生及临时的项目聘任人员，但是，它已经形成了包括近2000名公共信息官、上万名科学家以及数千名与科学相关的记者的数据库，出现热点问题时根据需要调用，同时它也依赖科学机构和企业公共信息官的推荐来选择适当的科学家。

（本章作者：李红林）

CHAPTER TWO
Development of Content of
Scientific Communication

第二章
科学传播的内容开发

第二章　科学传播的内容开发

第一节　科学写作

科学写作是科学传播的有机组成部分,科学传播语境下的科学写作是指以非技术方式就科学主题进行的写作,其阅读对象是科学家以外的公众,以促进公众对科学的理解为目标。另有一类按照学术范式报告科学观察和结果的技术性写作也称作科学写作,但它是科学共同体内的科学传播行为,与大众科学传播不同。国际上,通常将以科学写作为主要职业的人群称为科学作家,本节重点探讨前一类模式的科学写作,从科学写作组织及运作、科学写作奖项两方面介绍。

一、科学写作组织及运作

（一）各类科学写作组织

科学作家协会是20世纪以来科学作家们为进行学术交流和职业互助而自发成立的社会组织。目前,世界上许多国家都有自己的科学作家协会,国际科学作家协会下有50多个国家和地区的科学作家协会会员。毫无疑问,科学作家协会在促进科学作家职业提升、促进科学写作行业发展方面具有直接的推动作用。其名称形形色色,有科学作家协会、科学记者协会以及以学科领域命名的各类协会组织。

美国、英国、加拿大三国科学作家协会均为全国学会。美国科学作家协会由科学报道先驱者于1934年组建，1955年正式合并组成有限公司，致力于推进大众媒体开展准确的科学信息传播。英国科学作家协会成立于1947年，是科学作家、记者、广播员和科学传播专业人士的协会组织，旨在促进科学技术写作，提升英国科学技术新闻水平。加拿大科学作家协会由科学记者和医学记者在1971年发起成立，其会员包括媒体专业人士、科研机构的传播专员、技术作家和教育家——所有这些人都参与了向公众进行科学传播的工作，以青少年为重点人群，旨在帮助人们理解当今世界发生的迅速变化。

目前，美国、英国的科学作家协会都是商业化组织，而加拿大科学作家协会仍为非营利组织。三国科学作家协会会员身份大致相同，均以科技新闻记者为主，也包括以科学传播为目的、利用各种媒介开展创作和活动的其他人士。

不得不提的是世界上最早的科学作家组织——德国科学作家协会，它成立于1928年，由科学作家、科学记者、公共关系人员等组成，其主要目标是在科普的媒体传播中树立和保持良好的职业规范和道德风格，为科普作品制作人提供中立的平台，促进交流和发展，并经常组织非正式的会议、考察、培训等。目前，德国科学作家协会的会员包括记者80名、公共关系官员90名，其他从业人员10名，每年的经费大约15000欧元，均来源于会费。

专业协会作为一种社团组织，具有服务会员、服务行业、服务政府、服务社会的功能。其中，服务会员是基础。服务好会员，才谈得上服务行业，才有可能进而服务政府和社会。总体来看，科学作家协会广泛集成社会资源，借助信息化网络平台，在科学作家、报道主体和市场之间建立起联系，从而有效地介入和服务科学写作人才队伍组建与互助、科学作家专业技能培养和提升、科学写作人才创造性与积极性激励过程，充当了负责任的专业服务者角色。

（二）科学写作服务机构助力科学写作

科学写作的外围环境对科学写作的有效运行也起到了很重要的促进作用，科学写作服务机构主要是助力信息获取、人才培养以及平台提供。美国和韩国均设立了助力科学写作的机构。例如，在美国，有几家非政府组织可专门帮助科学传播者获取科学信息和资源，如科学服务通讯社、科学家公共信息协会、促进科学写作委员会等。

韩国科学技术出版协会是一家助力科学写作的出版机构。该协会共计有97家会员单位，包括综合出版社、理工类出版社、各专业领域的专门出版社、儿童出版社等。该协会的创办目的：发掘、培养优秀的著作人，促进信息交流以及培养专门编辑人才，通过科学技术出版促进科学技术文化的发展，为国家科技发展做出贡献。

科学媒介中心在为科学写作的服务中扮演了重要角色。许多国家都有科学媒介中心,例如,英国科学媒介中心主要面向非专业记者、没有专门报道科学问题经验和能力的记者及编辑部。其功能类似于一个编辑机构,针对科学时事搜集各种科学观点并快速反映到大众传媒之中。日本作为科技领先于世界的亚洲发达国家,虽然建立科学媒介中心较晚,但该中心在科学传播中发挥了及时有效的作用。它的主要工作就是支持科学家与媒体之间的沟通,帮助科学家将科学信息畅通地传达给媒体和公众。日本科学媒介中心将自己的工作与媒体严格区分开来,以收集整理有效信息为第一要务,将有效的信息和科学家的声音集中展示,通过"科学快讯""Q&A"等形式发布,把散落在各处的评论链接汇总。不仅可以帮助媒体从业人员正确地获取资料,还可为公众了解正确的信息提供便捷渠道。

二、科学写作奖项

(一)科普类奖项

科学写作奖项旨在奖励那些在科学写作方面有突出贡献的科学写作者。英国、美国、加拿大科学写作协会均有相关的奖项设置。例如,英国科学作家协会设有科学作家奖,旨在回报在科学新闻报道和写作方面的优秀作者。在1996—2007年,该奖项在多方资助下得以连续颁发,已发展成英国科学写作界的"奥斯卡奖",也是世界各地同类奖项的典范。2010年,该奖项在詹森研发公司支持下重新启动,并在英国皇家学会、英国皇家物理学会出版社、英国皇家物理学会研究所等几家机构资助下,实现了新奖项类别的开辟并落实了资助奖金。

美国科学作家协会设有两个奖项,分别是美国科学作家协会奖和"社会中的科学"(Science in Society)奖。美国科学作家协会奖是科学新闻报道奖,由始自2005年的克拉克/佩恩(Evert Clark/Seth Payne)奖和始于2006年的维克多·科恩(Victor Cohn)奖组成。克拉克/佩恩奖是青年科学记者奖;维克多·科恩奖是医学写作奖。

加拿大科学作家协会设有"社会中的科学"奖,由科学传播奖、图书奖、科学新闻奖和赫布·兰佩特(Herb Lampert)科学新闻新秀奖组成。

综合来看,三国的科学作家协会设立的社会奖项,都以科学新闻报道为主要奖励对象,都注重对新秀科学作家的鼓励和奖励,反映出媒体科学传播在西方国家科学传播中的重要地位。地处北美的美国和加拿大的科学作家协会奖项同名为"社会中的科学",体现了两国科学传播文化的同质性和天然联系。比较而言,英国科学作家协会的奖项在设置上更加与时俱进,体现了对新媒体科学报道和传播的关注;此外,英国和加拿大的科学作家协会的奖项对科学传播公众活动也有关注。

(二)科幻类奖项

科幻作品奖项也是科学写作奖项中的一枝奇葩,也是很容易获得粉丝群的一类奖项。较有世界影响力的是美国的雨果奖,它是世界科幻协会颁发的奖项,自1953年起每年在世界科幻大会上颁发,正式名称为科幻成就奖,为纪念科幻杂志之父雨果·根斯巴克(Hugo Gernsback)而命名为雨果奖。星云奖是美国科幻和奇幻作家协会所设立的奖项,首创于1965年。虽然该奖项的评选范围仅限于在美国出版或发表的科幻及奇幻作品,但仍是幻想小说界最重要的奖项之一。雨果奖和星云奖堪称科幻艺术界的诺贝尔奖。2015年,中国科幻小说代表作家刘慈欣凭借科幻小说《三体》获得第73届雨果奖最佳长篇小说奖,这是亚洲人首次获得雨果奖。除此之外,像日本、德国、法国也均有科幻类奖项设置。

第二节　图书作品

近代科学在欧洲诞生，科普亦随之产生。科普活动从早期的地域性的不自觉的民间行为逐渐发展成为全球性的有组织的自觉的行为，科普图书在其中扮演了重要的角色。

先来界定科普图书的概念：科普图书是普及科学技术的通俗读物，是科普传媒的重要组成部分。科普图书是指以非专业人员为阅读对象，以普及科学技术知识、倡导科学方法、传播科学思想、弘扬科学精神为目的，在新闻出版机构登记，有正式书号的科技类图书。科普图书的种数以年度为界线，一种图书在同一年度无论印刷多少次，只在第一次印刷时计算种数。①

从整体来看，欧美和日本等国家的科普图书、杂志出现较早，因而有较长的发展历史。其形式和内容也十分丰富。既有正规的报纸，专业出版的科普书籍，也有非专业性的杂志。它们都在向大众进行科普方面做出了很大贡献。

一、科普图书的读者和市场

国外科普对象主要分为成人和青少年，面向青少年开展的活动尤其活跃，其根据之一是，青少年时的经历会决定人一生的道路选择。国外已把这一问题放到培养科技发展后续储备力量的高度来对待。

在读书活动方面，各种结社是普遍的行为，如读书沙龙、扶轮社、美国的学园运动、读书俱乐部等。

发达国家的国民喜欢读书一直保持在较高的水平，德国、英国、法国、荷兰、意大利、美国、加拿大及北欧诸国年购买图书或读书的公民都超过了50%。其中，北欧国家丹麦、瑞典、挪威表现最为突出（2000年，挪威人均购书15本）。德国有四分之一的人不读书，也有四分之一的人说不读书就活不下去。日本经常读书的和不读书的人

---

① 中华人民共和国科学技术部.中国科普统计2012年版[M].北京:科技文献出版社，2013.

各占三分之一。凡图书业发达、国民阅读情况好的国家,图书馆的建设和利用也就十分发达。美国有3万多个图书馆,德国有2万个,英国有1.5万个,苏联当时有35万个,图书借阅情况都很活跃。在美国,利用图书馆的国民达到97%。北欧人爱读书,图书馆去得最多,利用率最高,如丹麦每年每个国民要从图书馆借阅近20本书,瑞典为10本。在这些国家,阅读已不单单是个人的行为,它受到了各国政府和图书行业的极大重视。这样的读书习惯和爱好,为科普图书的发行和普及奠定了非常稳固的市场基础。

二、科普图书(期刊)

综合来看,创新国家的科普图书(期刊)品种繁多,形式多样,重视质量,强调科学性。无论英国、日本、美国还是德国均体现出这些综合特点。以美国为例,早在一百多年前,美国就有了科普类的杂志,像《科学美国人》(*Scientific American*)和《大众科学》(*Popular Science*)这样的刊物,虽然历史上有过一些变化,但一直延续了下来。20世纪70年代初期,一些新的科普杂志开始出现。有些以环保问题为主题,有些以心理学或通俗医学为主题。同时也出现了一些"纯"科学杂志。20世纪70年代末,随着"科学高潮"的到来,新创刊的科普杂志已达十余家。但是到了20世纪80年代中期,许多雄心勃勃的杂志以失败告终。有幸生存下来的刊物大致有两类。其中一类是面向特殊读者的杂志,如《天文学》(*Astronomy*)。那些生存下来的杂志共同的特点是采用了综合办刊的手法,既有"纯"科学的内容,又有读者十分关心的内容,如《大众科学》和《奥秘》(*How It Works*)。它们在刊载科学知识性内容的同时,还刊登一些科幻方面的文章。今天科普杂志基本上保持了原有的形态,有发行量较小的专题刊物,也有发行量较大的综合刊物。大型刊物发行量可达一二百万份。此外,有些大刊物或新闻性杂志也经常报道科学方面的内容,如《读者文摘》(*Reader's Digest*)、《史密森尼》(*Smithsonian*)、《时代周刊》(*Time*)和《新闻周刊》(*Newsweek*)等。

德国的科普书籍种类繁多、制作精良,许多著名科普读物畅销全德国乃至全世界。例如，德国影响最大的少儿知识百科全书《什么是什么》（WAS IST WAS），由雷纳·科特博士所著，这套书涉及自然、地理、动物、植物、天文、地质、科技、历史、考古、艺术、人文等多个学科领域的知识。德国还有有关科学、环保、博物学和医学方面的杂志。不过总的来看，能够定期提供可靠的科技信息的刊物并不多，德国的科学新闻业总的来说是健全的，许多从业的科学记者都有较高的理科教育资历，一些大报的科学版面也在增加。

第三节 影视作品

科普影视主要是指科普电影和科普电视节目，它可以用生动逼真的直观形象和生动活泼的表达形式，把抽象的概念形象化，把深奥的科学道理通俗化，把枯燥的学理生动化，从而吸引、感染、说服公众。受众类型不受文化程度、年龄大小的限制，而且可以重复播放，使形象多次出现，反复刺激人们的视觉和听觉，加深公众的理解。电影电视作为最大众性的传播媒介、最主要的信息来源，正渗透到社会生活的各个方面，并随着现代通信技术的发展，向最偏远的地区扩散。影视媒介已经构成了一种生态环境，以此进行科普教育具有明显的优越性。世界上主要创新国家也纷纷利用影视作为媒介，积极进行科普教育活动，作品类型主要为纪实类、娱乐类、专题类、新闻类等，其中，产出最大、受众面最广的主要为纪实类和娱乐类科普节目、作品。

一、纪实类科普节目、作品

纪实类科普作品是科普影视的主力军。以美国的探索频道（Discovery Channel）和国家地理频道（National Geographic Channel）、英国的英国广播公司（BBC）为代表的纪实节目的制作和播出机构，每年生产着大量的纪实类节目，题材广泛、形式多样、内容丰富、受众面广，实现了较好的科学传播价值。

探索频道自1985年起在美国开播，网罗了顶尖的纪录片制作人，提供高品质的

第二章 科学传播的内容开发

非戏剧性节目,内容涵盖了科技、自然、历史、探险和世界文化等领域,其一些主要栏目也各有千秋:"发现之最"囊括了该频道中有关人类认知与功绩的所有领域中的最佳,如考古发现、太空旅行、地标历史、名人伟业、工程突破以及小玩意和小发明等,选取不同的主题,方便观众以前所未有、更加深入的方式探索各自最喜爱的内容;"科学新疆界"照亮事实,披露那些看似众所周知、其实却一知半解的现象与秘密,及时报道最新、最先进的科技发展;"动力特区"能带观众尽情体验最疯狂的惊险与刺激,观众们将目睹人类是如何打造最浩大、最复杂的建筑,最惊人、最尖端的机器,以及那些将引领人类步入未来的现代科技。

英国广播公司旗下的科普频道,一直是世界最有影响力的科普节目制作中心之一,曾制作出大量优秀的科普纪录片,"BBC科普三部曲"就是其上乘之作。三部曲系列原著图书分为海洋、地球、生命三个主题,以科考探险经历为基础,由不同领域的专家队员,分别对自然现象、原理、生物生态、环保等角度进行了探寻解读。其著名纪录片作品还有《恒河》《活力星球》《地平线》《超大质量黑洞》和《百慕大三角洲之谜》等,其中《地平线》是BBC连续播放时间最长的纪录片栏目。

二、娱乐类科普节目、作品

娱乐类科普节目和作品是科普影视中最受大众欢迎、受众面最广的一种类型,可通过电视剧、综合电视栏目、故事影片(科学传记影片、科幻影片等)、影视动漫等形式和载体进行科学传播,使公众在休闲娱乐中理解科学、学习科学,拉近科学与公众的距离。

(一)科普电视剧

电视剧与科学的嫁接也能碰撞出迷人的火花,科普类电视剧已经成为主要创新型国家电视剧中的一个重要门类。1966年,美国全球广播公司(NBC)开播的《星际迷航》算是此类电视剧的鼻祖,其中涉及的有关宇宙物理学和空气动力学的科学知识,让该剧俨然成为一堂生动的科普讲座。我们目前生活中许多习以为常的科学发明都同该剧有着密切的联系,如卫星定位系统、蓝牙通信技术、摩托罗拉折叠手机等,这些发明创造的灵感都来源于该剧。一度热播的《生活大爆炸》用情景喜剧的方式展现了科学以及科学家的魅力,让艰涩难懂的科学开始变得易于理解。此外,像《别对我说谎》《犯罪现场调查》《危机边缘》《豪斯医生》等剧集也将心理学、尖端科学、医学等学科知识巧妙地融入其中,观众在欣赏扣人心弦的剧情之余,对相关的学科知识也有了一定的了解。

(二)科普类综合电视节目

科普类综合电视节目也日渐成为科学传播的主力军,该类节目涉及内容广泛,形式多样,在传播普及科学知识的同时,具有较强的娱乐观赏性。如德国的《益智科技秀》(*MEGA clever! Die NKL-Show*)是德国卫星一台(SAT1)著名的科普节目,每期节目进行6个命题的竞猜,节目中汇集了来自世界各地的科学家,为解答命题而"大动干戈",采用轻松愉快、寓教于乐的方式,不仅让孩子看到了科学实验的魅力,也让很多成年人大开眼界;又如加拿大的《天才》、澳大利亚的《催化剂》等,都属于此类节目。

（三）科幻电影

科幻电影通过采用科学和艺术相结合的手段，制造出强烈的视觉奇观盛宴，它不仅为人们带来了震撼的娱乐体验，而且也在有意无意间成为科学传播的一种重要载体。科幻电影是以科学为基础的，在表现方式上采用艺术幻想等手段来实现对现实和未来的虚构和幻想，这是它与完全建立在虚构和幻想基础上的魔幻剧、幻想剧的最根本的区别，也是它具有科普功能的原因所在。科幻电影作为美国好莱坞强大娱乐工业的一个重要门类已然成为世界范围内畅通无阻的一种强势产品，在美国以及世界范围内屡创票房奇迹，比如《阿凡达》《侏罗纪公园》《黑客帝国》等。随着时代的发展，美国好莱坞科幻电影也在不断地进行自身的改变与发展。20世纪30年代开始，好莱坞科幻片偏爱带有恐怖、悲观和浪漫色彩的疯狂科学家主题，如《科学怪人》《科学怪人的新娘》和《科学怪人的儿子》等；到了20世纪40年代，则常以外星人、核战争为主题，也更加依赖特技的运用，比如《地球停转之日》和讲述核战争的《海滨》等；80年代以来，好莱坞科幻片的特技效果制作以及电脑合成影像技术（CGI）开始给观众带来前所未有的神奇体验，乔治·卢卡斯推出的《星球大战》系列以及詹姆斯·卡梅隆的《终结者》《阿凡达》等，此外《侏罗纪公园》《异形》，漫威动画及侦探动画（Detective Comics，简称DC）改编电影等都开创了一个宏大的科幻世界。随着科技的进步，好莱坞科幻片开始探索新的主题，比如克隆技术和智能机器人对人类社会的深远影响。可以说，美国的科普影视和科幻电影的发展历时较长，发展程度都位于世界前端，十分值得我国学习借鉴。

德国的科幻电影虽然不如好莱坞电影发展迅猛，但也有较长的发展历史。20世纪20年代的电影《大都会》将时代与科技融合在一起，是德国科幻电影的经典之作。除此之外，德国现代科幻电影还有《钢铁苍穹》《恋爱的季节》《湖底魔兽》和《宇宙奇舰泰坦号》等。英国也有不少优秀的科幻电影作品，如《机械危情》《时空恋旅人》，还有和美国合作的《银河护卫队》等。韩国以其发达的文化产业和娱乐业为基础，在科幻类型片的制作上作为亚洲的代表力量也已经走向全球市场，以《汉江怪物》《雪国列车》等为代表的科幻电影在保持本土特色的同时，已可与好莱坞科幻电影媲美。

(四)科学家传记电影

科学家传记电影是指根据科学家的生平拍摄的电影,一般影片的主体情节基本取材于现实。科学家传记电影的最大魅力是电影很好地将看起来很"高大上"、离公众日常生活很远的科学家,以一种非常人性化的方式展现在观众面前。比如从事理论研究的纳什、霍金、图灵,从公众的角度来看,这些科学家充满神秘感,而电影可以用一种艺术化的表现方式,拉近公众与他们之间的距离。公众可以从另一个视角去了解科学,了解科学家的事业、生活和情感,从中体味科学精神、科学思想,了解相关领域的科学知识,这也是科学传播的意义所在。优秀的科学家传记电影有讲述计算机科学之父艾伦·图灵的传奇人生的《模仿游戏》,介绍著名科学家霍金的电影《万物理论》,回顾爱因斯坦当初提出相对论的过程以及他与英国著名学者亚瑟·斯坦利·爱丁顿之间友情的《爱因斯坦与爱丁顿》,介绍数学天才、非合作博弈论开创者约翰·纳什的《美丽心灵》等。这些都是很优秀的科学家传记类作品。

(五)科普动漫

动漫作为一种集文学、艺术、影视、科技等多个领域于一体的综合艺术形式,以其独特魅力进入科技传播领域。动漫凭借其生动形象等特点,降低了公众对科技知识理解的难度,缩短了公众与科技知识之间的距离,提高了科技普及的效果。

一说到动漫不得不提到日本,日本作为动漫大国,科普动画片也是不可忽视的。由日本动漫有限公司制作的日本动画片《咪姆》是日本著名的科普动画片,以非常亲近和浅显易懂的方式向观众讲述一个个大到人类发明史、未来科学展望,小到日常生活常识的故事。这部动画堪称日本科普动画片的经典作品。《新世纪福音战士》这部科幻动画片在日本社会掀起了被称为"社会现象"程度的巨大反响与冲击,并成为日本动画史上的一座里程碑,同时被公认为日本动画史上最伟大的动画之一。

而美国以漫威和DC为代表的漫画巨头,打造了一系列经年不衰的科幻超级英雄团队,创造了联结从漫画到动漫、电影等产业链的大IP(Intellectual Property,知识产权),受到全球广大青少年的喜爱和追捧,也使很多科学元素深入人心。

第四节 展教品

> 所谓展教就是展览及教育的结合体,两者紧密结合,相辅相成。科技馆是现代社会发展起来的新型教育机构,科普展教则是科技馆的主要功能,展教品主要是用来在科技场馆进行科学教育的载体,范围包括科普展品、科普工艺品、科普玩具、科普教具、科普模型以及其他符合科普理念的展品。创新型国家的知名科技场馆中的展教品也都各具特色。

一、国外科技馆展教品的主要特点

(一)种类多样,历史悠久

国外科技馆的展品涉及物理、化学、能源、航空、天文、医学等各个学科领域的内容,展品丰富多样,不仅有现代科学技术展品,还有两次工业革命与科技革命的优秀成果。如英国科学博物馆中,既有最新的太空科技产品,也有工业革命时期瓦特的第一台蒸汽机,科技感与历史感相融合,吸引了大量观众来馆参观。

(二)保有特色,不断进步

国外科技馆发展至今,在展教设计中一以贯之地践行着"探究学习"的教育理念,随着"探究学习"教育理念研究的深入,不断调整展教品及活动的发展思路。并且科技馆的类型和展教品设计结合了当地情况,突出地方特色,避免大多科技馆内容雷同。如美国新墨西哥州罗斯威尔市的国际UFO(Unidentified Flying Object,不明飞行物)博物馆(研究中心),每年7月还会举办UFO节。

(三)重视质量,用心维护

国外大多科技馆的展品较坚固耐用,又得到了很好的维护,展品完好率很高。如加拿大安大略科学中心和美国探索馆中的很多展品已连续展出了三四十年,但仍无明显破损。

> (四)立足本土,老少皆宜
>
> 发达国家的科技馆,在受众年龄上多数有所区别,大型馆观众对象广泛,包括各个年龄段、各种文化程度的人;而多数小型馆则专门针对少年儿童进行最基本的科学内容和趣味展示,如英国西约克郡哈利法克斯尤里卡儿童科技馆、日本的横滨等地的小型科技馆等。

国外大小型科技馆无论展览内容如何划分,其教育对象多立足于本地区公众,充分考虑了公众的知识基础和文化程度,能够让人一看到主题或展区名称,就能大概知道其中的展示内容。针对不同受众,开展多样的展教模式,如趣味模式、形象模式、和谐模式、奇异模式、幽默模式、游牧模式、农业模式、工业模式、信息模式、智能模式等。

二、特色科技馆展教案例

(一)美国芝加哥科学和工业博物馆

芝加哥科学和工业博物馆是美国历史最久、规模最大的现代科技馆。博物馆的外表为古希腊式建筑,内部的展品让人惊叹,以展出人造卫星"阿波罗8号"和第二次世界大战期间的德军潜水艇而闻名全球。馆内的展品琳琅满目,涵盖了物理、化学、医学、冶金、农业、交通和工程等领域,既有实物,也有模型,独一无二的芝加哥市微观模型备受关注。此外,第一辆蒸汽机车、第一辆柴油机客车、首次绕月球飞行的"阿波罗8号"宇宙飞船等都在展览之列。与其他博物馆不同的是,它摒弃了其他博物馆不能触摸的规矩,欢迎观众亲自动手体验。来此的游客可利用温控器孵化小鸡,可驾驭庞大的联合收割机,可深入矿井挖煤,可飞上太空探险,可以利用屋顶上的太阳能灶烧水做饭,这些都深得游客们的喜爱。

(二)日本科学未来馆

日本科学未来馆是一个与大家共同分享21世纪"新知"的科学博物馆。"Geo-Cosmos"是科学未来馆的标志性展品,根据日本著名宇航员、科学家、现任未来馆馆长的毛利卫先生的愿望——"与更多的人共同分享从宇宙看到的美丽地球"设计制作而成。"Geo-Cosmos"是一个直径为6.5米,表面镶嵌着约100万个LED的球体显示器，它悬挂在6楼的高空，根据卫星数据等可模拟地球、月球、各类行星等的形态，还可显示全球海面温度、全球变暖模拟实验等。

（三）德意志科学技术博物馆

德意志科学技术博物馆是现在世界上最大的自然科学技术博物馆，展出面积约5万平方米，参观路线长达16千米。展出内容极为丰富，好像一本科技百科全书。博物馆陈列的内容不仅学科门类齐全，而且表现了各学科从萌芽到成熟的历史过程，如以动力来说，从原始的人力、畜力机械、风力、水力机械，到蒸汽机、水轮机、发电机、内燃机和汽轮机等，都有展示。博物馆的展览方式很有特点，鼓励观众自己动手进行各种模拟试验，从亲身实践中加强对科学技术的理解。观众可以用按钮操作的展品有4000多件，所以又有"按钮博物馆"的别称。

（四）英国科学博物馆

英国科学博物馆是世界上第一个科学博物馆。博物馆里保存并陈列在自然科学技术发展史上具有意义和对现代科技研究和探索也有意义的有关实物。英国科技博物馆主要展出科学技术方面的实物原件、复制品、模型，并进行操作表演，形象而生动地向观众介绍科技知识，使观众了解科技的昨天和今天，展望辉煌的明天，引导和鼓励人们去掌握现代科学技术。

教育是博物馆的一大职能。作为一个科普性质的博物馆，英国科学博物馆在互动展览方面一直是世界同行中的佼佼者。在这里，孩子们可以抛开枯燥的书本，亲手按动电钮，看机器运转。从1931年科学博物馆开设儿童展馆至今，这里一直是孩子们同科学亲密接触的乐园。

（五）加拿大安大略科学中心

加拿大安大略科学中心自开馆以来，广受人们的欢迎，因为它的展品像一本通俗易懂、图文并茂的科技读物，又像是一部情节生动、景象逼真的科教影片，既有比较浅显而又能引起人们兴趣的科技表演项目，又有比较深奥的科学实验。这对不同年龄、不同职业的观众，都具有很大的吸引力。

这里不少展品不仅可以看，还可以触摸，甚至还允许观众尽情地"玩"上一会儿。宇航馆陈列的"阿波罗11号"登月舱，是从美国借来的，观众可爬进舱里，体验一下宇航员遨游月球的情趣。

木材厅的展品向广大观众再现了木材造纸的过程，观众可亲自动手制造纸张，还可以把亲手制造的纸张带走。木材厅里陈列有多种果树，馆员们常把树上结的果子摘下来切成小片，让观众品尝。

有些手工业和工业部门的车间就设在这里。如制造玻璃的车间，就把生产玻璃的全部过程展现在观众面前；印刷车间当众表演一本出版物的印刷过程；在生命科学馆的实验室里，有多种功能的测试项目，只要观众提出测试，工作人员就会帮助准备材料和设备，协助观众完成测试，比如，在"人体营养"的橱窗里，陈放着各种注明营养成分和热量转换的蔬菜、肉类和其他食品，观众可根据自己的需要配制早餐、午餐、晚餐，然后把方案输入计算机，由计算机做出评判。

（本章作者：姚利芬、王玥）

CHAPTER THREE
Science Communication
in Mass Media

第三章
大众媒体的科学传播

第三章 大众媒体的科学传播

　　大众媒体在科学传播中发挥着重要的作用。一般说来，如果把科学家和科学共同体看作是科学传播的"发球员"和信息源的话，那么大众媒体就是科学传播的"二传手"和渠道。1948年，美国学者H.拉斯维尔在《传播在社会中的结构与功能》论文中首次提出了构成传播过程的"五W模式"或"拉斯维尔程式"，其中就涉及了传播渠道的问题（in Which Channel）。因而可以说大众媒体是科学传播中不可或缺的一个环节和链条，只有通过大众媒体的衔接和沟通，科学、权威、有效的信息才能顺畅地传播给不同的受众，受众的反应才能被反馈给科学传播的信息源，从而形成一个完整的科学传播回路。

　　同时，大众媒体也是公众获取科技信息的重要渠道，大多数受过正规教育的公民主要从媒介渠道继续学习科学方面的知识。当然，在不同的历史时期，公众依赖的大众媒体可能有所差异，从起初的报纸、图书，到后来的广播、电视，再到时下无处不在的网络。毋庸置疑，承载于大众媒体中的科学新闻是科学传播的重要内容，也构成了公众获取科技信息的重要方面。科学新闻出现在大众媒体中的历史与这些媒体渠道存在的历史一样悠久。

　　随着以移动互联网为代表的新媒体的出现，很多人认为传统媒体，特别是纸质媒体将会式微和消亡，这种观点在电视出现的早期也曾存在过，但是历史证明，相较于各自所处时代的"新媒体"而言,传统媒体并没有走向消亡,只不过公众不再从单一的渠道获取科技信息。科学传播内容被众多的渠道细分,各媒体找到了自己的细分市场,并且继续在科学传播中发挥着不可替代的作用。

1999年10月,维康基金会(Welcome Trust)曾经委托研究机构开展了一项调查,以了解英国的科学传播活动,并绘制了英国科学传播的路线图[①],其中就涉及不同的学科与不同媒介类型之间的关系。总体而言,这些科学传播活动基本上可以概括一些西方国家的科学传播状况,同时从图中我们也可以看到在一些科学传播活动中所涉及的大众媒体。

学科和媒介类型见图1。

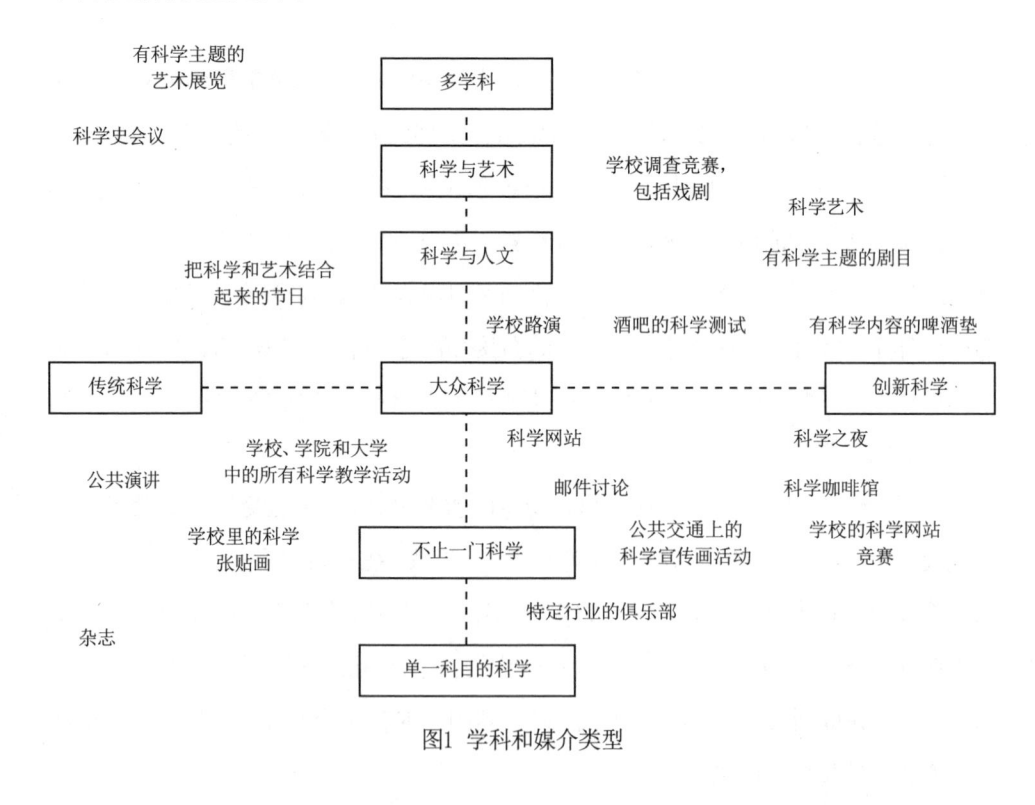

图1 学科和媒介类型

---

① 王大鹏. 英国科学传播活动路线图[J]. 科技传播, 2015(1):1-2.

第三章 大众媒体的科学传播

> 本章将以不同的媒体类型为脉络,分别梳理广播、报刊、电视和网络在科学传播中的作用,力图全面呈现不同媒体在科学传播中的独特作用。

第一节 广播

1895年,意大利的马可尼和俄国的波波夫同时发明了无线电波。1899年,马可尼成功地从英国向法国发出第一封电报。1906年,斯顿的马萨诸塞实验电台首次广播,广播从此诞生,但是它最早只是娱乐工具。1920年,美国底特律8M实验台广播了密歇根州长初选获胜的新闻,这也是最早的广播新闻。真正的广播诞生于20世纪20年代。1920年,美国匹兹堡KDKA电台正式成立,是具有合法经营权的第一家电台,于1920年11月2日正式开播,播音标志着广播事业的正式诞生。[①]

常见的科普广播节目是简短的新闻报道,这些报道通常不超过2分钟,其内容涉及突发性的科学新闻,往往是以科技期刊上发表的新发现和新理论为基础的。此外也有一些科学广播节目时间较长(30分钟甚至更长),比如对科学家的采访等。

在电视出现以前,作为公众获取科技信息的重要渠道,广播在科普方面发挥了重要的作用,英国、美国、加拿大等国家都开设有众多的广播科普节目,著名文化学者马赛尔·拉夫莱特(Marcel Chotkowski LaFollette)曾著有《电波中的科学:广播和早期电视中的科普人员》(Science on the Air: Popularizers and Personalities on Radio and Early Television)一书。该书以美国为例,深入分析了广播在科普方面的重要作用,列举了大量的广播科普节目并描述了广播科普人员所做的努力。

但是在电视出现后,广播在科普内容、规模和受众等方面都有所下降,典型国家广播科普的发展大多集中在电视出现之前的历史时期,不过纵观这个历史时期,

---

① 百度百科.广播[EB/OL]http://baike.baidu.com/item/广播/656406.

还是能够看到广播在科普中的重要作用,对当前的科普工作有一定的启示。

一、美国科学广播的发展

在20世纪20—30年代的一段时间里,美国人可以经常收听到科学节目。无论是在城市客厅还是农家厨房,全国的老百姓都可以收听到一些全球最杰出的关于天文学或者原子物理的科学权威阐述,对羚羊或者蚂蚁的讲述,对尼龙的化学原理或者宇宙射线的组成的解释,等等。广播的听众也呈现出指数级的扩张,从几千人到几百万人,且受众是多元的,你可以穿着工作服听广播,也可以在做饭的时候听,8岁的孩童可以听,80岁的老翁也可以听,居住在森林边上的居民可以听,住在芝加哥无电梯公寓中的居民也可以听;你可以收听邻居的广播,也可以建立自己的电台;即使你不识字,也可以收听广播。[1]

1923年,史密森尼博物馆开设了一个有关科学的"广播谈话"(Radio Talk)系列节目。1922—1923年,美国收音机数量从6万台增加到150万台。1922年,美国只有28家惨淡运营的电台;1924年猛增到1400家。

1920年,美国农业部的威廉·A.惠勒(William A. Wheeler)播出了第一份农业市场报告。到1922年,在美国获得执照的36家无线电台中有35家开始播放官方的农业市场报告,两年后,增加到了100家。最终农业部建立了自己的无线电广播服务,为农民和其他农村居民制作特别节目,短短几年内,它也开始为普通公众制作节目了。1921年,威斯康星大学的无线电广播电台开始安排天气播报[2],很快成了广播节目的常规部分。同年,丹佛市的一个无线电广播台播出了第一个公共健康节目(该节目由美国癌症控制学会赞助),并且美国公共卫生署通过海军电台在华盛顿特区首创了每周健康讲座。

---

[1] Marcel Chotkowski LaFollette. Science on the Air: Popularizers and Personalities on Radio and Early Television[M]. The University of Chicago Press, 2008.

[2] http://gongjushu.oversea.cnki.net/CRFDHTML/r200605058/r200605058.683a1d.html.

广播节目除了满足公众获取科技新闻的需求之外，同时也被纳入科学教育的体系之内。1922年4月，梅德福区希尔士德的WGI广播电台播出了塔夫茨大学一些教授的教育节目，这些节目被称为是"无线学院"。不久，美国的一些大学把广播课程纳入正规教育中，并承认学分。

《1927年广播法》确立了广播电视规制的两大基本原则，勾勒了整个美国广播电视体制的基本框架，它规定：{ ①无线电波属于全体美国人民，它们不是使用这些频率的电台的私产；②只有在"有利于公众、方便于公众或者出于公众的需要"的前提下，"提供公正、有效、机会均等的服务"的电台才能获得执照。该原则后来被简化为"便利""公益""必需"。[①] }

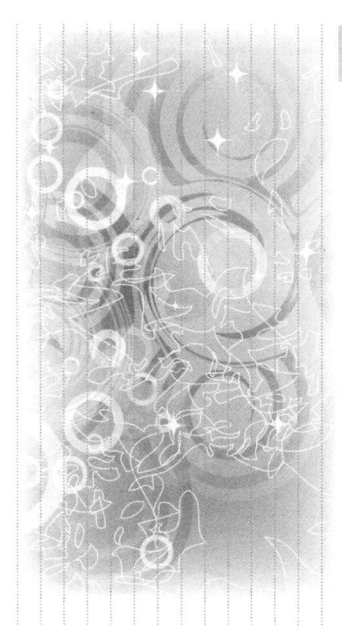

二、其他国家相关情况

广播在传统媒体时代，特别是电视出现之前的时代，发挥了传播科学知识的重要作用。但是随着21世纪网络的崛起，广播的受众开始转移到网络上，因而很多广播电台也进行了转型，包括利用网络播客来传播科学，这虽然不同于传统意义上的广播节目，但是受众却可以将这些节目下载到移动设备上或者在线收听。比较具有代表性的是新西兰国家广播电台开播的《我们变迁的世界》(*Our Changing World*)，其宗旨是把科学、自然和环境议题带到公众当中。目前该节目的

[①] 张春华. 美国广播电视体制的反思与中国启示——基于公共利益与体制变迁的视角[J]. 中州学刊, 2011(5): 247-252.

制片人和主持人是艾莉森·巴兰斯(Alison Ballance)。该节目每周四晚9点06分开播,周日下午1点05分重播。①

在新西兰广播的官方网站上可以找到2005年9月22日以来的所有广播节目的详细内容,并且可以下载收听。该节目讨论的是泛科学话题,包括科学、健康、环境等领域。

第二节 报刊

毋庸置疑,报刊是公众获取科技信息的重要渠道,即使在新媒体时代,报刊依然十分重要。2014年初,美国新闻业研究机构对1492名受访者进行了调研,调研报告显示,尽管普通美国人平均至少通过4种电子设备获取新闻,但绝大多数还是钟情于"传统媒体"——88%的受访者表示,获取新闻资讯的主要途径是读报纸、看电视、浏览主流网站。②

---

① RNZ. Our Changing World[EB/OL]http://www.radionz.co.nz/national/programmes/ourchangingworld.
② 环球网.近九成美国人从报纸电视等传统方式获取新闻[EB/OL].(2014-03-19). http://world.huanqiu.com/exclusive/2014-03/4913645.html.

一、美国科普类报刊概况

在美国，目前比较著名的科普类报刊包括以下一些。

1.《科学》（*Science*）

虽然很多人认为它是学术期刊，实际上《科学》和《自然》（*Nature*）杂志一样都属于综合性科学杂志，它的科学新闻报道、综述、分析、书评等部分，都是权威的科普资料。《科学》杂志也供普通读者阅读，他们基本上阅读科普方面的内容。

2.《科学美国人》（*Scientific American*）月刊

这份由科学美国人公司主办、创刊于1845年的老牌杂志，是美国可能也是世界上最为权威、质量最高的科普杂志。它的所有科普文章均由相关领域的学术权威撰写，科学家也将被《科学美国人》邀请撰稿视为一种荣誉。《科学美国人》是顶级科学家向公众传播自己的理念和成果的首选平台。创刊至今，已有146位诺贝尔奖获得者在《科学美国人》上发表了文章。该杂志目前有近20种语言的版本，在全球多个国家同时发行。

3.《美国科学家》（*American Scientist*）双月刊

这是一份权威的、高质量的科普杂志，文章也由专家撰写，但是它面向的读者是科学家，所以内容并不通俗，程度较深，有相当的专业难度。但是该杂志会发表很多明星科学家的专访，为高级读者提供相关的科学内容。

4.《发现》（*Discover*）月刊

它面向的是不同文化程度的广大普通读者，侧重最新的科技成果，大都由专业作家、记者撰写，较为通俗，但深度不够，也不具有权威性。

5.《国家地理》（*National Geographic*）月刊

这是著名的老牌杂志，并以精美的照片闻名，其内容限于地理、地质、考古、生态等方面，以介绍风土人情为主。[①]

在报纸方面，《纽约时报》《今日美国》《华尔街日报》等都是公众获取科技

---

① 美国五大科普杂志[EB/OL].http://blog.sciencent.cn/blog-280034-579158.html.

信息的重要渠道。1978年,《纽约时报》创办周二"科学时代专版"(Science Time Section),成为20世纪70年代和80年代大众科学传播的高潮。1989年,95份报纸创办了科学专版,此外还有上百份报纸创办了科学专栏。[①] 但是后来由于经济的压力,一些新闻媒体开始压缩科学报道的数量和版面,压缩了科学新闻报道的空间。比如,1989年美国每周有科学报道的媒体达到95家,但是仅仅3年之后,数量下降到了44家,随之出现的是科学版面的减少和压缩,这不仅体现在数量上,还体现在篇幅上,特别是那些小报,到了2005年,仅存24家。[②]

二、加拿大科普类报刊概况

以加拿大为例,通过分析我们可以看到,20世纪30年代的大众杂志和报纸越发地以科学内容为特色。20世纪80年代末,加拿大的大多数日报都把科学新闻整合到"科学版"中。但是伴随着日报规模的缩小,科学版实际上越来越罕见了。目前对科学进行报道的记者大多数都就职于大型日报中,比如《环球邮报》。20世纪90年代末,《蒙特利尔日报》(*Journal de Montréal*)和《魁北克日报》(*Journal de Québec*)为其读者提供了每周科学特刊,这是由科学通讯社(Science-Presse)的合作者米歇尔·玛索莱斯(Michel Marsolais)撰写的。如今这个特刊已经不复存在了。

总体而言,进入21世纪以来,报刊面临着网络和广告减少的双重挑战,因而开始压缩版面或者转向网络,比如,自19世纪20年代就成为科学热衷者榜样的《科学新闻》,在2008年从周刊改版成了双周刊,并且同时在《科学新闻》在线网站上每日更新其内容。在对《哥伦比亚新闻评论》的采访中,其编辑汤姆·齐格弗里德认为印刷和在线这两种形式的关系是"共生的"。[③] 在线网站很好地涉及了每日的科学新闻并且引起纸质杂志的注意力。纸质杂志则刊登在线网站中最好的文章和封面新闻,同

[①] 李大光.科学传播简史[M].北京:中国科学技术出版社,2016:192.
[②] 王大鹏,钟琦.科学新闻的新挑战[J].科技传播,2014(2):247-248.
[③] Priest S H. Encydopedia of Science and Technology Communication[M]//Encydopedia of science and technology communication.SAGE Publication,2017:711-715.

时也可以让读者通过在线的形式获取额外的信息。

第三节 电视

如果说电视的出现最初意味着一种技术或者一件新的家具，那么后来，它就包含了情境、文化、产业、内容、经历以及对重要性的认可。[1]在电视出现的早期，许多科学家试验性地用电视来进行演说或者开展教育，诸如在物理学、生物学、天文学和化学等领域，从而吸引了寻求灵感和内容的制片人和编剧。

评论家汤姆·沙尔斯（Tom Shales）写道："迟早有一天，所有的东西不是走进电视，就是自动消失。"[2]电视把科学吸收进了新闻、纪录片和娱乐当中，但是电视中科学的内容也在不断地变化着。

一、美国电视科普概况[3]

在电视出现的头10年里，美国主要电视台定期播放的非虚构科学系列片的数量在上升，并在1951—1955年达到高峰，然后在接下来的5年里稳步下滑，科学在美国电视内容方面所占的比例再也没能重塑辉煌，直到专门的有线频道设立。20世纪60年代，适合于所有年龄段的与科学相关以及教育性的节目在广播中大量消失了，在优质的播放时段取而代之的是戏剧、娱乐、体育赛事以及类似的消遣节目。20世纪70年代中期之后，商业电视网络有时候甚至没有为全国观众提供定期的科学节目，从而让地方商业电视台和公共广播电视台用多家电视台同时播放的节目（主要聚焦于自然方面）来填补这个空白。虽然公共广播系统最终设立了创新性的儿童节目，但是在1967—1979年，主要的商业电视网络没有制作出一档新的儿童电视节目。

在20世纪90年代，美国人每周看电视的平均时间达到30小时。到了1993年，典型的美国家庭可以选择收看13个免费的广播频道，还有40个付费频道。超过1/3的

---

[1]-[3] 王大鹏.美国电视上的科学[M].北京:中国科学技术出版社,2017.

美国家庭至少拥有3台电视机,而超过3/4的家庭都拥有1台录像机,他们对喜欢的节目进行录像并重复观看。尽管如此,科学的内容仍然受到限制。在1992年的华盛顿巴尔的摩地区,3个主要公共广播电视台中大约有16%的节目可以被看作是与科学相关的,然而该地区的商业广播电视台却无视科学,除非这些节目和自然或者医学相关,或者和虚构的电视剧有关联,频道的增加并没有增加更多的科学内容。在1996年波士顿地区的电视频道(33个广播频道和有线频道)中,只有不到2%的内容致力于传播科学(在分析的660个小时中科学内容稍微多于10个小时),并且大多数还都是着眼于健康或博物学,且大都安排在午夜之后播放或在有线频道上播放。

1980年秋,由卡尔·萨根制作的13集系列片《宇宙》播出并一炮走红,同时还获得了艾美奖(Emmy Award)和皮博迪奖(Peabody Award),这成为电视科学类节目的一个传奇。目前美国用于传播科学的电视频道包括:①国家地理频道(NGC)。1997年成立的国家地理频道是一个以自然科学、文化以及历史纪录片为主的频道,目前在全球166个国家以34种不同的语言播出。②探索频道(Discovery Channel)。由探索传播公司(Discovery Communications)于1985年创立,目前遍布全球218个国家及地区,收视户多达18亿,在全美有线电视台中,"探索"台的租户人数居全国第5位。它是以科普为主、兼及自然风光和人文景观介绍的电视网,包含动物星球频道、科学频道、旅游生活频道等。③美国公共电视台(PBS)。该电视台长期制播优良的科学与自然节目,主题包含考古和人类学、生物、地球和栖息地、健康和医药、物理、太空宇宙、科技和发明等。如黄金时段播出的节目《新星》系列片,从1966年起,每周提供给观众最新的科学知识,内容涵盖科学、历史、技术、医学、军事、自然、物理、数学、地球、太空科技等领域,节目亦可提供中小学教材。该频道播出的少儿节目《芝麻街》也含有不少科普内容。④美国科学促进会以及史密森尼博物馆制作的电视节目等。比如,美国科学促进会与洛杉矶的KCET-TV电视台合作开发了《依靠我》(Count on Me)趣味数学节目并在全国播放。史密森尼博物馆也与众多机构和制片人合作制作了很多科学纪录片。

二、加拿大电视科普概况

1952年,加拿大广播学会(Société Radio-Canada)和加拿大广播公司(CBC)成立了加拿大第一个电视台。在魁北克,拥有电视机的家庭数目迅速增加:1952年,这个数目就从7月的6600台增加到12月的34000台。[①]目前,加拿大主要的电视节目包括:①《探索》(Discovery),这是一档有关科学、健康、环境、太空探索、技术以及其他科学相关话题的电视节目,在全国范围内用法语播出,每周六下午6点半在网络和5频道播出。②《天才》(Genius),这是一档60分钟的电视节目,每周一次,以测验和活动的形式介绍新的引人注目的实验。在魁北克电视台用法语播出。每周日下午7点首播,周二晚上11点、周五夜间1点和周六夜间3点重播。③《事物的本质》(The Nature of Things),这是加拿大一档著名的科学类电视节目,播出新的科学发现和有关大自然、环境和生活的内容(自1960年开始播出),每周日上午11点在CBC电视台播出。

三、德国电视科普概况

德国电视二台(Zweites Deutsches Fernsehen,简称ZDF)是欧洲最大的电视台之一,与德国公共广播联盟和德国广播电台是德国公共广播的三个组成部分,位于美因兹。德国电视二台设有科教栏目,制作了大量的纪录片、专题片和科普节目。例如,一个颇受欢迎的科普节目是《益智科技秀》(MEGA clever! Die NKL-Show),它是德国卫星一台(SAT1)著名的科普节目,节目中汇集了来自世界各地的科学家,为解答命题而"大动干戈"。该节目采用轻松愉快、寓教于乐的方式,不仅让孩子看到了科学实验的魅力,也让很多成年人大开眼界。[②]

---

① 加拿大的科学新闻[EB/OL].http://blog.sciencenet.cn/blog-428002-800556.html.
② 百度百科.益智科技秀[EB/OL].http://baike.baidu.com/link? url=ga6A-kUwWtAa-Cuagnw_iOqnKiFt_mu5IeFG8p8OJeYZ_2OlwESZariVCSGXhFMla7A0R1b AhkvX-huiWI_I34PWZ9wV-Uo8PjGZQ2TL4WEhpLQ4D7qeCNvL_ejx5_ PRkieoefDoVJ6VqBXDJNqm0_.

此外，德国的部分科普杂志与电视台合作，制作电视科普节目，例如《听》(Hören)、《奇妙世界》(Welt der Wunder) 和《知识奇境》与电视台有一定的合作关系，它们的部分内容定期以电视节目的方式播出，这样的好处是强化了科普作品的品牌效应。每个科普品牌的内容侧重点和呈现风格不一样，因而相应地拥有不同的读者群，已经广为人知的科普期刊制作成电视节目较容易吸引原有的受众群体，并且通过内容和质量的提升以及纸媒、电视两种方式来提升品牌，吸引更多的观众。

第四节 网络[①]

进入21世纪以来，网络的发展给科普带来了新的机遇和挑战，各国也纷纷利用网络开展科普工作。

首先，门户网站是各国公众获取综合类信息的主要平台，新闻媒体网站的科学新闻是重要的内容板块。国外新闻机构比较重视科学新闻报道，充分利用网站开展网络科学传播。例如，美国有线电视新闻网（CNN）网站共15个板块，专门设置了技术板块（Tech）和健康板块（Health），科技相关内容占整体板块内容的15%左右。澳大利亚广播公司（ABC）官方网站共设有20个板块，专门设有科学、在线教育（Splash Education）、环境、健康、技术等板块，科技相关内容占整体板块的25%。

其次，英国等欧洲国家在科学研究中有开展科学传播的学术传统，因而在其研究机构的网站上，科学传播的内容较

---

① 罗晖,钟琦,胡俊平,等.国外网络科普现状及其借鉴[J].科协论坛,2014(11):18-20.

为丰富，但有结构性差异。如，英国研究理事会较为关注与其使命相关的内容，其网站上包括英国科学、科学政策、科学与社会、气候变化等板块。欧洲核子研究中心（CERN）首页上有10个一级栏目，其中拓展（Visit或Outreach）和媒体（Press）两个栏目含有丰富的科技信息，包括"全球科学与创新馆"、常设展览"大爆炸通行证"等内容简介，以及"核子中心开放日"、"科学秀"等科普活动信息。总体而言，核子中心网站上的科技信息占总体内容的50%左右。

再次，科技类博物馆的网站服务于实体馆，并拓展教育功能。国外科技类博物馆网站不仅"为实体场馆服务"，更是对实体馆功能的拓展。网站包含一些无法在实体场馆中现场获取的内容，与实体场馆的展览或活动相互补充。如，美国自然历史博物馆网站紧密结合其服务内容，为公众提供在线游览、游览方案定制、游览图导航等个性化服务。关于"化石"展厅内容的展现，除展厅陈列各种化石的介绍外，还进一步介绍了博物馆古生物学研究部门的工作进展。

最后，政府部门网站为获得公众对科学研究更深层次的支持，十分重视科学传播功能的展现。以美国为例，美国大量的科普内容的网站以"gov"为后缀，例如美国的自然科学基金会（NSF）、美国国家航空航天局（NASA）、美国疾控中心（CDC）、美国农业部（USDA）、美国环保署（EPA）等政府机构和部门开办的科普网站是网络科普的重要基地。

> 总而言之，网络成为21世纪公众获取科技信息的重要渠道，同时网络也为科普提供了各种可能性，相信随着物联网、人工智能和大数据的发展，网络科普形式会更加丰富多元，并且也会给科学传播带来新的机遇和挑战。

（本章作者：王大鹏）

---

① 英国的科学传播媒体(二) [EB/OL]. http://blog.sciencenet.cn/blog-428002-736917.html.

CHAPTER FOUR
The Infrastructure of
Scientific Communication

第四章
科学传播的基础设施

第四章 科学传播的基础设施

本章所讲的基础设施包括专门从事科学传播的科技类博物馆和科学中心。此外，还包括与科学传播相关的科研机构、非政府组织、基金会、国际组织、大型科研项目等。这些机构大都有一定的科学传播理念，如帮助人们理解科学并欣赏科学家对这个世界做出的贡献；支持公众（包括普通公众、科学家、媒体人等）传播科学、促进公众理解科学、鼓励公众参与科学。具体体现在：公众有了解科学研究的权利，科学家对科学传播和社会发展负有重要责任；公众应参与科学研究（决策），鼓励和帮助科学家参与科学传播；促进公众理解科学和科学家，培育公众的科学意识、精神和思想，促进社会和谐发展。

各机构通过一定的科学传播方式实现其科学传播理念。其主要方式包括媒体科学传播、科学讲座、科学展览、科学作品创作研发、科学教育、科学传播监测评估、科技信息检索与服务、科学交流与传播、科学家博物馆、培训并资助公众参与科学等。

管理和运营方式一般为董事会制（有限公司、企业制管理）或理事会制（非营利性机构，如科技馆）。各机构十分重视对公众的科学传播；依托自身资源，积极开展特色科学教育活动；形式不拘一格，吸引公众参与，满足公众不同需要。国家级公益性的科普设施经费来源一般以公共财政为主，社会捐赠为辅。

第一节　科学传播专门机构及其科学传播活动

一、利用媒体进行科学传播

媒体是科学与公众之间的重要桥梁，具有辐射性的传播效果。国外各传播机构一直以来十分重视通过各种媒体对科技资源进行广泛传播，各机构都设置有相关的部门或团队从事媒体传播工作，主要形式包括以下几种。

1.网络传播

Eurek Alert!网站由美国科学促进会于1996年成立，是一个具有编辑独立性的在线新闻服务机构，主要关注科学、医学和技术方面的信息。全球数千名记者通过 Eurek Alert!获取世界顶级研究机构的新闻和资源。

2.视频网站

2011年末，英国皇家研究院（Royal Institution，简称RI）开设了新的视频栏目。这个栏目将各研究机构最好的科学视频与独立的电影制作者联系起来。网站为研究资源的在线视频出版以及个人视频资料的出版提供了新方法。

3.杂志出版

美国史密森尼学会出版发行《史密森尼杂志》（*Smithsonian Magazine*）——面向大众发行的月刊，刊登关于艺术、文化、历史和科学的文章。

4.电视频道

史密森尼学会开设了史密森尼频道——播放历史、科学、艺术和流行文化方面的高清电视节目。

二、开展科学讲座（沙龙）促进公众理解科学

在固定的有代表性的场所开展科学讲座，是科学家与公众之间进行科学传播的一种重要形式。英国皇家研究院是一个致力于科学传播与研究的组织，总部位于伦敦。在它的整个历史中，各种科学讲座非常著名，其中最著名的就是皇家研究院圣诞讲座。

英国皇家研究院圣诞讲座由法拉第于1825年设立，是就某一话题展开的系列讲座。自1966年以来，一直由英国广播公司制作成电视节目并在圣诞节与新年期间播

放。法拉第自己做过19次讲座。其他讲座名人包括道金斯、卡尔·萨根等。讲座将科学问题带到了一般受众面前，兼具知识性与娱乐性。

英国皇家研究院其他知名讲座还有年轻人讲座、数学大师经典课堂、法拉第星期五之夜讨论会等。这些讲座都在著名的历史讲座大厅举办。自从1799年以来，皇家研究院的房间一直在扩建。最后的整修是2008年完成的，旨在为公众创建一个"科学沙龙"。除了著名的法拉第讲座大厅之外，这栋楼还有很多功能室，有大型图书馆、现代化研究设施以及餐厅等。

三、学术期刊和会议作为科学交流传播平台

美国科学促进会的年会是科学界的重要聚会。近年来，每次年会都能吸引数千名科学家和上千名科学记者参加，其主办的《科学》杂志是世界学术影响力最大的综合性科学刊物，读者逾百万。年会和期刊是世界各国优秀科学家之间和科学家与科技记者之间学术交流和科学传播的重要平台。

英国皇家学会、英国皇家研究院和英国科学促进会在1985年成立了公众理解科学委员会。公众理解科学委员会设立了科技传播者论坛。该论坛每年在爱丁堡国际科学节和英国科学促进会科技节期间举行两次会议，讨论科技传播理论与实践。

四、组织开展各种形式的科学教育

科技组织还通过其影响力推动科技教育相关计划，进而影响科学教育方向。美国科学促进会于1985年启动"2061计划"，以帮助所有美国人提高他们的科学、数学及技术素养。该计划被誉为"美国历史上最显著的科学教育改革之一"。

自1989年出版《面向全体美国人的科学》以来，"2061计划"针对所有学生，对于他们高中毕业时应具备的科学、数学和技术能力提出了建议。《面向全体美国人的科学》奠定了20世纪90年代全美科学标准运动的基础。1993年出版的《科学素养的基准》将《面向全体美国人的科学》中的科学素养目标转化成基础教育（K-12）的学习目标或基准。当前美国国家和州的许多与标准制定相关的文件，均取自该基准的内容。"2061计划"可谓已经"改变国家科学教育改革的整体氛围"。美国科学

促进会创作的这些文献，正是"2061计划"持续努力进行课程、教学方法和评估方式等方面改革的基础。随着《科学素养的导航图》和《科学素养的设计》的出版，"2061计划"将持续影响科学教育改革的方向。

五、科技信息检索与服务

维康信托基金提供科技信息情报服务，向科学家、媒体、教师、决策者以及一般公众提供以下领域的参考资源：政府科学决策、研究资金、研究伦理、公众对科学的态度、科学传播、学校中的生物科学教育等。资源形式包括图书、报告、期刊、媒体剪辑、教学资源、研究组织数据等。信息服务机构制作了自己的数据库WISDOM，可以通过网络获得。基金会的其他公共资源包括医学历史图书馆，为了解医学史提供了新视角。

六、科学作品创作

鼓励科普创作。英国公众理解科学委员会负责管理由罗纳-普朗公司提供赞助的科普书籍奖，该奖项旨在奖励能促进公众理解科学的优秀的科普书籍。

创作出版科学传播书籍。为帮助人们更好地开展科普活动，英国公众理解科学委员会组织有关人员编写出版了成套的优秀科普实践指南小册子，并公开发布该委员会及其他组织的科普研究成果。

七、科学传播监测评估

维康信托基金会通过监测调查，得到更加系统的方法来描述并理解公众对医学研究及其相关进展和应用的兴趣、知识及态度，为明确科学研究方向和更好地促进公众理解科学提供了基础。

八、科学展览

由物理学家弗兰克·奥本海默于1969年创建的旧金山探索馆是世界科普型综合科技馆的开山鼻祖。在这里，90%的展品都是原创的，只有10%是从艺术家、科研兴趣爱好者的优秀作品中引进的。重视原创可以说是该馆的立馆之本，这主要得益于其强大的研发团队，其中很多研发人员从事过一线科研工作，拥有科学方面的博士学位。而且旧金山探索馆"谁研制、谁维修"——一件展品的创意、设计、制作、运行、维修全由同一人或同一个团队负责的管理模式，也让该馆展品长期立于不败之地。现在很多科普场馆的经典展品特别是基础科学展品，均复制于该馆的原始创作。

同年成立的安大略科学中心在展品研发方面同样具有实力。30%的展品自开馆一直运行至今，令人不得不赞叹其深厚的研发功力。展品研发能力强大和世界巡展项目丰富一直是该馆的主要优势。在这里，展品研发车间分为各个不同的区域，俨然一座大型生产工厂。该馆建成开放之时，展品研发车间便随之诞生，所有展品的策划、设计与制作几乎都在这里完成。占全馆员工人数一半的展品研发人员更是确保了其强大的研发能力。

不仅如此，这两个科普场馆在展品研发方面有一个共同之处，即与馆外的科研院所等机构组织密切合作。也正是因为这种对馆外社会资源的充分利用，才使两馆的研发水平和展品影响力经久不衰。

九、资助公众参与科学项目

英国国家公众协调中心（NCCPE）由英国高等教育拨款委员会发起，英国高等教育拨款委员会、英国研究理事会和维康基金会资助。英国国家公众协调中心成立于2008年，是英国公众参与"科学灯塔"计划的一个组成部分。英国国家公众协调中心的主要目的有以下三个：激发高校文化的改变；提高科研机构促进公众参与科研的能力；建立高效的合作关系，鼓励其他合作伙伴将公众参与融入科研工作。管理模式为项目导向制，由中心的核心团队整合各种来源的资金支持，公开发布支持公众参与科学的项目，主要由高校和科研机构承担。在成员单位的政策层面强调将公众参与嵌入科学研究工作的各个阶段，在科学研究项目的审计、执行和评估过程中均有对公众参与活动的考查。

第二节 实验室

一、卡文迪许实验室

（一）卡文迪许实验室

卡文迪许实验室（The Cavendish Laboratory）是剑桥大学的物理实验室，由詹姆斯·克拉克·麦克斯韦（James Clerk Maxwell）于1871年创立，期间受到了剑桥大学校长——第七代德文郡公爵威廉·卡文迪许（William Cavendish）的慷慨资助。为了纪念伟大的科学家亨利·卡文迪许（Henry Cavendish），此物理实验室被命名为"卡文迪许实验室"。实验室自建立以来就一直处在物理领域发展的最前沿，它的核心项目一直是在卓越理论支持下的物理学实验。自从1895年设立诺贝尔奖以来，卡文迪许实验室已经产生了29名诺贝尔奖得主。目前卡文迪许实验室面临的任务是对实验室的重新构建，以应对21世纪的挑战，实验室的重建计划及其相应的传播工作也仍然要延续其核心传统宗旨：创新性。

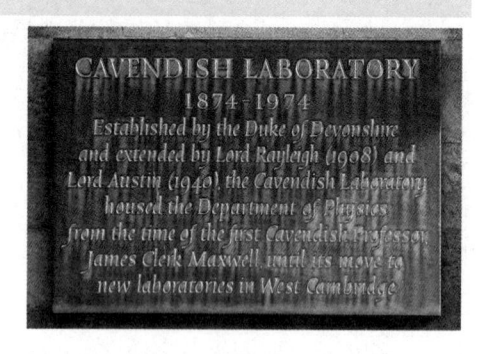

（二）科学研究与传播的核心理念

卡文迪许实验室的科学研究与传播的核心理念：在多元化的物理学中保持基础物理学的强大核心。它的特点是合作、基础和实验。卡文迪许实验室在进行科学研究的同时，也一直在嵌入式地进行科学传播，即普及科学知识，确保将科学发现准确、及时、公开、透明地向社会进行传播；让公众理解物理学实验与人类社会的联系，理解基础科学的价值。

第四章 科学传播的基础设施

（三）协同合作

为了保持实验室始终居于世界物理中心地位，卡文迪许实验室在近几十年来走过了从理论物理向实验物理，然后再由实验物理走向与企业联手，最后到"理论—实验—高技术研发"的路径，使理论与实践、科学与应用密切结合。卡文迪许实验室鼓励科学研究的应用与合作，鼓励与剑桥大学内各院系的合作，如化学系、材料科学和冶金等院系，以及天文学研究所、生物科学、临床医学和工程学院；还与像东芝和日立这样的公司紧密合作。在有利于产业、社会和大学的新领域研究的探索过程中，卡文迪许实验室的科学传播方式已经取得了巨大的成功。目前已有许多学者受益于这种产业、社会与大学的协同合作，并在开创新的研究领域方面取得了巨大的成功。

（四）基础研究

卡文迪许实验室认为，他们的研究和教学内容受到人们对最基础阶段物理学理解的渴望的影响。物理学研究领域中包括了许多"大问题"，这些主要的研究领域吸引了许多世界上最聪明的学生，他们喜欢利用这个机会来解决整个科学领域最棘手的挑战。卡文迪许实验室在选择和培养人才方面也有着鲜明的特色，它坚持按原创性的素质和能力选择学生和研究人员，只有那些在论文和研究成果上显示出独创能力，具有独特的创造性意识、见解和能力的学生才能够被录取。例如卢瑟福、威尔逊、里查森、巴克拉等人，其中，多人获得了诺贝尔奖，对科学的发展做出了重大贡献，有的成了重要研究机构的学术带头人。在卢瑟福的带领下，查德威克发现了中子，考克拉夫特和沃尔顿发明了静电加速器，布拉凯特观测到核反应，奥里法特发现了氚，卡皮查在高电压技术、强磁场和低温等方面取得硕果，另外还有电离层、空气动力学和磁学的研究成果，等等。

（五）实验

卡文迪许实验室完全改变了人们对物理学的认识和理解，使物理学理论通过实验得到充分证实，在新阶段的发展中，实验室在生物学、医学和生命科学的物理学方面都有积极的举措。相对于理论物理学而言，实验物理学主要从实验上来探索物质世界和自然规律。这种广泛的方法为曾在实验室长时间工作的29位诺贝尔奖得主奠定了成功的基础，而且他们的名字与新发现相联系，如电子、中子和脱氧核糖核酸结构等。在卡文迪许实验室发展的新阶段，各领域的新举措将吸引世界上优秀的学生更好地接触并参与相关的科学研究。

二、美国劳伦斯伯克利国家实验室

（一）美国劳伦斯伯克利国家实验室

劳伦斯伯克利国家实验室（简称伯克利实验室）(Lawrence Berkeley National Laboratory, 简称LBNL)隶属美国能源部，具体由加利福尼亚大学负责运行。伯克利实验室是由欧内斯特·奥兰多·劳伦斯(Ernest Orlando Lawrence)于1931年建立的。他是加利福尼亚大学伯克利分校的物理学家，因发明了回旋加速器曾在1939年获得诺贝尔物理学奖，这种圆形粒子加速器打开了通向高能物理学的大门。伯克利实验室的研究领域非常宽泛，它从事各个领域的尖端大型设施的研究，包括物理、化学、生物、医学、应用科学等。在科学界，伯克利实验室是"卓越"的代名词，它为世界带来科学的解决办法。伯克利实验室有3232名科学家、工程师及相关的支持人员，还负责为当地提供5600个就业机会，为国家提供12000个就业机会。

（二）科学研究与科学传播核心理念

伯克利实验室科学研究的理念是：科学研究的最好方式是不同领域专家在一起工作。欧内斯特·奥兰多·劳伦斯的这种团队概念在伯克利实验室延续至今。

伯克利实验室的所长由美国加州大学董事会任命，并向加州大学校长报告工作。虽然实验室独立于加州大学的伯克利分校，但两

第四章　科学传播的基础设施

者关系密切：超过200名的实验室研究人员兼任学校教授，500多名加州大学伯克利分校的学生在伯克利国家实验室开展研究。20多名美国能源部雇员进驻实验室，行使联邦政府对实验室的监督职责。

（三）创造科学

伯克利实验室一直保持着主要国际物理研究中心的地位，同时也将其研究计划扩展到几乎每一个科学研究领域。该实验室的14个科学部门按计算机科学、普通科学、能源和环境科学、生命科学和光子学进行组织。许多研究项目由多个部门配备工作人员并提供支持。

伯克利实验室开展的研究，涉及许多领域，包括高能物理、地球科学、先进材料、粒子、加速器、纳米材料、磁性材料等。此外，实验室还拥有6个国家重大用户装置：先进光源、国家电子显微技术中心、国家能源研究科学计算中心、能源科学网络、分子铸造厂和联合基因组研究所。

（四）转让

伯克利国家实验室向工业部门发放使用其开发的软件和技术许可证，从而将自己的发明推向市场，造福公众。通过把实验室的发明商品化，向公司发放使用许可证，促进其技术的利用，以造福社会，支持通过创造而取得的收入。

（五）合作

伯克利国家实验室的一些最新的技术转移涉及与工业部门的合作项目。在合作研究中，美国能源部和工业部门可根据合作研究和开发协议共同赞助。费用、人员、设施、设备或研究能力可以共享、互惠互利。同时，美国政府支持小企业的研究和发展，因此授予小公司创新研究的转包合同经常出现，对于授予小公司的技术转让，需要与美国非营利性机构（如大学或国家实验室）进行合作。许多公司与伯克利国家实验室合作或分包进行研究。

（本章作者：张会亮）

CHAPTER FIVE
Public Science Communication Activities

第五章

面向公众的
科学传播活动

面向公众开展科学传播有不同的方式和途径，比如，开放博物馆或者科学中心吸引公众前来参观，通过电视、报纸、网络进行媒体宣传，或是举办公众讲座，科学表演，等等。不同方式的科学传播适应的人群、场景都有差异。在这其中，公众科学传播活动是各个国家都广泛采用的一种科学传播手段。

本章主要从科学节活动、主题日科学传播活动、青少年科学传播活动和特色科学传播活动四个角度，介绍和探讨创新型国家的公众科学传播活动。

第一节　科学节活动

科学节是以节事形式传播科学技术的行为，是当前世界各国普遍采用的科学传播手段。科学节的中心是科学技术，但它采用了艺术节或音乐节的清新、活泼风格，通常集讲座、展览、研讨会、实验演示、游园、小组讨论、喜剧等多种形式于一体。科学节活动的叫法比较多样，各国常冠以科学（科技、科普）日、科学（科技、科普）月、科学（科技、科普）年、科学（科技、科普）嘉年华、科学（科技、科普）节等名称。目前，全世界平均每年有30多个国家举行100多个科学节活动。

一、科学节活动的历史与发展

（一）科学节活动的起源

科学节的现代概念可以追溯到20世纪80年代末。1989年，爱丁堡市被选为欧洲文化首都，发展部的高级成员伊恩·沃尔提议用一种新形式的春季活动来与闻名世界的秋季艺术节相对应，以此突出爱丁堡的新形象，他将这种新形式的春季活动命名为"科学节"。随后，第一届爱丁堡国际科学节于1989年4月举办，这是第一个现代意义上明确称为"科学节"的活动。但是，需要特别说明的是，实际上日本和韩国在此之前已经有了科学节意义上的活动，如日本1960年设立的科技周，韩国1968年设立的科学日。

爱丁堡科学节的成功举办，促进了科学节活动在世界各地的迅速发展。20世纪后半叶以来，亚洲、欧洲、美洲的主要国家都开始创办科学节活动。例如，英国1994年创办科学、工程及技术周，瑞典1997年创立了哥德堡国际科学节（International Science Festival Goteborg），澳大利亚1997年开始举办国家科技周，美国1998年创办海湾地区科学节，加拿大自2008年开始举办国家科技周，等等。我国真正意义上的大型科学节活动始于2001年设立的全国科学技术活动周。2003年，中国科学技术协会开始举办全国科普日活动。

（二）科学传播活动区域性组织

随着科学节活动的发展，开始出现推动科学节活动的区域性组织。例如，2001，欧洲科学活动协会（EUSEA）成立，该协会约有来自36个国家的100个组织成员，是欧盟地区科学传播活动发展的重要协调与推动力量。此外，2009年，美国国家科学基金会资助成立了科学节联盟。

二、创新型国家的科学节活动

科学节活动在全世界得到广泛欢迎，创新型国家对科学节这种科学传播方式的采用历史更是悠久。相对于其他科学传播形式而言，科学节活动数量更多，覆盖面更广，受益的公众范围更大。下面分别介绍几个典型国家的科学节举办情况。

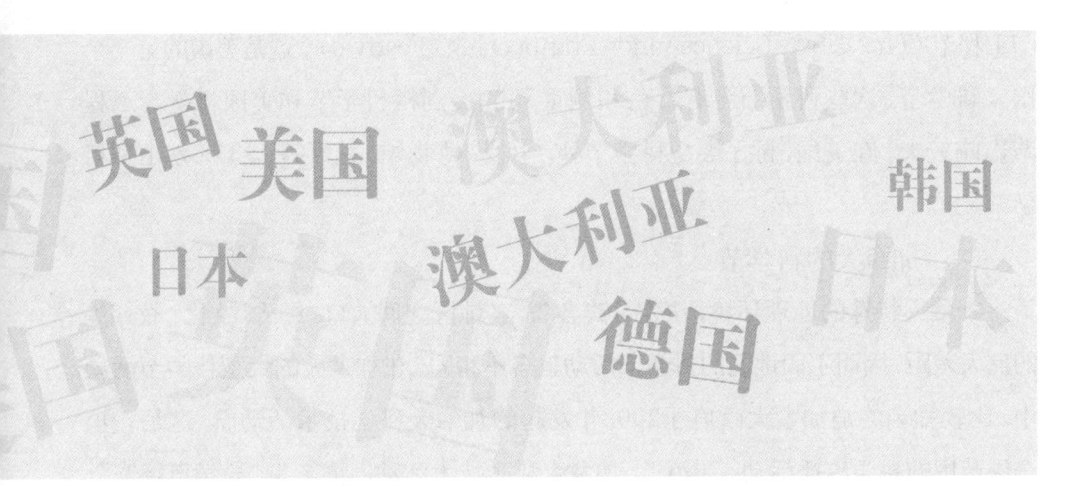

(一)英国的科学节活动

英国是最早提出"公众理解科学"的国家,拥有丰厚的科学资源和文化历史,也是科学节活动的故乡。英国各地每年举办的科学节活动数量多,规模大小不一。在大型科学传播活动中,比较知名的有英国科学节,英国科学、工程与技术周,爱丁堡国际科学节和英国剑桥科学节。这些大型科学节活动内容、形式没有本质区别,但是各自体现出不同特点,形成互补。例如,英国科学节活动发端于1831年的学术交流活动,历史悠久,且有着大学主办的传统,2011年以来,布拉德福德大学、伯明翰大学、纽卡斯尔大学、阿伯丁大学等均曾为主办者;英国科学、工程与技术周重在介绍科技对日常生活的影响;爱丁堡国际科学节的巡游和亲子互动项目独具特色;英国剑桥科学节则是英国最大的全免费科学节,目的是展示剑桥大学的最新研究成果。

(二)美国的科学节活动

举办科学节的传统是由欧洲传至美国的。20世纪90年代以来,美国的科学节迅速发展。1998年开始举办海湾地区科学节;2004年开始举办匹兹堡科学节(2005年起更名为 SciTech Spectacular);2007年4月开始举办剑桥科学节(The Cambridge Science Festival);2008年5月开始举办世界科学节(The World Science Festival);2009年3月,圣迭戈市举办了第一届西海岸科学节(West Coast Science Festival);2010年9月,举办北卡罗来纳州科学节(The North Carolina Science Festival),这是美国第一个全州性的科学节;2010年10月,创办美国科学与工程节(The USA Science and Engineering Festival),这是美国的第一个国家科学节。这些科学节各有特色和侧重,其中,剑桥科学节和美国科学与工程节影响较大。在美国,除了大型科学节外,学校、博物馆、社区等也会举办小型科学节。

(三)加拿大的科学节

加拿大特殊的地理环境,决定了其各省、各地区之间人口、经济、文化、教育等的巨大差距,因而不同地区的科学节活动也各不相同。在加拿大的大型科学节活动中,比较知名的是加拿大政府于2008年发起的加拿大科学技术活动周,这是一项全国范围的科学传播活动。2016年,加拿大科学技术活动周更名为"科学奥德赛"(Science Odyssey),明确将活动目标定位于促进各省STEM领域的发展,并更加突出了创新元素。除此之外,在魁北克省蒙特利尔科学中心举办的尤里卡科学节(Eureka Festival)也具有相当的规模,吸引当地及附近的公众前往参与。这项科学节的主要特点是注重互动、亲子参与,并为学生安排专场活动。

(四)德国的科学年

德国的公众科学传播活动十分丰富,有对话及参与类、知识竞赛类、会议及研讨类、展览及演出类、在线平台类等,其中规模最大、影响最广的是每年的科学年活动。2000年以来,德国每年都会定期举办科学年活动。科学年活动各年度主题不一,如物理学年、生命科学年、地球科学年、技术科学年、爱因斯坦年、信息学年、人文科学年、数学年。近几年,科学年开始探讨引起人类社会发生重大变革和与人们日常生活息息相关的话题,科学年不仅重视科学理论的传播,还十分重视科技进步与社会进步、经济发展的相关性。例如,2013年主题为"人口契机",2014年主题为"数字化社会",2015年主题为"未来城市"。很多科研机构、大学、科学团体和企业在一定的时间内会对社会开放。

(五)韩国的科学节

在韩国,科学节活动资源比较丰富。政府支持的专职科学传播机构和各级科学馆是韩国科学节活动的主办力量,其中,由科学创意财团举办的科学节活动知名度最高,规模最大,较知名的有韩国科学日(科学月)和大韩民国科学创意盛典。

韩国科学日(科学月)期间,主管科技、教育的相关政府部门(韩国未来创造科技部、教育部等)及科技界会举行各种庆祝、表彰、评奖及科技文化宣传活动;促进科技大众化发展的组织、机构(韩国科学创意财团、各级科学馆等)会联合或分别举行可供国民参与的各种体验活动,活动内容丰富,参与性强;韩国的大学、中学、小学也会在校内举行各类科技庆祝活动,如各种参与体验类活动、科技竞赛活动等。另外,在科学日(科技月)期间韩国各国立科学馆、地方各道、市科学馆都会有1~2周的免费开放时间,供民众参观。大韩民国科学创意盛典是韩国最大规模的科学节,旨在向国民展示本国科学技术的发展情况,以通过对国家科学技术未来发展的规划和展望来与国民一起谋求为民服务的、与民共融的科学。该项活动的特点主要体现在三个方面:首先,该活动体现的韩国科技、科普政策发展烙印明显;其次,活动向国民展示最新科学研究成果、科技产业发展的同时,更注重科学教育成果及青少年科技创造力的展现;最后,该活动是一个国际交流和展示的平台。此外,韩国还会举办一些其他特色的科学节,如家庭科学节、圣诞科学音乐会、韩国国立中央科学馆科学日等,尤其重视青少年的参与。

(六)日本的科学节

日本政府十分重视科学节活动,早在1960年就设立了全国性的大型科学节——日本科技周和科技电影节。日本文部科学省要求全国各地的科技馆、博物馆、大学、试验研究所等,都要在科技周期间举办演讲会、展览会、电影放映会、座谈会,并开放各种设施。科技电影节由日本科学技术振兴财团、日本科学电影协会、筑波科学万博纪念财团等主办,后援机构有文部科学省、日本新闻协会、日本广播协会等,并在全国范围内开展。它的主要活动是评选、奖励优秀的科技电影,以普及、促进科学技术传播,被认为是日本最具权威的科技电影节,每年入围作品百余件。

(七)澳大利亚的科学周活动

澳大利亚科学周活动是由澳大利亚政府举办的,其目标是每年将有关科学对公众的生活、经济、社会和全球正面影响的信息传播给尽可能多的公众。1997年开始,该科技周每年8月定期举办。这是澳大利亚最重要的一场科学盛宴,它向澳大利亚公众和全球公众提供了展示科学、庆祝科技成果诞生的机会。

三、科学节活动的共性与特征

虽然各国文化背景不同,科学教育的理念与实力也存在差异,但是,科学节作为科学传播的一种形式已经得到普遍认可并被采用。目前,各国的科学节活动虽然名称各异,内容形式各有特色,却同时体现出超越国界的共性与特征。

(一)以激发科学兴趣为主要目标

当今,在世界综合国力竞争中,科学技术的重要性与人力资源的核心地位,决定了各国都将吸引本国公民,尤其是青年一代未来投身科学职业作为国家发展的战略。因而,各国举办科学节的目标都定位于激发广大公众,尤其是青少年的科学兴趣。

(二)以青少年为主要目标人群

青少年处于科学素质培养的关键时期,也是未来国家科技人才的储备力量。因此,各国科学节活动虽然都以全体公众为目标人群,但往往又将青少年、学生作为特殊关注的目标人群予以突出,在活动设计上予以侧重,与学校有更为密切、实质性的合作。

(三)汇聚各类有效活动形式

科学节是现代科学传播的一种具体形式,同时它也是各类具体科学传播活动形式的有机整合。为满足各类不同人群的喜好和需求,科学节活动通常引入集科学性、趣味性、互动性于一体的活动形式,如科学集市、脱口秀、小组讨论、田野考察、与科学家见面、博物馆和科学中心特展、实验室开放、实验演示、手工制作、在线活动,等等。

(四)常态化举办

各国科学节活动中,以一年一度举办的居多,尤其是全国性的科学节活动。常态化举办是科学节作为节事活动的基本要素之一,这是科学节活动扩大社会影响、培育观众、营造品牌、建设科学文化社会氛围的必然要求。

第五章 面向公众的科学传播活动

(五)发动多方社会力量参与

各国科学节活动的发起者主要包括政府、社会组织、科普场馆、企业、高校和科研院所等。作为一项全国范围或区域性的科学节活动而言,其具体活动的实施主体更是多元,往往包括高校、科研院所、科普场馆、图书馆、中小学校、企业和学会,等等。因此,科学节活动更不失为科学传播的一个社会平台,发动社会力量进行科学传播是其工作的机制。

(六)媒体传播是有机组成部分

各国在开展科学节实体活动的同时,又都普遍注重通过电视、广播、报纸以及日渐兴起的新媒体平台进行媒体传播。媒体科学传播是科学节活动中的重要组成部分,这是各国科学节活动的又一共性特征。

第二节　主题日科学传播活动

> 主题科学日是指世界环境日、世界地球日、国际化学年等这类与科学相关的纪念日。围绕不同的主题科学日举办的科学传播活动十分普遍，主题科学日是科学传播活动的一个惯常开展契机。通常，在不同国家和地区，主题科学日传播活动与地方的资源和需求紧密结合，因而特色鲜明。下面我们将以世界水日、世界地球日为例，来介绍一些相关科学传播活动的开展情况。

一、世界水日的科学传播活动

1977年召开的联合国水事会议向全世界发出严重警告：水不久将成为一个深刻的社会危机，石油危机之后的下一个危机便是水危机。为了唤起公众的水危机意识，建立一种更为全面的水资源可持续利用的体制和相应的运行机制，1993年1月18日，第47届联合国大会根据联合国环境与发展大会制定的《21世纪议程》第18章有关的水资源开发、管理原则，通过了第193号决议，确定自1993年起，将每年的3月22日定为"世界水日"，以推动对水资源进行综合性统筹规划和管理，加强水资源保护，解决日益严峻的缺水问题。同时，通过开展广泛的宣传教育活动，增强公众开发和保护水资源的意识。

围绕世界水日，一些国家和地区举办了一些富有创意的活动。例如，在加拿大，100多个当地社区为庆祝世界水日，发起了雨桶筹款活动。之所以推进当地的雨桶筹款，是因为雨桶可以促进更加绿色的未来。加拿大人可以使用雨桶节省水和能源。雨桶是由新生、再生或做其他用途的材料制成的提供免费水的来源，适用于蔬菜、树木和草坪等的灌溉。因为它不含氟或氯，通常可添加到市政饮用水中。从室外用水来看，雨桶中的水可以用来洗车或浇灌草坪。如果出现紧急情况，有雨桶储存的水也是有益的。再如，加拿大人走遍20个国家拍摄的影片——《干渴的世界》，揭示了世界上许多地区缺少淡水的情况，如苏丹南部和刚果北部地区。这些内容很少被拍成电影。此外，世界水日活动鸡尾酒会也十分有意义。2013年，加拿大围绕世界水日举办了一个鸡尾酒派对活动，邀请人们共进晚餐，并播放保护水资源的影片，鼓励人们发布到脸书（Facebook）或其他社交媒体网站，希望公众通过阅读一些有关水资源的故事，进行捐赠或募捐。这个活动的目的是让人们深刻地感受到水危机，认识到获得清洁水是人类的权利。

二、世界地球日科学传播活动

每年4月22日的"世界地球日"（World Earth Day），是一项世界性的环境保护活动。该活动最初由美国的盖洛德·尼尔森（Gaylord Nelson）和丹尼斯·海斯（Dannis Hayes）于1970年发起，随后影响越来越大。活动旨在唤起人类爱护地球、保护家园的意识，促进资源开发与环境保护的协调发展，进而改善地球的整体环境。有资料记载，地球日20周年纪念活动曾得到了世界各国的热烈响应，有136个国家和地区、1000多个国际团体和组织举行了地球日活动，参加人数达2亿，其中在美国就有3600个社区举办了各种集会游行、音乐会、清扫海滨和道路植树等活动。

（一）美国的地球日科学传播活动

美国社会各界举办地球日活动的传统由来已久。早在1970年，美国地球日活动协会就开始主办"绿色亿人活动"，号召世界各国人民减少碳排放量，促进可持续发展。并且，美国地球日活动经常与艺术、休闲等活动联合举行，如环保组织会举行的音乐节、骑自行车、远足、植树、为地球野餐等活动。2014年4月22日，第45个世界地球日当天，美国纽约市上演了一场"地球日街头市集"（Earth Day Street Fair）活动。人们穿着可回收环保材料制成的舞衣，在由太阳能供电的播放器播放的音乐中，以舞蹈和街头瑜伽的方式，将地球日当作一个节日来庆祝。在市集现场，来自美国各地的民众设置了有关环保、废物利用，甚至现场制作素食的展位，向人们宣传以不同方式保护环境的理念。

此外，美国化学学会也从2003年起开始举办"化学家庆祝世界地球日"（Chemists Celebrate Earth Day）活动。美国化学学会在《化学教育杂志》（*Journal of Chemical Education*）专门开设了"化学家庆祝地球日"栏目，通过举办各种各样的活动提升公众的环保意识，加深公众对人类生存环境的了解。每年"世界地球日"，美国化学学会也会开展一系列的实验活动，以增强公众对环保的认识。美国化学学会还在世界地球日活动期间推出一系列旨在提高国民环保意识的活动，包括环保志愿者在各州举行的演讲；在一些学校、展览馆等地举行的关于环境保护的展览；适合学生操作的各种实验，如对日常生活用水的检测、周围土壤的检测等围绕生活的实验活动；针对大众的、基本的环保知识宣传，如宣传节能减排、节约用水、节约用电等知识。

（二）韩国的艺术与地球日

为纪念一年一度的世界地球日，韩国环境保护协会举办了以绿色环境为主题的第十届国际艺术比赛。在艺术比赛中，来自韩国各地区的学生将通过各自的艺术表演来阐述保护地球的文化内涵。韩国举行此项比赛所要传达的意义是人类需要将地球从恶劣的环境中拯救出来。

（三）英国的地球日科学传播活动

地球日当天，英国环境保护组织与社区合作，与居民共同举办"七彩花园"活动。活动中，居民与儿童可以在社区中学习到各种各样的蔬菜、水果的种植方法。孩子们通过此项活动可以学习到蔬菜、水果如何种植及成长，环保组织以此呼吁居民在花园中种植蔬菜、水果。不仅如此，环保组织还邀请土地和生物学专家为居民讲解当前人类与环境的冲突，并围绕英国环境的特点，讲解一些有关土地和生物学的知识。

（四）加拿大的世界地球日科学传播活动

在加拿大，随着公众环保意识的不断提高，地球日成为人们关注的焦点。从地球日到地球周再到地球月，每年4月的加拿大到处都在举行保护地球的活动。例如，"加拿大地球日"组织举办的"为地球日选择放弃"的活动，向每一个人发出倡议，通过改变人们的生活方式，共同建造一个更健康的世界。这些倡议包括关掉电视、不使用有毒清洁剂、减少消费型产品购买数量以及少吃肉类食品等。参与者可以在"加拿大地球日"网站注册，其环保举动将以积分方式记录下来，最后于4月底举行庆祝活动。此外，"加拿大地球日"组织、多伦多动物园与12家著名的环保教育组织联合举办面向家庭的"行星派对"活动。除了多伦多市，温哥华市也开展了很多活动，如"温哥华地球日"组织在埃弗雷特·克罗利公园举行的集植树活动、保护地球主题展览、音乐节等于一体的活动。在埃德蒙顿市的比肯·海特斯社区会堂举行的教育活动中，食品、交通运输和节能方面的专家向参与者讲解一个小小的改变是如何减少每个人的生态学足迹的。

综上所述，不难看出，美国、韩国、英国、加拿大等创新型国家主题科学日的科学传播活动与文化、娱乐活动进行了充分的结合。或者说，这种科学传播活动与文化、艺术进行了嫁接，一方面有助于吸引公众参加，另一方面，体现出更多的文化气息。除此之外，还有一个鲜明的特点，就是，这种科学传播绝不仅仅是知识的传播，而是更多地体现在行动上，因而也是科学传播的深化。

第三节　青少年科学传播活动

世界各国,特别是科学技术发达的国家都十分重视开展青少年的科学传播活动。本文所指的青少年科学传播活动,主要是正规学校教育之外的科学传播活动。通常来讲,青少年科学竞赛、青少年科学节、中小学生科学营地活动等,是各创新型国家经常采用的活动形式。

一、科学人才选拔和培养竞赛

（一）英特尔国际科学与工程大奖赛

英特尔国际科学与工程大奖赛（Intel ISEF）是目前国际上最高级别的青少年科技赛事,也是全球规模最大的中学科学研究竞赛。英特尔国际科学与工程大奖赛鼓励全球数百万学生发挥自己的创新激情,开发应对全球挑战的解决方案。每年都有来自70多个国家的1700多名学生参加比赛。因此,各个国家,尤其是创新型国家,都会举办本国范围内的相应赛事,成为选拔和培养科学人才的重要平台。

（二）各个国家的其他科学人才选拔赛事

除了英特尔国际科学与工程大奖赛,各国还会举办自己的其他赛事,如美国科学服务社发起并管理的美国科学人才选拔大赛（以下简称STS）。STS始于1942年,是美国创办历史最长、最负盛名的高中生科学竞赛,常被称为"青年诺贝尔奖"。每年STS都要在全美范围内通过竞赛和学业成绩考查的方式选拔40名在科技方面具有特殊才能的高中生,为他们提供奖学金,送他们进入名牌大学,鼓励他们从事科技事业。自创办起,有超过13万的美国各州高中生参加了此项竞赛,并向STS大赛提交了独立完成的科学研究项目报告。STS大赛选拔出2800多名决赛选手,他们获得了共计1000多万美元的奖学金。STS获奖者中,至今已有7人获得诺贝尔奖,2人获得菲尔兹奖,4人获得美国国家科学奖,2人获得美国国家技术奖,11人获得麦克阿瑟基金会奖（也被称作"天才奖"）,2人获得拉斯卡奖（医学奖）,56人获得斯隆研究奖,42人当选美国国家科学院院士,11人当选美国国家工程院院士。

(三) 新加坡的"天才教育计划"

为了选拔培养优秀科技人才，提高国际竞争力，自20世纪80年代初期开始，新加坡教育部就在基础教育阶段实施"天才教育计划"（Gifted Education Programme，简称GEP）。20多年来，新加坡的天才教育采取了多种形式，其中包括"科学导师计划"（Science Mentorship Programmes，简称SMP）和"科学研究计划"（Science Research Programme，简称SRP）。"科学导师计划"和"科学研究计划"的共同特点是以高等院校和科研机构的教授、研究员和科学家为导师，面向才能超常的中学生，培养他们的科学探究能力。

二、面向青少年的科学节活动

在美国、日本、韩国等创新型国家中，除了面向一般社会公众的科学节，还会举办一些针对青少年的科学节活动或者在科学节活动中专门设置青少年板块。例如，日本文部科学省和日本科学技术振兴财团自1992年起共同主办的青少年科学节活动，活动范围包括日本100个地点的科学技术馆、体育馆等，旨在促进青少年对理科的理解，体验科学魅力。再如，由韩国科学创意财团自2011年起主办的创意体验节，致力于帮助中小学生构建具有创造力、团队合作能力、健康同伴文化的优秀社团。此外，加拿大蒙特利尔市举办的尤里卡科学节活动，也会专门举办学生专场活动，并为学生定制适合的活动内容。

第四节 特色科学传播活动

科学传播是一个社会中科学文化建设的重要途径。科学传播与当地文化的结合，使各国科学传播呈现出不同的特色。例如，科学咖啡馆、科学辩论、科学巡游等活动，是国外一些国家尤其是创新型国家经常使用的科学传播活动形式。

一、科学咖啡馆

科学咖啡馆又称科技咖啡馆,英文名为Café Scientifique或Science Café,它并非特指某个以科学为主题的实体咖啡馆,亦不限于只在咖啡馆举办,而是20世纪末起源于英国(一说法国)的一种新型科普(或科学传播)活动模式。科学咖啡馆是建立在休闲文化和互动交流氛围基础上的一种科学传播活动形式,可以让科学家与普通公众聚集在休闲场所,在轻松愉快的氛围下讨论科学,赋予公众参与科学、评估科研的权利,体现了科学的民主化趋势。科学咖啡馆是一种公益性的草根运动,具备自发组织、低成本、平等性、灵活性等特点,也是一种有文化特色的活动形式。尽管大多科学咖啡馆都简单冠以地名,如"利兹科学咖啡馆""丹佛科学咖啡馆"之类,但也有一些名称比较特别,如针对年轻人的叫"青少年科学咖啡馆"(Junior Café Scientifique),在酒吧开办的叫"科学酒吧"(Science Pub);又如名字比较平实的有"身边的科学"(Science on Tap)、"请问科学家"(Ask a Scientist);名字比较吸引眼球的有"饥渴学者酒吧"(Thirsty Scholar Pub)、"魔法师先生世界"(Mr. Wizard's World)等。

科学咖啡馆活动在欧美国家很盛行,甚至在日本、韩国等亚洲国家也日渐流行。该活动体现了科学传播活动与城市休闲文化的结合。科学咖啡馆的地点灵活,最常见的是咖啡馆和酒吧,其他还有餐馆、剧院、书店、图书馆、学校、社区场所,甚至教堂等,总之尽量选取那些远离正统学术环境的休闲、文化地点。

《英国科学咖啡馆2012年度报告》提到了意大利佛罗伦萨科学咖啡馆的新尝试,它在举办传统活动的同时,也注意开发多媒体和新媒体形式,如录制广播节目和播客等。

二、科学辩论活动

科学辩论活动类似于我们在电视节目中常看到的谈话节目,在欧洲国家、美国、加拿大都很常见。近年来,这类活动在我国也逐渐流行起来。

科学辩论活动是由一位主持人与几位科学人士以及公众共同互动的一种传播形式。通常,科学辩论由主持人引入话题、科学人士就话题进行辩论和交流、公众提问三个环节构成。

魁北克大学蒙特利尔分校科学中心将科学辩论作为一种常用的形式。2015年12月,它在周边社区举办了一场有关气候变化的科学辩论活动。在主持人的引导下,来自大学、政府、企业的专家和官员首先就气候变化问题发表见解,随后回答现场公众的问题,并对公众的评论进行回应。这次活动讨论气氛热烈,公众参与意识也很强,大约有200人参加。该科学中心的科学辩论活动是免费向公众开放的,公众在知晓活动消息后,可以电话预约席位。

三、科学巡游

科学巡游(Science Tour)是西方活动经常采用的一种科学传播活动形式。科学巡游就是在科学氛围、科学主题中的游览,在游览中学习、体味科学文化。科学巡游的文化意味强于科学知识的传播。

科学巡游多在户外和城市之内举行。因此,一个具有深厚科学文化底蕴、科学发展历史的城市,是科学巡游活动举办的理想场所。在科学巡游中,由导游带领公众步行游览工业遗址,科学家故居,科技含量高的建筑、设施等,在科学文化氛围的浸润中,使公众了解科学知识、科学历史,并领略科学家的科学精神。

在加拿大魁北克大学蒙特利尔分校科学中心举办的活动中,在爱丁堡国际科学节、曼彻斯特科学节等活动中,就经常设置科学巡游活动。此外,一些科学传播机构也会单独组织此类活动。

(本章作者:张志敏)

CHAPTER SIX
Assessment of Scientific Communication

第六章
科学传播的评估

第六章 科学传播的评估

第一节 评估的目的和意义

评估是现代管理的核心工具之一，已在国际上广泛应用于各个领域。对科技研究活动的评估始于第二次世界大战以后的美国，而后世界各国先后开展了对科技研究活动的评估。我国的科技评估始于20世纪80年代。随着科技评估的开展，国外从20世纪60年代开始进行科技评估理论与方法方面的研究，我国的相关研究在1990年前后才开始起步。评估的作用在于：①了解计划的运行状况（是否正常运行？如何能做到更好？）；②调控实施计划负责人的行为（调整目标、改变活动、资源再分配、责任再分配等）；③影响计划政策评估时的外部舆论（创建管理有序的组织形象，优化指标设定和方法，取代外部评估）。

20世纪末，评估被运用到科普领域。科普评估是指对科普政策、项目、活动等，就其所要达到的目标、组织、需求和影响等问题，通过科学的方法进行调查和研究，有系统地收集、整理和分析有关数据资料，根据评估的基本原理，判断优劣，衡量绩效大小和找出存在问题，发现影响因素，并提出改进的行动建议，目的在于促进科普事业（项目）持续健康发展。科普评估属于社会学研究范畴，具有社会公共项目的共同特点。当前，我国科普领域的评估主要体现为对科普组织机构的科普能力、科普项目绩效、科普活动效果等的评估。

国外发达国家的政府机构和科学组织都非常重视科普评估工作，并通过评估工作来不断改进科普活动的组织，推进科普工作发展。例如，在英国，政府资助的重大科普活动通常都会委托评估机构进行评估。自1994年起举办的科学节基本上每年都会进行效果评估，英国公众理解科学委员会为此还专门编写了关于如何评估科学节的小册子，指导科普执行机构开展项目评估工作。德国政府和科学界自2000年以来每年都会举办不同主题的科学年，如物理科学年、生命科学年、地球科学年、化学科学年、爱因斯坦年、技术年等，每年都有一份比较详尽的评估报告。德国Com.X传播分析评估研究所受德国联邦教育部委托，对2005年"爱因斯坦年"活动进行了评估。

本章拟通过对典型评估案例的介绍，让大家对创新型国家的科学节活动、大型科技活动计划以及科学博物馆的评估模式和方法有所了解。

第二节　科学节评估

科普活动评估是一个运用科学的理论、方法和程序，从科普活动中收集数据，并将其与整个活动目标和公众的需求联系起来，以确定科普活动的价值和质量的过程。科普活动评估一般涉及公众需求、活动设计、活动实施、活动效果等几个方面。开展评估能够对科普活动的绩效、管理水平、社会效益和可持续性等进行客观、公正的考核与评价，从而促进科普活动提升管理水平和效果。科普活动的评估类型主要分为前期评估、过程评估和效果评估。

科普活动前期评估，是指科普活动正式实施前，针对项目的立项、策划、方案设计等进行可行性评估。前期评估，重在考察科普活动项目是否符合国家和社会需要、是否符合公众的科普需求，考察科普活动内容的科学性、合理性，科普活动实施方案的可操作性等，达到及时发现活动策划阶段可能存在的问题并及时修正的目标。科普活动前期评估可以由活动组织者和实施者自己进行评估，也可以委托外部专家或机构进行评估,后者因为更具客观性而更受推崇。通常情况下,科普活动前期评估更多的是在充分调研基础上进行的定性评价。

科普活动过程评估,是指在活动开始实施至完成前期,在某个时间节点上针对活动实施开展的评估。科普活动过程评估,重在考察实施过程执行的效果,包括实施的合理性、有效性、吻合性、全面性等,同时过程评估还具有诊断困难和问题、探索解决问题的对策和建议的功能。活动过程评估可以提高活动项目的实施效果,具有过程监控的功能,因而是一种理想的管理手段。活动过程评估也可以由活动组织者和实施者自己进行评估,更理想的是委托外部专家或机构进行评估。科普活动过程评估应是定量与定性相结合的。

科普活动效果评估是针对科普活动产生的影响与成果的评价。具体而言,效果评估是针对科普活动对人产生的影响、科普活动的社会影响以及科普活动对环境产生影响的综合评价。科普活动组织者自身或者第三方机构都可以评估科普活动效果,但第三方评估比自我评估客观性更强。同样,科普活动效果评估也是定量与定性相结合的。

一般而言,科普活动评估以效果评估为主。下面就以英国科学节为例进行分析介绍。

英国科学促进会为英国科学节开展的科学传播评估被公认为是所有科学传播类活动中最专业的评估工作。2005年以来,英国科学促进会每年都会委托专业评估公司对科学节进行总结性评估,并且出具规范、完整的评估报告。评估报告包括一份主报告、一份分报告和一份独立的媒体评价报告。主报告主要是对科学节整体情况的评估,涉及的主题包括科学节的实际效果,宣传和市场营销,科学节主会场和分会场的活动项目内容,会员和支持者,参加人数的统计分析以及与前几年的对比等;分报告是对科学节分会场活动进行的评估;独立的媒体评估报告则是针对各年度关于科学节活动的大众传媒报道进行的对比分析。

英国科学节效果评估是从多角度、运用多种方法、针对其预先确立的目标的实现程度进行的综合评估。英国科学节预先确立的目标非常具体清晰,一般包括三个方面:影响力、参加人群、活动过程。具体的评估模式如下。

一、对科学节活动参加者进行评估

对于诸如科学节这样的重大公众性科普活动，参加者是其声誉的构成要素之一。这里"参加者"的范围很广，包括英国科学促进会管理人员、工作人员、各科委员会成员，享受奖学金资助的学生、学生助理，新闻界和协办方的人员、学生、活动组织者、不同活动项目的参观者等。重要的参加者名单、构成成分以及他们参加科学节活动项目的忠诚度、稳定性等，决定了科学节活动美誉度的高低和影响力的大小。因此，英国科学节效果评估很重视对各类参加者的统计。

在科学节效果评估中，首先对上述每一类参加者的数量都进行了详细统计，对历年科学节的总参加者数量和各类参加者数量进行对比分析，获知本届科学节活动的参加人员占总人口的比例，以及和往年相比各类参加者数量的变化情况。其次是使用人口统计特征分析法对参观者结构进行评估分析。英国科学节效果评估中分析的参观者人口统计学特征主要包括年龄、性别、民族、受教育水平、职业与科学相关情况，以及之前是否参加过科学节、来参加科学节活动的原因、如何知道科学节活动、居住地离科学节举办地的距离等。这些人口统计特征资料主要在预售票时收集，同时还在科学节主要活动现场专门安排参观者基本信息的调查服务。

二、对科学节活动的报告者进行评估

英国科学节非常重视对在科学节活动现场做报告的科研人员的分析统计。对报告者进行分析评估主要从以下三方面进行。

（一）分析报告者的人口统计学特征

主要分析报告者所从事行业及所在单位、性别、年龄、民族等情况。通过对报告者进行分析，一方面可以看出在科学节活动上做报告的人群的分布范围，为进一步扩大科学节报告者范围提供目标方向，另一方面可以了解科研机构、科研人员参加科学节的情况，由此可以看出科学节在科技领域的知名度和影响力。

（二）调查报告者参加科学节的理由

调查报告者参加科学节的理由，例如，是为了提升科学形象、讨论工作，还是被要求做媒体报道等。

(三)调查报告者对科学节活动的意见和建议

该项调查一般是在科学节活动结束后,通过电话对报告者进行访谈,了解报告者对科学节主办方提供的信息等服务、对报告活动的观众数量和质量的整体满意度,以及参加科学节的意愿和经历等。

三、对科学节活动进行评估

对活动的评估主要从以下两方面进行。

(一)让观察者对科学节活动进行评估

这里的"观察者"是指主办方——英国科学促进会的工作人员、官员和学生助理等。观察者根据事先设计好的观察内容和观察项目,按照编制好的观察表,实施实地观察。观察内容主要包括三方面。

一是每项活动的公众参与情况,即每项活动的参观者人数。通过观察判断每项活动的公众参与情况,可以了解活动的受欢迎情况。

二是每项活动在主题性、兴趣度、信息量、娱乐性、互动性、清晰度、观众适宜度和活动整体组织情况等方面达到的程度。

三是报告者在科学节的传播效果,包括报告者是否能够把自己的科学研究直观地呈现给普通公众,报告者是否能让观众参与到他们的科学传播活动中等。

(二)让观众对科学节活动进行评估

要求观众对他们参加的活动做出评估,评估方式是填写调查问卷。评估内容包括活动的主题性、兴趣度、信息量、娱乐性、互动性、清晰度和整体组织情况等。

四、对主办者、组织者和参观者的反馈及落实情况进行评估

反馈是评估中不可或缺的重要部分,来自各方的反馈可以为将来科学节的组织提供非常宝贵的意见和建议。英国科学促进会不仅注重来自不同方面的反馈意见,更注重反馈意见的落实情况。在评估中不仅评估本次科学节工作人员、观众及组织者的反馈,还会评估上一届科学节提出的改进建议及意见在本届科学节的落实情况。由此可见,英国科学节效果评估的目的在于不断地改进和发展。

五、对媒体报道情况进行评估

科学节期间，英国科学促进会专门设立新闻中心，在宣传科学节方面做了大量新闻报道，在公众对科学节的知晓度上起了决定性作用。因此英国科学促进会非常重视对科学节媒体报道的评估，从媒体报道情况可以看出科学节的影响力。

对媒体报道进行分析评估的方法是通过第三方进行的关键词（如"英国科学促进会"和"科学节"）监测，以确定广播、印刷媒体以及在线报道情况。对媒体报道的评估分析内容具体包括以下几个方面。

(1) 分析评估不同类型报道（包括新闻特写、社论评论、活动预告或者总结回顾、简单的活动内容罗列等多种形式）在不同级别媒体（国际级、国家级、市区级等）、不同类型媒体（报纸、杂志、电台、电视台、网络）上的报道次数、栏目长度。

(2) 对历年各类媒体报道情况进行对比分析。

(3) 统计分析贸易技术类出版物和普通消费者出版物关于科学节的报道情况。

(4) 对报道内容中关于英国科学促进会的报道、科学节的报道、科学节主办城市的报道和科学节主办大学的报道进行分类统计。

(5) 对英国各大媒体机构对科学节的报道进行统计分析，并进行年度比较分析。

(6) 对关于科学节的国际在线报道情况进行统计分析，分析不同国家的在线报道情况，以及使用英语和使用非英语语言的在线报道情况。

(7) 对国际新闻、国家新闻和区域新闻报道中关于科学节的报道情况进行统计分析。

(8) 评估统计科学节相关报道在各大报刊（不只限于《时报》《金融时报》《英国独立报》和《爱尔兰时报》）的头版新闻覆盖率。

(9) 评选出报道最多的20个和科学节相关的故事（不含网络报道）。

(10) 评选出点击率最高的20个和科学节相关的故事（仅限网络报道）。

第三节　科学传播项目评估

欧盟框架计划(Framework Program of European Union)是目前全球资助规模最大的官方科技计划之一。科学与社会行动计划(Science and Society Action Plan)是在欧盟整体层面上促进科学传播并加强科学与社会之间的联系，促进二者更加和谐的计划。这是欧盟框架项目第一次设置独立的科普版块，欧盟委员会组织专家对"科学与社会行动计划"进行中期评估，目的是评估科学与社会行动计划资助的项目是否在很大程度上完成了既定目标。

欧盟框架计划很重视科普工作，自第五框架计划开始，就开始支持科学家开展科学传播相关的项目，到第六框架计划，已经有独立的科普版块——科学与社会行动计划，并一直延续到第七框架，扩展为"社会中的科学"。2001年，欧盟委员会正式启动科学与社会行动计划。该计划覆盖了38项行动，主要分为三类目标：①促进科学教育和文化；②拉近科技政策与公众的距离；③将负责任的科学纳入政策制定的核心。科学与社会行动计划的总经费为7.15亿欧元，分为五个主题，即科学教育、科学传播、科学建议和治理、伦理学以及女性与科学。

一、评估目的与方法

对科学与社会行动计划的评估目的主要包括科学与社会行动计划实施的第一阶段取得的主要成效，资助的项目在多大程度上实现了科学与社会行动计划的既定目标，项目实施过程中有哪些不足，为第七框架中继续设置科普版块提供建议。从评估的目的来看，这是一种由于设置计划调整或需要设置新的板块而进行的评估。

为了实现评估的目标，专家组采取了以下三种方法完成评估工作：①选取与第六框架科学与社会行动计划中五个主题有关的若干有代表性的项目进行评估；②将上述评估结果与以往或者正在进行的评估获取的评估结果或者评估进展整合起来；③分析科学与社会行动计划对欧盟委员会支持的其他政策和活动产生的影响。欧盟委员会对第六框架中科学与社会行动计划的评估没有采用复杂的建模方法，主要是通过案头研究和专家研讨的方式进行，注重对客观事实的统计与描述。

二、评估过程与标准

第六框架第一次独立设置了科普板块——科学与社会行动计划，因此在这个板块进展到中期时，欧盟委员会组织专家对这个板块开展了评估工作。第六框架科学与社会行动计划的评估工作为二层次结构，即两个独立的专家团队分阶段进行评估，但是由一位主席领导这两个专家团队。第一阶段的评估小组和第二阶段的评估小组都有各自的评估标准。第一阶段，由5位专家组成的评估小组，称为项目评估小组，评估了由欧盟委员会资助的27个项目涉及的100多个活动。第一阶段的评估结果会提交给第二阶段的评估小组。第一阶段，也就是项目评估阶段的评估标准为：

(1) 第六框架中科学与社会行动计划目标的意义与项目的结果之间的相关性。

(2) 项目研究方法的合理性。

(3) 项目实施过程的质量。

(4) 项目的创新之处。

第二阶段，由6位专家组成一个独立的评估小组，称为影响力评估小组。第二阶段的评估小组整合了第一阶段评估的结果。第二阶段评估小组的评估标准为：

(1) 该项目与科学与社会行动计划的三项目标的一致性如何。

(2) 研究的预算、研究时间与该项目的目标是否匹配。

(3) 项目是否针对特定的议题。

(4) 项目的覆盖面，比如成果扩散等。

(5) 项目政策意义上的评估。

(6) 科学与社会行动计划活动的优势与不足。

(7) 政策环境的潜在影响。

第四节　科技博物馆评估

进行科技博物馆评估工作可让博物馆运作得更为健全，唤起人们对科普教育的支持与重视。目前，各国科技博物馆都开始制定绩效指标，如英国伦敦的科学博物馆和自然历史博物馆、美国波士顿科学博物馆和纽约科学馆、澳大利亚国家科技中心和悉尼动力博物馆均被要求制定相关的评估系统与绩效指标。

一、科技博物馆科普评估的基本方法

从科学博物馆的实践评估方法来看，程式化的严肃采访并不能获取科学博物馆需要的有效信息，因为大多数观众对科普展览的主题内容并不太了解，也不知道如何应对这些突如其来的问题。科学博物馆通常采用开放式的提问，其目的在于创造轻松自由的氛围，鼓励观众用自己习惯的语言和方式表述他们的想法。通常在对观众进行正式采访之前，使用试验样本是可采用的办法，经过针对部分目标群体的采访，了解他们对采访问题的反馈，再行修改、调整，以确保前期观众访谈能够顺利进行。

同时，大数据的评估方法也被运用于其中。数据的分析处理并不是一项简单的工作，随着信息技术的发展，SAS (Statistics Analysis System, 统计分析软件)，SPSS (Statistical Product and Service Solutions, 统计产品与服务解决方案) 等专业统计分析软件系统也被运用到博物馆的观众评估中。在美国，大多数博物馆都建立了自己的观众评估数据库，以便记录每次评估之后的数据。有的博物馆甚至特别聘请了专业的统计机构帮助它们完成评估数据的处理，最后再录入自己的数据库，由此可见，现代博物馆观众评估已经远远不止于简单的观众调查，而是建立在严格量化分析基础之上的专业统计工作。

由于评估任务的完成最终体现为评估指标的测度值，因此制定评估指标和构建评估指标体系在整个评估项目中占据了举足轻重的地位。博物馆展览的观众评估指标既能够反映观众个人信息、参观行为、满意程度等具体数值，又是衡量和监测博物馆展览业务工作，揭示博物馆展览、服务以及其他工作中薄弱环节的重要量化手段。

二、观众科普评估指标构建

博物馆观众科普评估主要是指在一定的时限内，尽可能系统地、有目的地对实施过程中的或已完成的项目、计划或对政策的设计、实施的效果、效率、影响和持续性等进行判定和评价。各国现代科技博物馆越来越注重观众的评估，尤其侧重观众参观的科普体验模式。如哈佛大学教授派恩(B.Joseph PineⅡ)和吉尔摩(James H.Gilmore)在其经典著作《体验经济》中提出的著名的"4E理论"（娱乐性、教育性、审美性、逃避性），将人类的体验行为分为四种主要模式：遁世体验、教育体验、美学体验和娱乐体验，每种模式都反映了不同层次科学博物馆观众对科普的参观动机和体验方式。偏向于遁世体验的观众对科技博物馆展厅环境的营造有更高的要求，偏向于教育体验的观众希望科技博物馆提供更多的知识信息，偏向于美学体验的观众希望在科技博物馆看到一些珍奇的标本或藏品，偏向于娱乐体验的观众对科技博物馆展览中的多媒体技术、互动装置更感兴趣。观众科普评估有助于了解到目标观众对体验模式的偏向性，从而对科技博物馆展览设计的初步定位具有指导性意义。

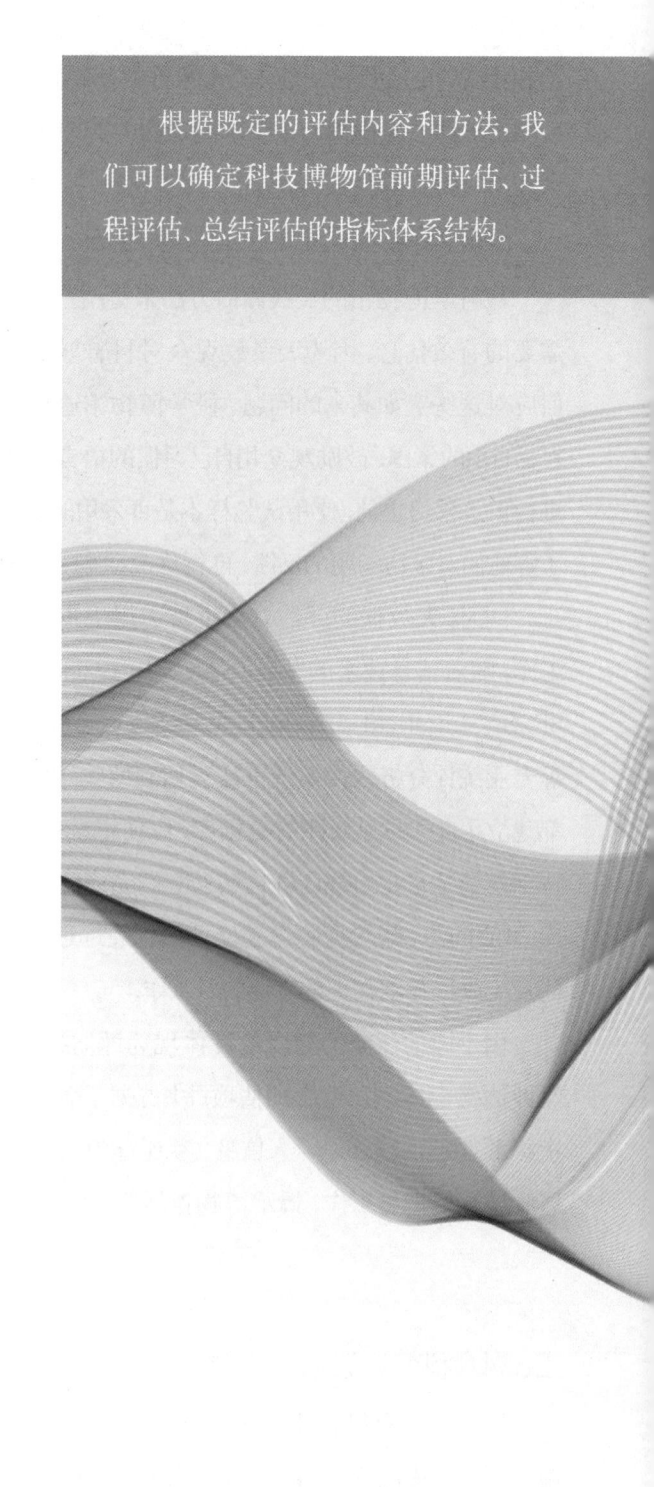

> 根据既定的评估内容和方法，我们可以确定科技博物馆前期评估、过程评估、总结评估的指标体系结构。

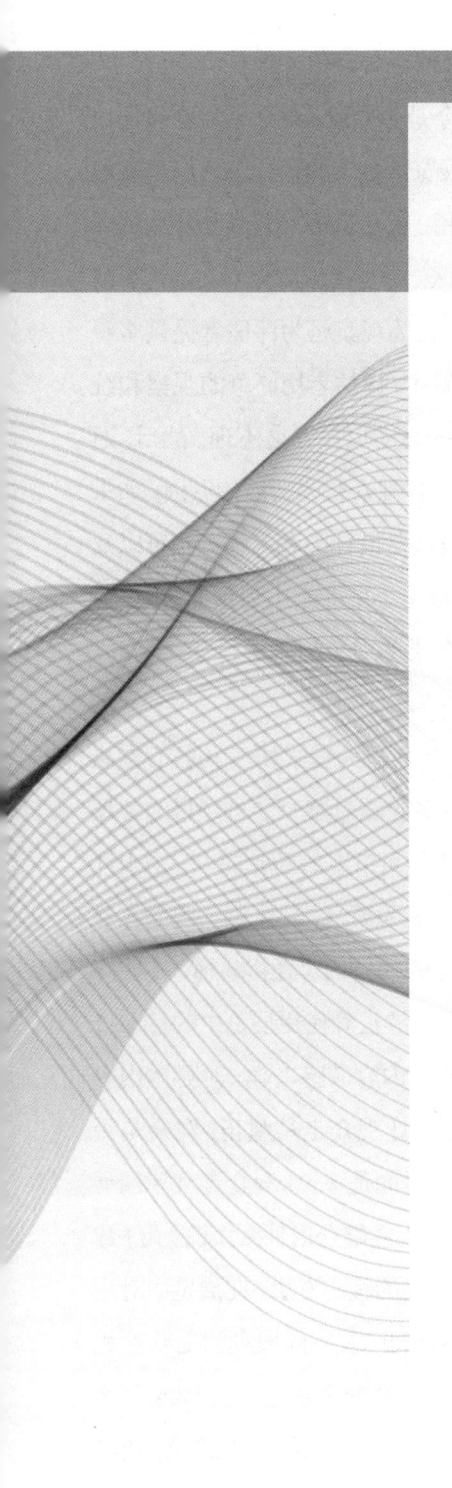

1.前期评估指标体系构建

科技博物馆的科普前期评估的主要内容包括：观众对科技博物馆的主题及主要科技展品会产生怎样的反应；观众对科普展览主题的把握如何；哪些科普展示内容最能吸引观众的注意力，为什么；观众看到科普展览的主要展品会产生怎样的思考和想象；多少观众对该科普主题的背景信息有所了解；观众预想他们能够在科普展览中学到哪些知识；观众最想在展览中看到什么；观众最渴望得到的体验是什么。科技博物馆前期观众评估还会涉及观众知识层次、核心科技展品等指标的评估。观众知识层次是指观众对科普主题展览背景知识的了解程度，可以设计专门的问卷调查了解，核心科技展品的评估则需要借助大量的实物及图文资料进行测试。在举办以学生为主要目标观众的主题展览时，科技博物馆工作人员还需要带上相关的科普展览资料到学校开展调查，详细了解学生及老师的知识结构、参观预期、对初步展示计划的反馈等，以便为展览设计提供更有参考价值的信息。

2.过程评估指标体系构建

过程评估的主要内容包括：科普展览的说明指令是否明确；观众是否会按照设计师的预想去使用互动设施；观众是否会按照科普展览策划者的预想去理解科普展览信息；每个科普展区的标题是否能够起到导览作用；观众是否对科普展柜中的展品发生兴趣；科技展品的说明文字是否清晰可读；标签、导览指示牌上的文字是否清楚。过程评估的信息数据主要来源于观众行为观察，行为观察将为评估者提供客观的观众体验行为信息。在一些以互动技术为主的展览中，评估者用简单的观察和统计就可以了解到观众对哪些互动形式感兴趣，对哪些互动形式置之不理。然后，通过非正式的观众采访，科技展览策划者能够进一步了解观众行为背后的原因。如果观众的表述中涉及关于展览设计和布展的问题，科技展览设计师和工程人员可以及时地做出相应的调整。当然，即便做出调整之后的展项也不见得能达到预期目标，通常只有经过反复调试之后的技术和设计才能够满足各类参观者的需求。

3.总结评估指标体系构建

总结评估是三种评估中最重要的评估，通过以观众行为模式研究为核心方法的调研，辅以调查问卷和观众采访等其他方法，它不仅能够对整个展览项目的各项细节做出总结性的衡量，也能够为未来的展览策划提供可借鉴的数据资料。由于评估对象是展览的整体体验效果，因此总结评估的内容更为繁复，具体包括观众在参观结束之后是否能够获取展览表达的主题信息；展览的哪些内容通俗易懂，哪些深奥难懂；展览的哪部分内容更具有说服力；观众是否能够正确使用展览中的互动技术；观众是否阅读展厅中的说明性小册子；观众对哪些内容最感兴趣，对哪些内容产生排斥；哪些展项能够让观众愿意停留，哪些展项只让观众走马观花；观众是否阅读说明标识，哪些标识说明最能吸引观众，平均阅读时间是多长；观众参观不同展项时的反应如何；观众整体参观时间多长；观众从展览中能够获取什么知识。为了详细全面地调查上述问题，观众行为模式研究是总结评估的核心方法。在展览中对观众群体进行跟踪观察，可以了解观众在展览中花费的时间以及不同展项的受欢迎程度。配合观众行为观察，观众采访也是总结评估中不可或缺的方法之一。因为除了客观的数据之外，博物馆还需要直观地了解观众看完整个展览之后的主观感受。通过将观众真实感受与展览预期目标进行对比,博物馆专业人员可以迅速找到展览定位与实际情况之间的差距,以便为下次展览总结出可借鉴的经验。除此之外,为了对博物馆的公共服务项目,如教学课堂、讲解服务或特殊活动等做出评估,很多博物馆都采用了调查问卷的方式进行简单评估,主要目的在于了解观众对相关活动的满意程度。

第五节　小结

在科学技术高速发展的今天,政府资助的国家层次的科技计划对提高国家竞争力、促进国民经济增长具有越来越重要的作用和影响,对科技计划的评估工作也因此得到了政府管理部门的高度重视。创新型国家的项目评估目前已经不再局限于一元评估的角度和方法,可以分为二层结构,统筹协调,综合评估。评估方法也不再局限于建模等定量研究和分析,有时定性的评估方法也非常有效。一般而言,科普评估是通过定性与定量相结合的方法开展,评估结果通常以定性的形式呈现,而大多数评估目标是定量的。评估指标并不是单个孤立存在的,而是作为一个体系建立起来并发挥作用的。指标体系是指根据研究目的和需要,将有内在联系的、有代表性的重要指标科学地、有机地组合成指标群。评估指标体系的建立具备目的性、科学性、可比性和系统性等几个特征。评估标准要有具体细则,尽管不同的评估组依据不同的目标设计了不同的评估细则,但是总体目标是一致的。

从国际众多科技先行国家的经验以及现阶段中国特色国家创新体系建设实践来看,亟须尽快建立项目的评估制度和体系,并纳入国家创新体系当中,这对科普事业发展和创新型国家建设是非常重要的。

(本章作者:尹霖)

下篇：国别篇

第七章　美国的科学传播

第八章　英国的科学传播

第九章　加拿大的科学传播

第十章　德国的科学传播

第十一章　日本的科学传播

第十二章　韩国的科学传播

第十三章　澳大利亚的科学传播

CHAPTER SEVEN

Science Communication
in the United States

第七章
美国的科学传播

第七章　美国的科学传播

　　美国是一个政治、经济、军事、科技、创新等实力领先全球、高度发达的国家。其科研经费投入之大，顶尖高校、科技创新企业之多，科研成果之丰富堪称世界之最。美国政府认为，科学、技术和创新投入是对国家未来的投资，并以此为准则制定科技政策。美国科技政策一向重视国防研究与基础研究，前者主要是为了维持军事上的优势，后者则基于基础研究乃是国家长期发展之本的考虑。本章将对美国的科学传播进行详细介绍。

第一节　科学传播政策环境

　　美国在联邦政府层面的科学传播活动主要通过STEM教育途径，政府在科学教育中投入巨大精力。因此，科学传播的策略是通过一系列STEM教育法案实施的。

　　早在1958年，美国国会就通过了旨在大力提高教育质量的《国防教育法》。其背景是1957年苏联第一颗人造卫星上天，使美国产生了强烈的危机感，迫切感到有必要尽快改革教育，培养足够数量的科技英才，以满足国家安全的基本需要。《国防教育法》提出加强数学、自然科学、外语教育以及技术训练。1982年，美国国会再次修订该法，以加强科技人才的培养，应对苏联、德国、日本等国在科技、贸易、空间领域及战略武器方面的挑战。

美国科学促进会于1985年启动了"2061计划"，以期帮助所有美国人提高他们的科学、数学及技术素养。美国科学促进会创作的《面向全体美国人的科学》与《科学素养的基准》，正是"2061计划"持续努力进行课程、教学方法和评估方式等方面改革的基础。随着最近《科学素养的导航图》和《科学素养的设计》的出版，"2061计划"持续影响着科学教育改革的方向。

无论是对教科书的评估，还是对教学人员的评估，或是为教育者创造的概念图谱，"2061计划"的成员们都在利用自己作为教师、研究员和科学家的经验，通过这些开创性的研究和蕴含革新性思维的书籍、激光唱片，以及大量职业发展研讨会，使科学素养成为所有学生眼前的现实。"2061计划"在科学、数学和技术教育的侧重与目的上，正在改变着教育者和公众的观念。

2006年1月31日，时任美国总统的乔治·沃克·布什在其国情咨文中公布一项重要计划——《美国竞争力计划》（American Competitiveness Initiative），提出知识经济时代教育目标之一是培养具有STEM素养的人才，并称其为全球竞争力的关键。由此，美国在STEM教育方面不断加大投入，鼓励学生主修科学、技术、工程和数学，培养其STEM素养。2007年，美国公布了《美国竞争力行动》（America Competes Act of 2007），认为美国如果在今后的经济领域竞争不过其他对手应该归咎于今天对科学、技术、工程和数学教育的忽视，以及在STEM领域劳动力发展的投入不足。2007年10月30日，美国国家科学委员会（National Science Board）发布《国家行动计划：应对美国科学、技术、工程和数学教育体系的紧急需要》（A National Action Plan: For Addressing the Critical Needs of the U.S. Science, Technology, Engineering, and Mathematics Education System）报告，而在50年前的这一天，苏联第一颗人造卫星上天。该报告发表的目的旨在向美国社会警示：50年前的威胁今天正以另外一种形式出现，美国必须时刻不忘加强对学生的STEM教育。

第七章 美国的科学传播

2009年1月11日,美国国家科学委员会发布了一封致美国新当选总统奥巴马的公开信,标题是《改善所有美国学生的科学、技术、工程和数学教育》(Actions to Improve Science, Technology, Engineering, and Mathematics (STEM) Education for all American Students),明确指出:国家的经济繁荣和安全要求美国保持科学和技术的世界领先和指导地位;青少年STEM教育是建立领导地位的基础,而且应当是国家最重要的任务之一;委员会敦促新政府抓住这个特殊的历史时刻,并动员全国力量支持所有的美国学生学习高水平的STEM知识和技能。随后的2009年11月,奥巴马总统宣布启动"教育创新运动"(Education to Innovate Campaign),正式用STEM教育开启了美国新一轮教育改革。2012年,美国发布了新修订的《新一代科学教育标准》(Next Generation Science Standards),科学探究和工程实践成为科学教育中同等重要的内容。

为了对STEM教育进行监测评估,美国国家科学院国家研究委员会(NRC)专门成立了"K-12 STEM教育实施评估委员会",委员会试图通过提出一系列相对小范围集中的、具体的、可操作的、在研究基础上的指标体系,来达到尽快建立一个有效的针对STEM教育的监测报告制度的目的。其功能是:①评估各种有关STEM教育的报告和法案中的政策建议与措施的实施及进展情况;②衡量学生在STEM教育相关学科的知识、兴趣以及与STEM教育相关活动的参与度;③追踪联邦和当地政府在金融、人力资本和物质等方面对STEM教育的投资情况;④提供包括校长和老师在内的STEM教育相关工作人员的工作胜任度的相关信息;⑤为促进联邦政府在STEM教育投资以及在劳动力需求预测的基础之上的劳动力发展提供战略性的规划。2013年,在研究的基础上发布了《面向成功的K-12 STEM教育实施进展的监测——一个国家的进步?》(Monitoring Progress Toward Successful K-12 STEM Education: A Nation Advancing?)报告。该报告根据数据分析和其他相关报告提出较为科学和有效的STEM教育监测指标体系。

为了统筹全国STEM教育的发展,2013年5月,在时任总统奥巴马的主导下,美国国家科学与技术委员会(National Science and Technology Conncil)向国会提交了《联邦政府关于科学、技术、工程和数学教育战略规划(2013—2018年)》

(Federal Science, Technology, Engineering, and Mathematics (STEM) Education 5-Year Strategic Plan)，对未来5年美国STEM教育发展战略目标、实施路线、评估路径做出了明确部署，旨在加强美国STEM领域后备人才的培养和储备，继续保持美国在未来国际竞争中的优先地位，此战略规划将深刻影响美国未来的国际竞争能力和优势地位。该战略规划主要集中在以下几个方面。[①]

第一，提高国家STEM教育质量。研究表明，优秀的STEM教师对学生STEM学科成绩有着显著影响；跟随这些教师长期学习的学生，成绩差距显著缩小。优秀的STEM教师除了需要对其教学的学科具有良好的专业背景，还需要在其教学期间得到继续学习、培训和提高的机会。联邦政府必须为全国STEM教师提供学习和提高的机会。规划提出，到2020年，提供10万名优秀的基础教育阶段的新入职的STEM教师，同时支持现有STEM教师的在职培训。联邦政府投资STEM教师培训的重点，无论在岗前还是岗后，是建立国家和各州实施跨教育机构可复制的且行之有效的培训模式，并提供急需的基础设施。同时，与支持高质量STEM教育的企业、地方和区域的科学组织建立合作伙伴关系，特别是私营机构。

---

① 译自美国国家科学与技术委员会科学、技术、工程、数学教育分委员会2013年向国会提交的报告(Federal Science, Technology, Engineering, and Mathematics(STEM) Education 5-Year Strategic Plan: A Report from the Committee on STEM Education) [R]. National Science and Technology Council, May, 2013.

第二,保证和增加青少年及公众对STEM教育的参与。美国政府将青少年和公众参与STEM的重要性提升到国家高度,保证青少年参与STEM的人数每年保持50%的增长速度。美国政府认为青少年和公众参与STEM,可以提高对STEM的学习兴趣,有利于促进他们了解STEM在日常生活中的价值,或者是积极影响他们认为自己有参与STEM的能力。美国政府每年把超过一半的STEM教育投资用于将青少年和公众参与STEM作为主要或次级目标的项目上。在该领域由联邦政府史密森尼学会担任牵头和领导角色,同时联合STEM教育委员会其他成员单位,如美国国家航空航天局、国家海洋和大气管理局、美国农业部、国家卫生研究院等。史密森尼学会牵头有助于联邦政府衔接非正规STEM教育资料与学校STEM教育的一致性,利用相关部门的特别资源,创建STEM学习材料和课程以及在线资源,通过有效的传送和分发机制,到达更多的学生和老师。此外,史密森尼学会还要整合、协调、完善基础设施,使丰富的联邦资源运转能够更高效并且能够向公众开放。

第三,加强在校大学生的STEM学习。一些经济和劳动力的分析表明,如果美国要维持其在STEM领域的全球领先地位,并依靠领先优势获得社会、经济和国家安全方面的效益,那么在未来10年它必须培养100万的STEM学科的大学毕业生。联邦政府将10年培养百万STEM大学毕业生计划作为跨部门的STEM教育的一个中心目标,实现这个目标不仅需要联邦政府,也需要公私多方面的伙伴关系。除了STEM职业领域,其他领域也越来越多地要求员工有良好的STEM基础。此外,STEM对公众的科学素养水平越来越重要,使公众能够批判性地评估诸如气候变化、医疗技术应用和替代能源等社会问题。STEM的学习经验还有利于增强学生的好奇心、创造力、团队合作等能力,强化竞争优势。

第四，更好地服务于STEM教育传统上未重视的群体。传统上未受STEM重视的群体包括美国少数族裔、女性、经济弱势群体与残疾人。这些群体对STEM领域的参与度低于一般水准，广泛体现在基础教育、高等教育与职业选择三个阶段。预计到2050年，少数族裔人口将占到美国人口总数的54%，将成为劳动力大军中的半壁江山。工业对STEM领域合格雇员的需求持续增长且从未停歇，上述群体无疑是其可靠的待挖掘人才储备仓库，同时上述群体对STEM领域的参与可以为之注入多样性的想法和观点，可以使不同群体和整个国家受益。促进人们追求STEM学位和STEM职业生涯的平等参与是许多联邦STEM教育项目的重点。战略规划提出，未来10年，增加传统上未受STEM教育重视群体的STEM大学毕业生数量，改善妇女参与STEM的机会和途径。

第五，为未来STEM劳动力提供所需的研究生教育。在科学和工程方面培养研究生有助于增强其全球竞争力。据预测，2010—2020年，美国260万个就业岗位需要吸纳高级学位的人才，包括非STEM专业的学位人才。2007年4月发布的《研究生教育：美国竞争与创新支柱》(Graduate Education: The Backbone of American Competitiveness and Innovation)呼吁大学、企业、政府通力合作，支持研究生教育发展。由于近50%的博士毕业后在学术领域之外工作，学生在培养中获得的能力是其在未来职场成功的关键。联邦政府是美国研究生教育的主要支持者。战略规划提出，在基础和应用研究领域提供基于研究生的STEM专业培训，以期达到STEM教育委员会成员单位中相关国家重要部门的关键岗位需要的特定技能，以及在一个更广泛的职业生涯中掌握一些必备的辅助技能。

为了保障战略规划的实施，该战略规划也制定了两大跨部门协作机制。

一是建立一个高效的跨部门合作的新模式。美国STEM教育经费分散在多个部门的各类计划和项目中，以达到建立一种充分利用各部门特殊优势资源和设施的机制。但是由于项目分散，聚力效果不太明显，因而需要建立一个部门资源与专业知识有效利用的新模式，建立牵头部门和协作部门的跨机构合作概念，以确保STEM教育投资达到最显著的影响力。战略规划提出了一种新型的经费投入组合，即围绕一个优先目标，引导并组织建立各部门之间协作的机制。牵头部门和协作部门采用某种机制，可以充分利用跨部门的设施和人员，以实现STEM教育投资的最大影响。为跨部门合作建立和实施新的协作模型，联邦机构将探索的主要策略包括：①建立完善"牵头+合作"的协同机制，实施目标领域路线图；②设计新的基础设施、网络和机制，以确保资产和资源可以通过联邦机构的使用和获取广泛用于提升全国STEM学习，减少行政壁垒；③制定一个框架，指导STEM教育委员会配合部门的预算请求。

二是建立和运用基于实证研究的路径。美国STEM教育要实现联邦协同目标的另一个重要方向是要坚持开展严谨的STEM教育相关研究和评估，建立有前景的实践和项目有效性的实证案例，应用于跨部门合作中，并与社会公众分享，提高STEM教育投入的社会效果。利用具有突出效果的实践和项目，指导跨部门的STEM教育的研究和评估，推而广之以改进联邦STEM教育投资的效果。战略规划鼓励开展基于实证的STEM教育研究，并鼓励利用研究结果对STEM教育战略和实践进行指导，以充分利用调查研究和评估结果，战略性地塑造联邦投资方向。具体计划内容包括：①支持现有实证研究的综合分析，及时知会STEM教育优先领域；②改善和调整联邦部门之间的评估、研究策略和专业技能，牵头部门在其职责领域进行评估设计；③通过精简跨部门协作流程（如备忘录、跨部门协议、员工共享、通用设备等），降低跨部门合作壁垒。

2015年2月2日，美国白宫科学与技术政策办公室公布了美国2016财年总统预算——"投资于美国的未来：研发（R&D）、创新和STEM教育"。[1] 预算案期望：以科技创新促进经济可持续增长，创造就业机会，提高所有美国人的健康水平，迈向

---

[1] President's 2016 Budget Invests in America's Future: R&D, Innovation, and STEM Education. Office of Science and Technology Policy, February 2, 2015.

清洁能源的未来，应对全球气候变化，管理对环境资源的竞争性需求，并确保国家安全。预算案概括了若干科技战略优先方向，其中之一就是STEM教育。预算整体上提供1460亿美元的研发经费，比2015年增加80亿美元，增长5.8%。预算案还提供了670亿美元的基础和应用研究（R&D中的"R"）经费，比2015年增加20亿美元，增长3.1%。预算概括了若干科技战略优先方向：①保持世界一流的科学研究；②投入创新；③提高美国人的健康水平；④创造大量的就业机会；⑤投资国内清洁能源；⑥采取行动应对气候变化；⑦培养学生STEM技能；⑧支持私人领域的研发。

预算案对STEM教育投入超过30亿美元，比2015年增长3.6%。预算案继续保持对2013年战略规划中提出的5大重点领域的投入，要求各STEM教育委员会成员单位共同合作，聚焦于这5大领域，协调现有项目，发展联合项目，并设计出共同采集数据的战略。除此之外，预算案还提出了以下重点投入领域。

（1）支持更多偏重STEM教育的中学。美国教育部投入1.25亿美元用于在全美实施"下一代中学"计划，配备尖端STEM教学和学习的实验室。

（2）培养优秀的STEM教师。美国教育部投入1亿美元推进10万名优秀STEM教师的培养计划。

（3）提升本科生STEM教育。美国科学基金会投入1.35亿美元改进本科生STEM专业，达到未来10年储备100万STEM本科毕业生的目标。

（4）投资在STEM教学和学习领域有重大突破的研究。教育部支持包括STEM教育在内的高风险、高回报的学习技术领域的研究，高级研究项目局在这方面投入近5000万美元。

第二节　科学传播主体

美国参与科学传播的机构比较广泛，既有联邦机构，如美国国家科学基金会，也有各种私人基金会，如斯龙(Alfred P. Sloan)基金会等；既有科学共同体，如化学学会，也有社区组织、企业等。科学传播是一项系统工程，需要相关部门和机构的通力合作。美国的实践和经验值得学习。

一、联邦机构

美国国家科学基金会于1950年成立，其宗旨是"促进科学的进步，提高国民健康水平，使国家繁荣昌盛，保证国家安全"[①]。该基金会作为独立的联邦政府机构，专门负责资助除医学外的所有科学与工程领域的基础研究和教育，以确保美国科学与工程领域各学科的健康发展。基金会下设7个局，这7个局分别是生命科学局，计算机和信息科学与工程局，工程科学局，地球科学局，数学和物理科学局，社会科学、行为科学和经济科学局以及教育与人力资源局。前6个局的工作统称"研究及相关活动"，主要集中在基础研究领域。教育与人力资源局主要负责教育与科学普及活动。基金会2010财年资助项目数为1.3万项。2010财年预算为68.73亿美元，其中"研究及相关活动"的经费约占预算的81%，为55.64亿美元；教育与人力资源经费约占预算的13%，为8.73亿美元。[②]美国国家科学基金会在美国政府对基础研究的投入份额超过25%。除了基础研究外，基金会把科普作为一项重要的任务，认为提高全体美国人的科学素养是全球竞争中的一个关键因素，对于提高人民生活的质量也相当重要。

基金会自成立之日起就把科研与科学传播作为其主要目标之一。在几十年的发

---

① About the National Science Foundation[EB/OL].http://www.nsf.gov/about/.
② NSF FY2010 Agency Financial Report [EB/OL].http://www.nsf.gov.

展中,这一目标得到不断的强化,主要包括以下几个方面。

(1) 支持全国竞争性的基础研究。

(2) 设立研究生奖学金,培养后备科学人才。

(3) 开展各层次的教育项目,提高美国公民的科学素养。

(4) 支持用于科学研究的仪器与设施等基础设施的建设。

(5) 开展形式多样的科普活动。

(6) 推动国内外科学信息交流;支持科学方法发展及其社会应用;增强研究和教育中的创新;开展增强妇女、少数民族和其他特殊团体参与科学技术活动的行动计划。[1]

基金会发布的《2006—2011五年发展策略规划》除增加科学与科技研发速度、范围和影响之外,更强调培育年轻科学人才与强化各年龄层的科学知识传播与教化。确定了在未来需完成的四个目标:①支持科学与科技的新研究领域探索;②推动多角化学习方式;③消除各级研究机构与单位之间的差距;④强化内部管理及规划。2012年后,仍持续落实此四项目标。

美国国家科学基金会2016财年预算请求为77.24亿美元,比2015财年预算增加3.79亿美元,增幅约5.2%。在项目资助经费预算方面,除了重大科研仪器设备建设费用比上年略低,基金会用于支持研究及相关活动的预算请求为61.9亿美元,用于支持教育相关的预算请求为9.62亿美元,分别比上年增长4.3%和11.0%;在项目组织实施和机构运行管理方面,除了国家科学委员会2016财年预算与上年持平,总监察长办公室经费预算和美国国家科学基金会机构运行及项目管理经费预算均得以增长,分别增长5.1%和9.2%(见表7-1)。[2]

---

[1] http://www.nsf.gov/dir/index.jsp? org=EHR.

[2] NSF FY2016财年预算[EB/OL]. http://www.nsf.gov.

[3] National Aeronautics and Space Act of 1958(Unamended)[EB/OL]. http://history.nasa.gov/spaceact.html.

表7-1 美国国家科学基金会2016财年预算分布

单位：百万美元

项 目	2014财年实际决算	2015财年预算（估算）	2016财年预算请求	2016财年比2015财年预算增长 数额	2016财年比2015财年预算增长 百分比/%
研究及相关活动	5775.32	5933.65	6186.30	252.66	4.3
教育及人力资源发展	832.02	866.00	962.57	96.57	11.2
重大科研仪器设备建设	200.00	200.76	200.31	-0.45	-0.2
机构运行及项目管理	305.95	325.00	354.84	29.84	9.2
国家科学委员会	4.25	4.37	4.37	——	——
总监察长办公室	13.84	14.43	15.16	0.73	5.1
总 计	7131.39	7344.21	7723.55	379.34	5.2

注："——"表示无数据、无信息，全书同。

基金会还积极寻求与广播、电视及新媒体（如网络）等的合作，并在其网页上设置多媒体科学短片及艺术数据库。近年来，基金会不断改革科学传播路径，从过去科学知识灌输，到现在注重民众对科学的观感，以期更贴近大众在信息时代的需求，并期望将科学传播作为科研工作的重要一环。

美国国家航空航天局以1958年成立后颁布的《空间政策法案》[①]为行动指南，每年都会制订包括研究任务和目标的年度研究战略计划。该计划对所涉及的每一个研究领域的研究内容和经费都做出了详细规定，把科学传播作为一项任务进行规划。

美国国家航空航天局从2002年开始将"教育与科普"项目单独作为一项研究任务进行规划，旨在让更多的学生和公众参与到美国国家航空航天局科学技术工程类的项目研究中来，鼓励更多人加入到美国国家航空航天局的研究团队中。"教育与科普"专项与其他研究领域平行开展，并单独获得财政预算支持。同时，美国国家航

---

① National Aeronautics and Space Act of 1958(Unamended)[EB/OL]. http://history.nasa.gov/spaceact.html.

空航天局也要求其他研究领域的科研项目中嵌入科学传播的内容,并在各个大项目预算中单独拿出一部分经费支持该项工作。以"地球—太阳系统研究"项目为例,2005—2011财年经费预算中"教育与科普"部分的经费投入为2000万—3000万美元,约占该项目总预算的1%。[①]

从2003年开始,美国国家航空航天局就在《年度战略计划》中将科学传播列为其七大战略目标之一,并将"有效的科普活动和公众参与活动作为美国国家航空航天局每一个机构和每一项任务的主要目标之一"。在计划书中,美国国家航空航天局承诺"将所有科研任务和研究的结果以让公众能够理解的形式公布,并让公众参与到项目研究中"[②]。

美国国家航空航天局《2006年战略计划书》的"2006—2016年十年战略计划"中,还强调建立与学校、博物馆、图书馆和全国各社区科学中心之间的合作伙伴关系,"以试图让每一个美国年轻人加入到美国国家航空航天局的活动中来"。美国国家航空航天局承诺将"持续而有规划地将其探索和发现的研究成果传播给公众,以帮助提高整个社会的科学技术素养"。[③] 不难看出,科学传播是美国国家航空航天局战略发展的重要组成部分。

二、学会、协会

美国科学促进会成立于1848年,是世界上最大的科学和工程学协会的联合体,也是最大的非营利性国际科技组织,下设21个专业分会,涉及的学科包括数学、物理、化学、天文、地理、生物等自然科学和社会科学。现有265个分支机构和1000万名成员。其年会是科学界的重要聚会,近年来,每次年会都能吸引数千名科学家和上千

[①] NASA FY 2007 Budget Request Summary[EB/OL]. http://www.nasa.gov/pdf/142459 main_Fr07_summary.pdf.

[②] NASA. National Aeronautics and Space Administration 2003 Strategic Plan, NASA, 2002.

[③] NASA. National Aeronautics and Space Administration 2006 Strategic Plan, NASA, 2005.

名科学记者参加。美国科学促进会也是《科学》杂志的主办者、出版者。《科学》杂志是世界发行量最大的具有同行评议的综合科学刊物，读者逾百万。[①]

美国科学促进会的主要宗旨为促进科学与科技的进步并提升其对社会的贡献。科学促进会设有专门负责科普活动的委员会——公众理解科学技术委员会。该委员会的职责是筹备科学促进会年度会议的单项会议，向科学促进会推荐新的活动内容，宏观把握科学促进会在公众理解科学方面的活动。公众理解科学技术委员会的成员分别来自科学组织、新闻媒体、博物馆领域和专门的科普组织，它召开的会议为人们探讨公众理解科学问题提供了机会。

美国科学促进会在科学传播政策方面的关注点包括以下几个方面。

(1) 就现行的科技问题向国会提供及时而客观的信息，同时帮助科学与工程界理解国会的工作并学习如何做国会的工作。

(2) 关于科学、道德和宗教的对话。

(3) 研发预算分析：美国科学促进会每年都会就联邦研发预算做出详尽分析并向社会公布其分析结果。

(4) 对科学家和工程师的资助：这一资助的宗旨在于建立并扶植政府决策者和科学家之间的关系，通过传播科学知识来改进公共政策的制定，以促成并支持那些对国家和全球有益的公共政策的形成与执行。

(5) 科学自由、责任与法律：这一项目的重点在于开展与科学研究及科技进步有关的道德、法律及社会问题的研究。

(6) 研究方面的竞争力。

(7) 科学与人权。

(8) 科技与安全政策中心：旨在鼓励科学与公共政策的结合，以促进国家和国际安全。

美国科学促进会推进公众理解科学的主要方式之一是通过其出版物，特别是《科学》杂志推动不同领域的科学教育。这种科学教育不仅影响了美国，还影响了全

---

① http://www.aaas.org/science-journals.

世界。此外，举办学术会议传播科技最新动态，也是美国科学促进会推进公众理解科学的非常重要的一个方面。美国科学促进会还鼓励青少年选择科学研究，特别是基础科学研究，作为未来从事的事业。

美国化学学会成立于1876年，总部位于华盛顿哥伦比亚特区。美国化学学会拥有超过16万名会员，每年举办两次年会以及多个专业研讨会，并发行有《美国化学学会会志》(Journal of the American Chemical Society)。[①] 20世纪过半，美国化学学会已经成长为一个规模庞大、组织严谨、制度先进的全国性学术组织。学会拥有会员63349名，地方组织137个，专业分区20个。20世纪60年代，美国化学学会大幅度增加向社会普及化学知识的力度。从1961年1月起，美国化学学会开创了每集15分钟的科学纪录性系列节目，免费提供给电台向全社会播出，每周一集。1964年，美国化学学会又投入50万美元，在美国国家科学院建立了化学调查委员会(Committee for the Survey of Chemistry)，以发现那些因为缺少资金而陷入困境的化学基础科研项目，并帮助它们获得资助。1965年，美国化学学会又成立了化学与公众事务委员会，专门负责美国化学学会的科学传播。此外，从1965年起，美国化学学会对需要在化学方面进行训练的会员开设了约50门短期课程，开启了美国化学学会参与公众教育的源头。

1987年11月6日，美国化学学会举办了第一个全国化学日活动。当天，分布在全国各地的地方组织，在美国化学学会的组织下准备了一系列节目，向组织所在地宣传自己。这些节目包括展览、在商业中心进行表演、在地方电视台播放节目、在博物馆举办活动以及对公众开放大学的化学实验室和一些化工厂等。1989年，化学日"升级"为化学周，每两年举办一次。

1994年起，美国化学学会利用从1987年开始向公众筹集的2600万美元资金，开始举办主题为"美国生活中的科学"的永久展览。当时全年参观者达600万人次。

美国化学学会的最大特点是它能调动自己的会员参加科普活动。会员志愿提供

---

① https://www.acs.org/journal/jacsat.

服务,深入学校、新闻单位等处宣传科学和化学知识。他们所做的工作是无法用金钱衡量的。此外,还有一些科学组织在做类似的工作,不过规模要小一些,如美国地质物理学联盟、美国物理学会等。

三、社区组织

美国的社区组织中包括男女童子军和各种各样的科学与环保俱乐部。这些组织开展广泛的科学活动。它们的活动经费,部分靠联邦政府提供(主要是通过国家科学基金会),部分靠私营基金会的捐助和地方社区团体的支持。不论是政府机构,还是私营的基金会,它们对开展社区活动都很感兴趣。这不单是因为它们有所投入,还因为社区活动能够广泛地深入社会上各种人群之中,尤其是科学不易接触到的那些人。

四、企业

企业在美国科普活动中占有重要的地位。许多公司经常要发布大量的科学技术信息,有的是为了宣传企业,有的则纯粹是为了公益事业。它们开展宣传活动的形式也是多种多样的,像AT&T和默克制药公司在总部建立的小型博物馆,它们的公关业务非常活跃,宣传活动频频出现。此外,企业经常向博物馆、社区组织、公共广播电台以及开展科普活动的组织捐款。像科学家公共信息学会和科学写作促进委员会这样的组织,经常开展一些帮助科学记者的活动,它们收到的资助大部分来自私营的基金会。美国化学学会也经常支持外界的某些公共活动,所用经费也是来自财团法人的捐款。美国的经济活动活跃,生产企业群体十分庞大,每年它们能捐多少钱,无法说得清,但看一看上述三家学会在开展科普活动方面所使用的经费,可以想见各公司捐给它们的钱不下数千万美元。

五、非政府组织

民间活动是美国主要的文化现象。社会上的人自发地结合在一起,去做他们共同关心的事业。在科学领域里,有着各种各样的结社,他们关心的范围包括自然资源保护、环境保护、健康问题以及各种专业学科。有些组织甚至专门以公众理解科学为目标。

19世纪末,美国有许多民间组织致力于自然资源保护活动,当时的出发点是如何利用科学手段开发自然资源。20世纪70年代末,情况发生了变化,它们大多数加入了环境保护的行列,大约有1500万人。各环保组织的活动经费累积约为5亿美元,其中20%用在了环保教育活动方面。比如,国家野生动植物联合会为会员所印的杂志,经常刊登有关森林退化、自然火灾的危害以及动植物现状的文章。该联合会还专门为儿童发行两本期刊:一本是《后花园》(3—5岁儿童),另一本是《兰杰·里奇》(5—10岁儿童)。两本杂志的发行量加在一起,超过了100万份。

六、非营利性基金会

科学传播活动也是美国私人基金会重视的领域之一,旨在提高公民的科学文化水平,为科学事业的发展创造良好的社会环境。这方面的创始人物有洛克菲勒(石油大王)和卡内基(钢铁大王)。他们率先创建了非营利性的基金会,把大把的钱投向了社会的慈善事业。在洛克菲勒基金会的带动下,科学及其相关领域成了这种慈善行为的受益者。20世纪40—60年代,洛克菲勒基金会对科普活动产生了浓厚的兴趣。60年代初,斯龙基金会也对科普活动大力支持。今天有大量的基金会在支持科学新闻写作培训、公共电视科学节目、社区组织的科学活动、科学中心等组织的各种科普活动。与其他国家相比,私人基金会是美国社会资助科学传播活动的一支不可忽视的力量,其资助经费不菲,资助形式多样——从兴建博物馆、举办展览到制作电视节目、提供网络在线服务,从培训科普作家到组织社区科普活动等,有声有色,丰富多彩。如斯龙基金会资助项目的一个专门类别就是"让公众理解科学"(Public Understanding of Science),通过资助书籍出版、电台广播、电视节目,甚至建立与维护科学史网站等形式,传播现代科学技术。又如1990—1994年读者文摘基金会(DeWitt Wallace-Reader's Digest Fund)投入3400万美元帮助波士顿地区培训青年人的技术,以提高其就业能力。再如米尔克(Mielke)家族基金会于20世纪80

年代后期和90年代初资助关于生命伦理和医学、科学与社会的伦理教育和研讨计划,大卫和露西尔·帕克德(David and Lucile Parkard)基金会近年来资助科技场馆和博物馆,等等。总之,在科学的普及与传播的各种场合,都有基金会活跃的身影。

第三节 科学传播内容开发

美国有几家非政府组织在专门帮助科学传播者获取科学信息、资源。美国专职科学记者从20世纪20—30年代陆续出现。至20世纪40年代,在科学服务社一系列活动的影响下,几大报社和报业集团开始聘请全职科学作家。1934年,美国的科学记者们发现他们有如此多的共同之处,足以结成联盟,故成立了美国科学作家协会。协会成员们相信这一组织赋予了科学作家群体所需的身份合法性和社会认可度,使之成了一股独立的新闻和社会力量,拥有了自己的行为准则。然而,尽管这一新群体已获取了独立自主性,他们的种种倡议依然与科学界的利益保持一致。科学服务社的资深主管沃森·戴维斯(Watson Davis)曾这样说道:"如果科学报道和科学解析无法提高社会认可度,无法推进日常生活中的科学应用……那它们就没有起到应有的作用。"

第二次世界大战爆发后,美国科学作家协会的成员增加了两倍多。此时,科学的专业化和发展需求为科学家们带来了巨大的压力,使之无暇分身,限制了他们的科学传播活动,因此,科学作家这一新群体愈发积极主动,在科普事业中承担了越来越多的责任。这就是第二次世界大战时大众科学在美国的发展背景。尽管社会传统一直是科学家利用科学讲座或科普文章来推进科普事业的途径,但美国医学协会和美国化学学会等组织的体制需求以及科学本身的专业化与发展压力逐渐超越了这一传统。当战争结束时,一群积极投身于科学事业的组织和记者已经准备好迎接新的机遇。现在,大众传媒在科学普及活动中的作用和地位越来越显著。美国的科技记者和编辑日益专业化和职业化,作为科学知识生产者的科学家则常常从专业方面提供帮助。[1]

一、美国科学服务通讯社

美国科学服务通讯社组建于1921年，是资格最老的专门发布科学消息的新闻服务机构。今天的科学服务通讯社是一个独立的组织，它定期出版一本16页的新闻刊物，叫作《科学新闻》。与其他各类依靠广告求生存的科学期刊不同，《科学新闻》的办刊费用完全仰仗预定户的订阅费。刊物的工作人员要浏览数百份的学刊和科技报告，从中摘录出最新科技发展的提要。许许多多记者就是靠着这本刊物紧跟科学前进的步伐。科学服务通讯社还举办全国范围的"科学人才搜寻"活动，已办了50多年。通过该项活动，科学服务通讯社鼓励在校的学生积极参与科学活动，鼓励他们在学校举办的科学聚会活动中展现他们的才华，从而提高他们对科学的兴趣。许多学校的科学聚会都是在科学服务通讯社的参与下举办的。

二、科学家公共信息协会

科学家公共信息协会成立于20世纪60年代，十分活跃。70年代，它掉转方向，专门致力于发展记者与科学家的交往和相互了解，提高普及宣传的效果。为使工作更有效，它组建了大众信息服务社，帮助记者就有关科学问题向科学家进行咨询。目前，该服务社已建立了30000名专家的档案，能帮助记者迅速找到各方面的专家。现在这种信息服务模式已传播到英国和法国，同时，联合国也在帮助斯里兰卡、菲律宾和印度尼西亚等国开辟类似的服务业务。虽然大众信息服务社承担了科学家公共信息协会的大部分涉外活动，但它的活动经费仅占该协会预算的20%。每年，协会要举办近百场由科学家和记者出席的会议，议题都是当前的科学与社会问题，有的是晚间的短暂会议，有的是为期几天的长会。评估结果表明，科学家公共信息协会的作用是非常明显的。

---

[1] Bruce V. Lewenstein. The Meaning of Public Understanding of Science in the United States after World War II[J]. Public Understand Science,1992,1(1):45-68.

三、促进科学写作委员会

1960年，美国科学作家协会组建了独立运作的促进科学写作委员会。该委员会的目的就是要提高科学写作的数量和质量，至今依然活跃。该委员会最主要的活动是每年召开一次大会，邀请科学研究前沿的科学家到会讲话，听众全是记者和新闻媒体的公共信息官。举办经费来自各大媒体组织、政府机构、私营基金会的资助。每年的年会被誉为"新地平线"，与会听众既有经验丰富的老科学记者，也有刚刚加入的新记者。因此，大会不仅传播了科学技术的最新进展，也成了新老记者传授经验的好地方。促进科学写作委员会也向在校学习科学写作的研究生提供奖学金。近年，它又开始资助记者到国外走访，到中美洲和南美洲，去采访国内记者往往忽略掉的科技消息。

第四节 媒体科学传播

近年来在美国，越来越多的科学家亲自参与科学传播与社会沟通的工作，这在信息发展更快速的近几十年间更加明显。此外，美国科学传播产业相当成熟，市场规模良好，内容丰富，传媒组织可在兼顾商业利益与科学研究的市场环境中生存发展，常有因出版科学、科技新知刊物或制播节目而声名大噪、名利双收者，诸如《科学美国人》《国家地理》等大众科学杂志，又如美国公共电视台(PBS)下的WGBH电视台制播长达半个世纪的科学节目《新星》，或以商业形式运

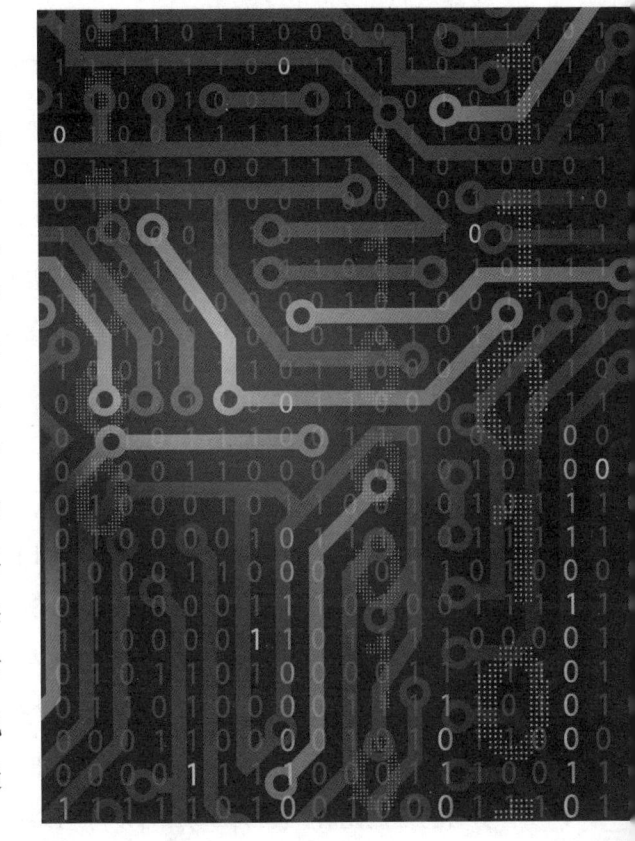

作的探索频道与国家地理频道等卫星电视台播放的节目，都能将科学与科技的课题加以包装转化，展现给大众，在商业与公益服务平衡中，实现科学传播功能。

一、图书和报刊

美国的情况表明，即使在市场经济条件下，高质量的科普图书仍极有生命力。例如，物理学家英费尔德(L.Infeld)早年刚踏上美国国土时，求职无门。爱因斯坦为了助其渡过难关，与他合著了科普作品《物理学的进化》，英费尔德从此声名大噪，这本书也成为物理学普及读物中的经典之作。物理学诺贝尔奖获得者斯蒂芬·温伯格(Steven Weinberg)介绍"大爆炸"理论的科普著作《最初三分钟》在商业上也获得了成功。进入20世纪90年代以后，最畅销的科普作品当属霍金的《时间简史》，究其原因，一是因为作者本人经历的传奇色彩；二是因为作者为深入浅出地介绍物理学概念付出了巨大的努力。

美国报刊是重要的科普阵地。《纽约时报》1990年发行量达110万份，是全美发行量第三大的报纸。该报每周二有科学副刊，用多版篇幅介绍新的科技进展、科学思想及科技对社会和百姓生活的影响。发行量居全国第五(81万份)的《华盛顿邮报》每周也辟有科学专栏。其他各大报都时常报道科技消息。值得注意的是，这些大报的科学记者往往是既具有相当扎实的科技背景又有好文笔的通才型人物。例如，畅销科普著作《混沌学：一门新科学》的作者格莱克(James Gleick)就是《纽约时报》的科学记者。

美国的科普期刊主要有5家。

1.《科学》(*Science*)周刊

该杂志于1880年在爱迪生的资助下由一名纽约记者创办，几经周折于1894年转卖给美国最大的科学团体美国科学促进会。可能会有人对把《科学》这份与英国的《自然》周刊齐名的权威学术杂志也列入科普杂志感到奇怪。其实，《科学》和《自然》杂志一样都属于综合性科学杂志，它的科学新闻报道、综述、分析、书评等部分，都是权威的科普资料。《科学》杂志也供一般读者阅读，他们基本上也就是阅读科普方面的内容。发行量为15万多份(1999年上半年的统计，下同)，但因为往往是由团体（比如实验室）订阅，多人传看，所以实际读者数在50万以上。

2.《科学美国人》(Scientific American) 月刊

这份由科学美国人公司主办、创刊于1845年的老牌杂志，是美国可能也是世界上最权威、质量最高的科普杂志。它的所有科普文章均由相关领域的学术权威撰写，科学家也将被《科学美国人》邀请撰文视为一种荣誉。它面向的是文化程度较高（大学程度以上）的一般读者。

3.《美国科学家》(American Scientist) 双月刊

该杂志于1912年由美国科学研究会（西格玛塞——一个以优秀科学家、工程师为会员的荣誉社团）创办，也是一份权威的、高质量的科普杂志，文章也由专家撰写。但是它面向的读者是科学家，所以内容并不通俗，程度较深，有相当的专业难度。

4.《发现》(Discover) 月刊

1980年创刊，面向的是广大不同文化程度的普通读者，侧重最新的科技成果，大多由专业作家、记者撰写，较为通俗，但深度不够，也不具有权威性。是典型的通俗科普杂志。

5.《国家地理》(National Geographic) 月刊

由美国国家地理学会在1888年创办。也是美国发行最多的杂志之一。以精美的照片闻名，内容限于地理、地质、考古、生态等方面，以介绍风土人情为主。

二、影视

科幻电影是美国故事片的重要组成部分。科幻不等于科普，但好的科幻片能激发人们的想象力，引起人们尤其是儿童、青少年对科技事业的热爱与憧憬。美国科幻片中不乏优秀作品，如《侏罗纪公园》。此片是根据同名小说改编的，可见科普创作的重要性。

美国科幻电视剧《星际旅行》(Star Trek) 已编了几十年，播放了几十年，至今仍在继续编拍。诺贝尔物理学奖获得者谢尔顿和斯蒂芬都说，他们小时候就喜欢看《星际旅行》。据尼尔森媒体研究公司调查统计，观看此片的观众比例高达7.9%，收视率在各种电视节目中排名第5位（排名第一的收视率为13.7%）。

1. 国家地理频道

国家地理频道成立于1997年，是一个以自然科学、文化及历史纪录片为主的频道。由于国家地理频道源起于美国国家地理学会，因此，节目制作传承其精神，主要议题包含野生动物、科学、自然、文化以及实验。目前国家地理频道亦积极与各国媒体合作制作当地节目。

2. 探索频道

探索频道于1985年由探索传播公司(Discovery Communications)创立。在全美有线电视台中，"探索"台的租户人数居全国第5位。它是以科普为主、兼及自然风光和人文景观介绍的电视网，旗下包含动物星球频道、科学频道、旅游生活频道等。2013年起，科学频道播出节目如《摩根费里之穿越虫洞》第三季，它集结了物理、生物、量子力学等专家学者，探索宇宙的奥秘；《科技原来如此》第二季拜访世界各地顶尖发明家，以前所未见的手法传递科学知识；《抢先新发明》由全球知名发明家迪恩·凯曼与多位科研专家、医生等一同深入认识最先进的发明，并运用日新月异的科学技术，解决人类在医疗上面临的难题；《决战军武》带观众深入了解伟大军事工程成就，如直升机、枪支、炸弹等威力强大的武器，并介绍它们演变发展的过程；《生活科技大解密》第六季介绍了科技给人类生活带来的便利。

3. 美国公共电视台

美国公共电视台长期制播优良的科学与自然节目，主题包含考古和人类学、生物、地球和栖息地、健康和医药、物理、太空宇宙、科技和发明。如黄金时段播出的节目《新星》，从1966年起，每周提供给观众最新的科学知识，内容涵盖科学、历史、科技、医学、军事、自然、物理、数学、地球、太空科技等领域，节目亦可提供给中小学教师作为教材之用。另一科学节目《自然》由纽约公共媒体供应商(Thirteen/WNET New York)制作，因质量优异，于国际影展获奖无数，主题以动物行为、环境、人类与自然和居住空间为主。该节目因深具教育意义而广获好评，除节目免费开放给美国中小学作为教材外，还制作了相关教师手册、海报、作业以及针对10—12岁学生的漫画等。少儿节目《芝麻街》也含有不少科普内容。

4. 美国科学促进会

美国科学促进会开展了一系列的公众理解科学的活动,如它与洛杉矶的KCET-TV电视台合作开发了《依靠我》趣味数学节目,在全国播放。资金主要是由国家科学基金会提供,一小部分由美国大西洋里奇菲尔德(ARCO)基金会提供。它赞助了"黑人教堂计划",努力将科学活动深入少数民族社区的教会人员当中去。它还制作了90分钟的电台广播节目,发往分布在全国的近500家广播站,此外,它还制作了一个每周播放的系列广播节目,供少年儿童收听。

三、电子媒体

电子媒体的意义已越来越重要。有了光盘驱动器,就可以购买和使用光盘版的《不列颠百科全书》之类的科普读物。有了互联网,就可了解外面的世界。多媒体光盘版的《不列颠百科全书》有许多优点,例如,你可以听见鸟鸣虎啸,以加深对动物世界的认识;你若在查阅一个条目时,在释文中又碰到一个不懂的术语,只要用鼠标点一下就能迅速切换到另一个词条,而不必像查阅纸本式百科全书那样,放下这本,再搬起厚重的另一本,互联网中有大量科技方面的信息。可以预计,电子媒体在科普中将扮演越来越重要的角色。

第五节　科学传播基础设施

一、科技场馆

美国的科学博物馆已有100多年的历史。早期的博物馆不过是一些展示珍玩的陈列室,展出的物品多是从海外带回的各种动物和植物标本。这些陈列室一般都设在城市中,由富有的企业家或慈善家给予赞助。展览活动被看作是城市的进步,标志着当地有高雅的文化生活,并且人们尊重知识。1967年,时任美国总统的林登·约翰逊要求对美国博物馆的状况进行一次全面调查,调查之后形成了一份报告:《美国博物馆:贝尔蒙特报告》(美国博物馆协会,1969年)。报告指出,博物馆不应该只关心自身收藏，而应该更多致力于公共服务，应开发更多的教育项目，并应成为一个"有活力的地方"，在此观众可以找到"乐趣和愉悦"。这种趋势的第二个阶段发生在20世纪90年代初，以美国博物馆协会发布的另一份报告——《优异与公平：博物馆的教育与公共层面》为标志。这份报告号召博物馆"反映社会的多样性"，指出："博物馆不应当将自身局限于收藏、学术和展览，而独立于它所存在的社会之外。"1995年，该协会又发表了《新视界：改变博物馆的方法》，督促美国博物馆改进其机构，改造其内部文化，使之更亲和于公众和消费者，为更广泛的社会阶层提供更好的服务和更多的教育项目。

美国有80多座自然博物馆，但近年来发展最快的却是科学中心。科学中心最大的特点是展出的展品可以用手触摸，并进行操作，与参观者形成了一种互动关系。科学中心与博物馆的界限并不是特别分明，但多数的科学中心把观众的亲身体验放在了首位，不太注重传统意义上的展品收藏。事实上，在这种趋势的影响之下，很多博物馆都重新修订了自己的"建馆宗旨"。例如，美国新泽西州最大的艺术科学博物馆——纽瓦克博物馆，在2000年以前的宗旨中强调自己的职责是"收藏、保护、展览和阐释艺术、文化作品和科技发明"，而在2000年修订之后的宗旨中开篇即声称："纽瓦克博物馆一直就是一个公共服务的机构。"

除各博物馆和科学中心的活动外，许多公司和当地的组织也搞各种展览陈列活动，如在机场、商

第七章　美国的科学传播

业区等人流集中的地方进行陈列。规模虽然不大,但作用不小。其中,较具代表性的有如下几个。

安纳科斯蒂亚社区博物馆:主题家庭日以工艺作坊、音乐表演和教育专题报告为特色,孩子们在户外探索自然活动,有机会接触了解博物馆周围的公园用地。

弗利尔美术馆:"想象亚洲"是一项免费活动,通常每周举办一次,邀请8—14岁的少年儿童在成人陪伴下观看展出并制作艺术品。他们还可以通过听故事、听音乐的形式了解亚洲文化。

赫施霍恩博物馆与雕塑园:位于雕塑园中的艺术实验室,是一个通过创新活动开发创造力的学习空间,有助于扩大青少年对现代和当代艺术的理解。

美国航空航天博物馆:"如何飞行"展厅阐述飞行原理,孩子们可参与动手操作活动和观看现场演示。"爱因斯坦太空厅"在一个布满星星的穹顶上展示太空和天文图景。

美国国家非洲美术馆:全年为各年龄段的少年儿童举办各种活动,包括非洲音乐、手工制作、讲故事和特色参观。

国立美国历史博物馆:火花实验室是一个动手操作的科学发明中心,一家人可以亲历发明中"我发现了!"的激动时刻。"游戏中发明"展览以动手操作活动为特色,工艺品手推车让青年游客通过触摸物体进行学习。

国立美洲印第安人博物馆:每年为孩子们举行的大型活动包括5月的夏威夷节、秋季的亡灵节庆典、讲故事节;还常年举办各种专题讲座、活动和表演。展厅、展柜前都放有一台电脑,通过触摸电脑屏幕选择感兴趣的艺术品,点击放大,就可以得到详细介绍,包括它的制作工艺、年代、艺术特点等,关于它的发现地点也可以在动态地图上直观地反映出来,有的艺术品还配有艺术家或学者的录像访谈。在橱窗下面是几层抽屉,上面写着:打开抽屉,有更多发现。原来里面存放的是一些小件艺术品,比如项链、箭头之类,它们如果跟那些大件艺术品放在一起很可能就被忽视了,藏在抽屉里却引起了人们的好奇心,很多观众,尤其是小孩子,都踊跃地去拉开抽屉,体验探宝的乐趣。

美国自然历史博物馆:参观者可在发现厅和法医人类学实验室动手操作,亲身体验，还可在人类起源厅、恐龙厅、哺乳动物厅、地质厅、海洋厅、昆虫园和蝴蝶展示馆等进行各种动手体验活动。

美国国立肖像馆：教育中心常年举办专题讲座和课程，星期六还有艺术活动和游览。

美国国家邮政博物馆：孩子们可以在福特教育中心使用计算机玩互动游戏，学习如何分拣邮件，并且创建自己的电子集邮册。

国家动物园：孩子们与奇异鸟和小型哺乳动物亲密接触，观看如何给鱼、章鱼、蜘蛛等喂食。

美国美术馆：为孩子们提供一系列同展品有关的神秘游戏和猎物游戏。其他节目包括艺术车、家庭日、艺术家和音乐表演。

美国博物馆界人士认为，如今的观众来到博物馆已经不是为了寻找一个权威，而是寻求一种对话；不仅是为了获得某种知识，更是为了一种体验，可以是审美、学习、发现，也可以是娱乐、休闲和社交。博物馆就是要提供这样一种对话和体验的平台，因而在展览的设计、展厅的布置上都充分体现了与观众互动、交流，为观众服务的理念。

另外，志愿者是美国博物馆科学传播人员的一大资源。根据20世纪80年代末的一次调查，全美博物馆共有志愿者近38万名，是当时全美博物馆员工人数的2.5倍。博物馆前台的售票、咨询，展厅讲解，书店、礼品屋的服务工作主要由志愿者承担，他们还协助博物馆专业人员从事研究、教育、组织展览等工作。1994年，史密森尼博物馆有志愿者5300人，一年为博物馆贡献了大约57万小时的服务。对于小博物馆来说，对志愿者的依赖性更强。以奥尔巴尼历史与艺术博物馆（Albany Institute of History and Art）为例，它的全职工作人员只有10位，而志愿者多达170位，日常工作主要依靠志愿者开展。志愿者通常没有报酬，但博物馆一般会为其提供一些福利，比如免费使用博物馆的某些设施，在博物馆商店、餐厅消费打折，特别为志愿者举办的招待会，等等。一方面，志愿者承担了博物馆的服务性工作，使博物馆更具亲和力，为博物馆节省了巨大开支；另一方面志愿者制度使博物馆与社区建立起更密切的联系，是博物馆吸收社会资源、加强社会联系的重要手段。

第七章 美国的科学传播

美国博物馆通常是收费的,但是会有选择性地在一些时段免费对公众开放,比如很多博物馆都实行"免费星期五之夜",每周五晚上免费对公众开放。大都会艺术博物馆(Metropolitan Meseum of Art)和纽约现代艺术馆都有"免费星期五之夜"。将公众吸引到博物馆里来参观,只是公众参与博物馆的第一步,会员和志愿者制度则使博物馆与公众之间建立起更密切、更稳定的关系。当人们从观众变成会员或志愿者时,他们对博物馆来说就不再是匿名的和随意的了,而成为一个可以联系和跟踪的群体,他们对博物馆的支持就可以被引导和量化。

美国几乎每个博物馆都有自己的会员组织,大博物馆的会员组织更是庞大到惊人。大都会艺术博物馆有会员近12万人,纽约现代艺术馆有约10万人,史密森尼博物馆有7万多人。这些会员构成了博物馆的"朋友圈",他们是博物馆筹资的重要对象,并且通过他们在社会各阶层、各领域建立了一个核心支持群体,在为博物馆提供各种帮助方面具有不可估量的价值。

作为回报,博物馆为会员提供各种福利,基本福利包括全年免费参观;在博物馆商店、餐厅、咖啡馆消费打折;免费使用博物馆的其他设施,如图书馆、影院、停车场等;免费获得博物馆出版物,如展讯、画册等;参加特别为会员举办的活动,如预展、招待会、音乐会、讲座等。此外,会员还可以选择加入不同的"兴趣圈",例如对建筑、设计感兴趣的可以参加"建筑设计会"(The A+D Circle),对当代绘画特别感兴趣的可以参加"当代绘画之友"(Friends of Contemporary Drawing)。

至于如何发展会员,通常的方法是在博物馆现有的观众中发展,另外也可以通过购买其他文化机构的会员名单来找到自己的目标群体。对于美术馆来说,购买艺术类杂志的订户名单也是有效的方法。

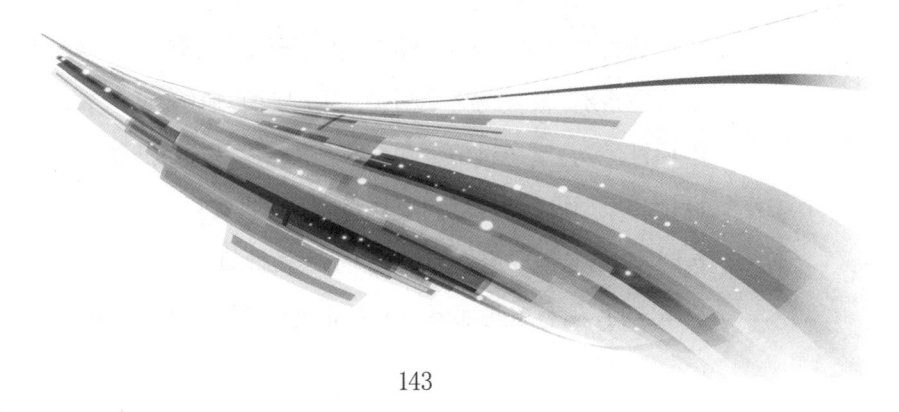

二、实验室——以麻省理工学院林肯实验室为例

麻省理工学院林肯实验室是麻省理工学院为国家第一个防空系统所建,于1951年在莱克星顿建立。其前身是研制雷达的辐射实验室。该实验室是联邦政府投资的研究中心,其基本使命是把高科技应用到关系国家安全的危急问题上。它很快在防空系统的高级电子学研究中赢得了声誉,其研究范围又迅速扩展到空间监控、导弹防御、战场监控、空中交通管制等领域,是美国大学中第一个大规模、跨学科、多功能的技术研究开发实验室。

（一）使命与责任	麻省理工学院林肯实验室作为国防研究和开发实验室的一个部门,旨在研究和开发国家安全问题的解决方案。 其特点是:互动、合作、履行社会中的科学责任。 林肯实验室对社会履行以下责任。 (1) 为校园的研究人员、教师和学生提供广泛的专业知识。 (2) 使大学科学研究的重要性被公认。 (3) 基础研究和国防应用知识的协同作用。
（二）实现科学中的文化融合	作为麻省理工学院的研究和发展中心,林肯实验室促进了研究合作、知识交流和员工发展。麻省理工学院的教务长办公室和实验室的主任办公室都大力支持校园互动委员会所组织的活动。
（三）把握学科发展未来	林肯实验室的研究包括空中和导弹的防御、空间监视技术、战术防空系统、核生物化学防护、国土保护、通信、网络安全和信息科学项目。实验室通过仿真和分析,将完成从项目最初的概念阶段到设计和原型设计,最后到现场演示。林肯实验室的核心工作领域是传感器、信息提取(信号处理和嵌入式计算)、通信以及集成传感和决策支持,所有这些都要通过对先进电子技术的广泛研究来支持。

三、公园林地——以美国黄石国家公园为例

> 黄石国家公园（简称黄石公园），诞生于1872年，是世界第一座国家公园，于1978年被列为世界自然遗产。黄石公园主体部分位于美国中西部怀俄明州的西北角，并向西北方向延伸到爱达荷州和蒙大拿州，面积达898317万平方米。黄石公园以其自然风光而闻名于世，多次发生的火山爆发和冰川运动，留下了山谷、瀑布、湖泊以及成群的温泉和喷泉。园内有很多珍稀动植物，因而也是美国最大的野生动物庇护所。来到这里的游客总是先因其荒凉而惊诧，随后为其壮美而叹服。

（一）管理以生态为重

黄石公园的管理机构是国家公园管理局，资金来源由国会拨款和少量门票收入构成。上级权威管理机构和基层业务管理机构拥有实质的财政和人才资源管理权。这种自上而下的直属管理方式能令公园得到系统管理，经济上不过分依赖门票收入则有效保护了地质公园及其周边环境的生态平衡。其实，作为世界上第一个也是目前最大的国家公园，黄石公园建立的宗旨便是保护环境的原生态。美国著名画家托马斯·莫兰于1860年随科考队进入黄石地区，画了著名的《黄石大峡谷》。该画最终促使格兰特总统于1872年签字通过建园议案，是为了令"所有树木，矿石的沉淀物，自然奇观和风景，以及其他景物都保持现有的自然状态而免于被破坏"。"以火管理"是黄石公园管理上注重生态的一大体现。根据美国20世纪60年代公布的《荒野保护

法》，只要不是人为因素造成的，且不危及人的生命及财产，对公园内的山火都不进行干涉，由它自生自灭，有时甚至允许有限制地人工制造山火。因山火能烧去堆积的干燥物质，让土地重返阳光怀抱，同时消除病虫害和化学物质。

(二) 科普方式多样化

1916年，美国国会通过了《国家公园基本法》，将所有国家公园整合进一个统一的管理机构，也就是现在的国家公园管理局。该机构负责自然资源及野生动物的保护。其目的为"保护自然风光、野生动植物和历史遗迹，为人们提供休闲享受，同时不能破坏这些场所，以之流传给后代"。政府权力机构采取措施以阻止或尽可能消除在该区域内的开垦、开采和拓居，并使其生态、自然景观和美学的特征得到充分展示。但是，黄石公园采取善待各种"自然灾害"的指导思想，对待森林火灾的态度是尽力保护森林资源，采取防火和主动灭火策略。在公园门口，常常有醒目的标识牌："进去，只留下脚印；出来，只带走照片"。1962年成立野生动物管理咨询部；1963年出台了具体的国家公园管理政策，并督促公园管理部门增加自然和历史研究的投入。这个阶段黄石公园的科普工作者们与科学家都积极参与，科研与科普逐渐结合，科普对象开始延伸到民众，随着经济和科学教育事业的发展，大多数群众都已经受到了一定程度的科学普及教育。但另一方面，由于当时的民众总体科普意识还未提高到一定程度，国家科普投入还远远不够，科普教育工作在缓慢中前行。

20世纪黄石公园的社会功能开发完善，公园管理处通过书面、导游、定期活动等多种方式向公众进行科普教育。

黄石公园的科普工作大致可以分为"硬件"和"软件"建设两个方面。"硬件"即地质公园为科普开展的基础设施建设，包括设立通俗易懂的科学解说牌，建设"地质公园博物馆"，构建科普宣传中心，设计和开辟科普旅游路线和科普实践基地，聘用自然学家、生物学家、地质学家等组成专门的科普工作小组，购置实验器材，等等；"软件"主要是指为科普工作开展的各类科普活动、制作的各类科普产品和一些非物质性的投入工作。主要包括以下三个方面。

1.在黄石公园内，科普硬件和软件设施不断完善

黄石公园内的主要信息是通过讲解、网络、通信的方式展开的。例如，为加深游客印象及保护公园资源，配备了专业的讲解员，通过各种各样的正式或非正式的私人交往、室内外展示、出版物、多媒体等方式来增进公众对公园价值和资源的理解和评价。此外，游客还可以在黄石公园研究会的自然学家的带领下探寻黄石公园的有趣之处。在黄石公园的专门网站上还开展了对景点的"真实"游览体验和互动。游客可以通过网络地图详细了解黄石公园的主要特色和重要活动，因而大大提高了科学知识的传播，而且将公园的服务范围向非传统公众拓宽。特别是，公园内提供了便捷的咨询服务，黄石公园的全体员工通过数以千计的书面咨询、电话问询、电传或电子邮件向不同群体传达有关黄石公园的信息。形式多样的讲解和科普教育，是公园进行地质演变、野生动物保护教育的有效途径。

2.黄石公园有种类众多的科普产品，包括地图、广播、报纸、期刊，以及其他出版物等

据不完全统计，黄石公园针对来访游客和其他公众的产品多达60余种，其中包括向驾车驶入公园的游客分发的报纸、关于自助游的出版物，还有关于滑雪、徒步旅游、划船、骑马等方面的小册子和影像制品等。此外，公园设有专门频道，播放公园的简短信息和注意事项，包括道路封闭的情况、天气预报、野营和住宿的建议等。黄石公园协会还通过公园的游客中心销售出版物，将获得的资金再用于公园外文版地图的印制，以及提供法文、德文、西班牙文、日文报纸和外文导览等。此外，1992年，公园当局就出版了自己的杂志《黄石公园科学》（季刊），这是一种半学术性的杂志，刊载各种主题文章，比如介绍岩洞化石、泥火山演变、矿业污染、黄石山猫、吸血昆虫、放牧和野火对草地的影响等方面的文章。此外，该杂志还刊登渔业管理历史、公路系统历史、黄石公园档案价值等具有特色的文化资源和文化事件。

3. 开设了一系列的论坛和科学研究项目

该活动主要针对一些专门领域的特殊现象展开，如野生动物、地质学、生态学、历史、植物、艺术以及户外活动等，为游客提供近距离教育。而且无论是年轻人还是老人，男人还是女人，长期从事科研工作的学者还是初来黄石公园的游人，都成为该活动的积极参与者。每年的5月底到9月初，公园管理员及自然学家会向游客介绍公园多个景点的自然地理和历史发展。除了当面讲解，公园的游客中心也提供了丰富的资讯及展览，像位于猛犸温泉的欧布莱特游客中心主要提供公园的自然及人文历史介绍；麦迪逊博物馆的考德拉艺术中心展出了文学、视觉及表演艺术等作品；游客中心所展出的是有关间歇泉的现象及其影响；钓鱼桥游客中心则主要展出园内自然生态及环境。另外，每年5月中旬至10月，黄石公园还会为游客提供语音导览系统，游客可自行选择想要了解的公园景观介绍，不过须在车内使用。在网上，还有对黄石公园景点的虚拟游览和互动地图活动，这将公园的服务范围向更广阔的公众拓展。这些研究和研讨在一定程度上深化了不同群体对公园主要资源，对黄石地区的自然和文化资源意义的认识，为可持续的旅游发展战略奠定了基础。目前涉及的主题主要有：植物和它们所处的环境、森林大火在生态学上的意义、黄石公园的掠夺者、人类在黄石公园的经历、外来生物给原始的生物多样性所带来的威胁、对特殊地质现象的研究。

此外，公园还与学校等教育团体建立了直接联系，地质公园的工作人员在周边地区的中小学举办科普活动，与学校及老师一起举办不同科普主题的实地考察活动，针对参与活动的老师开设专业培训课程。黄石公园针对5—12岁的孩子开展了一项名为"初级守护者"的官方项目。长达12个夜晚的活动到付3美元，孩子们就能参观公园的任何一个游览中心，最后还会得到"初级守护者"的称号。这些活动构成了野外考察的科普内容，可以深化学生和老师对黄石公园的主要地质地貌和自然资源特征的认识，从而更好地宣传和保护各种资源。

第六节　科学节活动

1.剑桥科学节

剑桥科学节（Cambridge Science Festival）是美国规模最大的科学节，有着极深远的影响力，该科学节的活动宗旨在于开拓公众的科技思维，激发学生对科技的兴趣。

剑桥科学节始于2007年，举办地在美国波士顿剑桥市，每年一次，每年4月举办，为期10天左右。活动主旨是"科学是可亲近的、互动的、有趣的"。展示科学、技术、工程、艺术和数学领域（STEAM）的前沿发展成果，彰显STEAM给生活带来的影响。开拓公众的科技思维，激发学生对科技的兴趣。其受众面向K-12学生、公众和科学界。活动有演讲、辩论、展览、音乐会、戏剧、电影、工作坊和研讨会等形式，多达150多项。主办机构为麻省理工学院、哈佛大学、剑桥市政府、剑桥市公立学校、剑桥市公共图书馆和科学博物馆。

剑桥科学节是美国规模最大的科学节,"与科学大奖得主一起午餐"系列讲座、晚间讨论系列讲座和动手工作坊等,是公众最喜爱的活动。

2.美国科学与工程节

美国科学与工程节(USA Science & Engineering Festival)始于2010年,举办地点在美国华盛顿特区,每两年一次,每年4月举办,为期2天左右。活动主旨是普及知识,着眼未来,激励年轻一代热爱科学和工程。目标受众为学生、普通公众、科学界与产业界人士等。活动形式有科技讲座、科教演示、观影会、音乐会、科教展览、现场表演、科技竞赛等。它的主办机构是美国洛克希德·马丁公司(Lockheed Martin)、拉里和狄安公司(Larry and Diane Bock)等。

美国科学与工程节的首倡者、圣迭戈市生物技术企业家拉里·博克的公司常常为难以找到合格的高科技和工程人才而犯愁,他决定在美国组织一个科学与工程的节日。他说:"欧洲和亚洲国家经常组织科技节活动。他们深知这必须燃起年轻一代对科学的热情,视其为事关国家利益的大事。"2009年4月,博克首先在圣迭戈市举办科技节,吸引了约5万人次参加。

首届美国科学与工程节于2010年在美国首都华盛顿哥伦比亚特区的国家大草坪举行,这是在美国政府出台"STEM计划",大力推动科学、技术、工程和数学教育的背景下进行的,是美国境内公众参与科学与工程的盛事。活动得到了美国政府的大力支持,时任美国总统的奥巴马曾为活动发表电视讲话。美国国家科学基金会、美国科学院、工程院和医学院、教育部、能源部、国防部、美国国家航空航天局等部委,美国科学促进会、微软公司、英特尔公司、思科公司、哈佛大学、麻省理工学院、达特茅斯大学等重要机构都参与了此次活动,涵盖了政府机构、科教协会、科研机构、社团组织、科技企业、高等院校、博物馆等多个层面。

活动由科技讲座、科教演示、观影会、音乐会、科教展览、现场表演、科技竞赛等多个单元组成,内容丰富,形式多样。庞大的规模,热闹的场面,动感十足,富于娱乐性,称它为科学的狂欢节也不为过。

展出的内容丰富多彩。从触摸北极冰块了解气候变化到用天文望远镜观看木星及其卫星等,令人应接不暇。生动的演示、动手活动与现场互动,成了科学节最吸引孩子的地方。不少展位的主持人都是专业科技和工程人员,他们用多种模型耐心地向观众讲解科技和工程知识,并回答问题。在活动现场,美国国家航空航天局的宇航员还向观众讲述了他们自己的故事。孩子们还可以自己动手建造简易水下机器人,实地学习科技、工程知识。在介绍大脑对各种制剂不同反应的摊位,主办者还印制了图文并茂的小册子,介绍相关科研领域迄今为止已知与未知的发现。小册子最后写道,"或许有一天你会在这一领域做出新的发现"。活动期间,主办者还组织一些幸运小观众与知名科学家们共进午餐。作为美国科学与工程节活动的一部分,主办者还将组织50名专业科技人员到美国各地中学讲课,以进一步激发年轻一代对科技、工程、数学的兴趣。

(本章作者:张会亮)

CHAPTER EIGHT
Science Communication
in Britain

第八章
英国的科学传播

第八章　英国的科学传播

英国本土位于欧洲大陆西北面的不列颠群岛，是由大不列颠岛上的英格兰、威尔士和苏格兰，爱尔兰岛东北部的北爱尔兰以及一系列附属岛屿共同组成的一个西欧岛国。除本土之外，其还拥有14个海外领地，总人口超过6400万，以英格兰人为主体民族。英国是近代工业革命的发祥地，哺育出一大批世界著名的科学家，奠定了近代科学和现代科学坚实的基础，为世界科学技术众多领域的发展做出了举世瞩目的贡献。直至今天，英国仍然是世界上最重要的科技强国之一。

英国也是公众理解科学运动的发源地，近几届政府都将科学传播工作纳入其职责范围。究其原因，20世纪80年代起始的几桩社会丑闻暴露出科学可能会带来严重的环境、生态和人类健康等问题，导致公众对科学、科学家和政府产生了严重的信任危机，并对政治决策带来不利影响。因此，英国政府自20世纪90年代以来不断增加用于增进公众理解科学与技术和工程方面的预算，积极开展与公众之间的对话活动，大力组织能够引起公众对科学的兴趣、促进其对科学问题的理解的各项活动。

第一节　科学传播政策

一、政策发展演变

英国政府首次将科学推广政策列入政府计划是在1985年博德默的《公众理解科学》报告发表之后。根据这项政策，采取"自上而下"的模式向公众传播科学知识，即由科学家借助媒体向公众传播科学知识。许多倡议应运而生，例如，设立公众理解科学委员会，增加科学传播活动等。2000年2月，在多起与疯牛病有关的舆论危机之后，英国上议院科学技术特别委员会发表了一份题为《科学与社会》的报告，提出一项叫作"公众参与科学技术"的新战略。这是科学家与公众交流方式的重大转折：从"自上而下"的模式变为双向沟通的交流模式，让公民进一步参与到关于科学技术发展和应用的决策过程中来。

2004年7月，英国政府发布了《2004—2014科学与创新投资框架计划》（Science & Innovation Investment Framework 2004—2014，以下简称《框架计划》），为英国的科学与创新设置了长期的规划。在《框架计划》第7章"科学与社会"中，强调了政府获得更多公众信任以及公众对科学技术更多参与的重要性。具体内容包括：对研究的明智管理；公开；对话；与公众进行有效沟通，对公众的当务之急和关心之事有所反馈。近些年来，英国政府科学与社会活动的重心已逐渐从单纯地提高公众对科学的理解扩大到更为广阔的范围，即促进公众对科学及其应用的参与。这一转变的目的在于，政府和科学家对公众的当务之急和关心之事有积极的反应；人们对科学带来的利益更为确信；更多的人关心主要社会问题，如气候问题；将来有更多的成年人和儿童愿意从事与科学有关的职业。

《框架计划》指出，科技办公室在"科学与社会"方向的经费开支将会从2005—2006年的每年425万英镑调整为2006—2007年的每年超过900万英镑。维康信托基金也将在2004—2009年投资大约150万英镑用来鼓励公众参与活动，实现其与政府的密切合作。

2008年，英国政府以英国商业、创新与技能部（Department for Business, Innovation & Skills, BIS）为主导开展了一项关于科学技术的咨询活动（Vision for Science and Technoloy），旨在探讨当前和未来英国科学发展面临的关键问题和挑战,以及科学决策部门为解决这些问题和挑战应采取的策略。继此之后,2012年,英国商业、创新与技能部与科学协会、企业、教育界、传媒及其他社会团体共同开展了一次关于科学和社会项目的评估,并开展了一系列后续活动,目的在于增强英国公民的科学技能,推进科学传播,改善公众对科学的信任态度。此项评估得出以下几个结论。

> 1.减少以青年人群体为目标的科学参与活动
>
> 目前已有大量活动的目标群体聚焦于年轻受众,伴随着大量的重复和模仿。说明现有活动对目标受众和社会主体已不再具有吸引力,对目标受众和社会主体的吸引力明显降低。
>
> 2.寻找新的受众
>
> 科学传播现有受众绝大多数是已经对科学感兴趣的人群,因此需要将工作重心转移到那些尚未参与科学传播活动的人群上。
>
> 3.改变活动参与方式
>
> 在人群自然聚集的场所开展公众参与科学活动,而不仅仅是举办活动等待人们加入。
>
> 4.随时准备做出迅速反应
>
> 出现危机状况时更容易吸引公众的注意力,此时往往是科学和研究大显身手的好机会,需要研究机构和研究人员能够随时做出应急反应,为公众提供所需信息。

为了实现上述目标,英国商业、创新与技能部主导推进了《英国科学与社会章程》(Charter for Science and Society in the UK)的编制工作。2014年3月11日,英国下议院议员,大学和科学国务部长戴维·威利茨(David Willetts)宣布新的科学和社会章程生效。《英国科学与社会章程》从战略承诺、实施与实践以及影响和评价三方面着眼,包含3项大原则和10条准则。

原则一：相关组织须承担战略义务，致力于优化科学与社会之间的关系。

证明政府的透明度、问责制和诚信。

证明政府在领导和参与，以及支持和鼓励优秀者方面的勇气和信心，并确保有效宣传。

在部门使命、重点战略和实施计划中嵌入科学与社会的目标，以便突出重点、意义和支持方向。

原则二：机构和个人有参加科学活动的权利，以及获得适当培训、支持和机会的权利。

培养有效协作，寻找与他人合作的机会，寻找优质资源，分享知识和想法，并协调活动。

以受众为核心，关注多样性和包容性，以及公众的需要和看法；寻找潜在受众，并主动吸引他们的参与。

在公众对科学的兴趣处于高涨阶段时，愿意并能够及时做出反应，提供相关科学信息。

确定并获得参与科学和社会活动所需要的技能、行为和个人素质。

原则三：宪章签署方和支持方承担监测和评估的职责，不断改善英国在科学与社会方面的关系。

在所有活动中嵌入健全的、有挑战性的和以成果为导向的评估和学习。

欢迎批评性评价，并视其为提高的机会。

表彰成功，以及与他人合作开发并分享好的做法的行为。

章程生效后，英国商业、创新与技能部立即启动"共同体挑战资助计划"（Community Challenge Grant Scheme），一是作为针对评估所提出的两点结论的回应措施，二是作为新的章程目标的落实举措。此项计划不仅仅是《英国科学与社会章程》的落地措施，英国政府也希望通过对科学传播试点项目的资助来鼓励科学参与活动的创新行为。

二、政策作用与影响

在上述几项政策的指导下,2010—2015年,英国政府(在此期间执政的是保守党与自由民主党联合政府)在增进公众对科学与工程理解方面开展了一系列活动,主要集中在四个方面。

(一)科学决策民主化

为确保政府制定的科学方针与公众相关且基于专家建议,政府资助了科技智慧专家资源中心和公众科学态度调查。

英国商业、创新与技能部资助科技智慧专家资源中心开展关于科学和创新的对话,帮助政策制定者、科学家、公众两两之间或三者之间进行双向交流。它是一个全面的在线信息、建议和指南资源平台,以包括各种政策制定者和公众在内的参与科学和技术政策制定的人们为对象提供支持服务。科技智慧专家资源中心也资助政府部门和机构发展与公众的交流。

此外,英国政府自2000年起已经资助了5次公众科学态度调查。所有的调查结果已经公布并用来衡量政府的科学与社会工作是否成功,同时用来判断识别政府未来应着手的领域。

(二)资助国家级学会

英国政府在2011—2015年与2015—2016年的政府预算中,均拨款资助了包括英国皇家学会、英国社会科学院等在内的国家级学会的各种项目。项目目标包括以下5个方面。

(1) 让最有能力的学者能够专职从事研究,以保持英国研究基础的卓越及确保科学研究投资在未来经济中得到回报。

(2) 与海外最好的研究者建立联系和合作,尤其是在对于英国来说重要的领域。

(3) 激励学生学习和从事科学、技术、工程和数学(STEM)有关专业和工作,提升STEM领域工作人员的多样性。

(4) 引发公众对科学、技术和工程问题的兴趣。

(5) 支持对各类科学、工程和研究问题提供权威、公正的建议,以帮助制定政策方针。

（三）激励学生学习科学、技术、工程和数学

英国政府相信，如果想要英国在研究和技术领域处于世界领先地位，则需要未来一代热爱STEM，并在STEM领域有所专长。因此，政府资助开展了一些专门针对青少年的科学参与活动。

1.你的生活

"你的生活"（Your Life）是一项为期3年的活动，旨在帮助英国青少年获得赢取当前竞争所需的数学和科学技能。通过激励青少年将学习数学和物理作为得到难得的职业机会的方法来实现活动目的。该活动也对人才招募和培养，尤其是女性人才的招募和培养有帮助。这一活动主要有3大目标。

（1）学习STEM有关学科意味着各种令人激动的职业选择，通过提升对这点的意识来改变年轻人的数学和科学思考方式。

（2）以3年内学习数学和物理的学生获得优异成绩的数量提高50%为宏大目标，提高16岁及以上人员的数学和科学研究参与度。

（3）使所有人，尤其是妇女可以追求更多需要科学、技术、工程和数学技能的职业的机会。

2014年11月，"你的生活"通过"全国院校国家媒体活动"直接与青少年对话，为青少年提供通过社会媒体参与竞赛、活动项目及与活动合作方联系的机会。

2.科学、技术、工程和数学网组织

STEM学习能够帮助年轻人提高创造性和解决问题的能力，使他们能更好地就STEM问题做出明智的决定。科学、技术、工程和数学网组织（STEMNET）是一家英国全国性的，旨在激励年轻人对科学、技术、工程和数学感兴趣的机构，它的资助方包括英国商业、创新与技能部和教育部。

科学、技术、工程和数学网组织有3个项目。一是STEM大使：28000名志愿者提供免费资源给教师，帮助他们提供新颖的授课方式；二是STEM俱乐部联盟：俱乐部允许小朋友开发、调查和探索课堂外的STEM学科；三是学校STEM咨询网：全国45家机构关于如何帮助学生进入STEM教育、培训和就业向学校提供决策建议。

3.国家科学和工程竞赛

国家科学和工程竞赛(National Science and Engineering Competition)面向所有居住在英国并接受全日制教育的11—18岁青少年,对在STEM项目中表现卓越的学生予以奖励。竞赛的目的是认可并奖励青少年在STEM各领域获得的成就,并鼓励其他人群对STEM学科产生兴趣。英国科学协会与"生活大爆炸"和"年轻工程师"合作开展同类型竞赛。

4."生活大爆炸"赛事

"生活大爆炸"是英国年轻人最大的STEM庆祝活动,旨在向7—19岁的STEM学科爱好者展示众多令人激动和获得奖励的机会。

(四)提升公众科学、工程和技术意识

英国政府希望为公众创造一种文化,使身处其中的人们觉得科学、工程和技术是和他们息息相关的。政府认为,实现这一目标的最好方式是向公众展示这些学科是如何影响人们的生活的,并让公众能够有机会经常谈论科学、工程和技术。因此,英国政府资助举办了以下活动。

1.英国科学节

英国科学节是欧洲最大的科学、工程和技术庆典之一,于每年9月举行,包括250多个赛事、活动、展览和考察。科学节的活动适合每个人,可为对最新科学研究成果感兴趣的家庭、学校、成人以及科学专业人员提供活动机会。

2.国家科学工程周

国家科学工程周是一个为期10天的活动,包括全国范围内约4500个科学、工程和技术活动,面向各年龄阶段的人群举办。该活动由英国商业、创新与技能部联合UK工程(Engineering UK)资助,对赛事组织者、活动主题以及活动参与者没有任何限制。

3.共同体挑战资助计划

该资助计划为个人和组织提供资金支持,帮助他们创建和运行面向不同受众的科学参与试点项目。

总而言之,英国政府认为,科学研究是英国繁荣的主要贡献者。政府相信,为了

国家的长期繁荣，需要在科学、技术、工程和数学（STEM）领域具备高水平技能以及重视这些技能的公众。为了使公众更加理解科学与工程，掌握发展科学技能的方法，改善科学传播并建立公众对科学的信心，英国政府举办了英国科学节和国家科学与工程周，并开展了各种科学推广和促进公众理解科学的活动。英国政府还主要资助了英国皇家学会、英国社会科学院、英国皇家工程院和英国医药医学院4个独立机构的科学传播活动。同时，英国政府通过舆情监测进行科学与工程领域方针政策的决策，并鼓励学校的科学发展，资助并鼓励学生参加STEM学科的项目和活动。

第二节 科学传播主体

英国很多公立和私立机构都参与了科学文化的传播工作。2003年统计数字显示，英国大约有60家机构（研究理事会、慈善协会和基金会以及博物馆和学术会等）参与了科学文化的传播工作。

一、科学技术办公室

1992年，政府成立了科学技术办公室（OST）。1995年7月，英国政府为促进科技与工业的结合，将OST由政府内阁办公室并入工业与贸易部（DTI）管理。2006年4月，OST与创新总公司合并，成立新的科学与创新办公室（OSI）。2007年6月底，布朗出任首相，政府机构做了调整，工业与贸易部撤销，新成立了创新、大学与技能部。科学技术办公室改为政府科学办公室（GO-Science），隶属于创新、大学与技能部。2008年7月再次进行调整，政府科学办公室的国际部脱离出来，与英国外交部负责科学与创新网络（Science & Innovation Network）和创新、大学与技能部的创新总公司负责国际事务的部分合并，在创新、大学与技能部的创新总公司下组成国际科学与创新司，负责该部对外科技合作以及英国派驻国外科技外交官的委派和业务指导，加强了该部对外科技合作的总体实力。2009年6月，英国政府再次对政府机构进行调整，宣布合并创新、大学与技能部和商业、企业和管理改革部，成立商业、创新与技能部。此次两部的合并，目的在于联合创新，发挥大学与技能部在大学科研方面的优势和商业、企业和管理改革部在工业商界的优势，促使科技成果顺利向商业化转变，更好地执行原创新、大学与技能部和商业、企业和管理改革部联合颁布的《新产业新职业》战略计划，提高英国的竞争力和生产力，增强英国未来的经济实力。

目前，科学技术办公室是商业、创新与技能部下属的一个约有80名员工的机构。它的主要职能是保证英国政府出台的政策和决定是通过最优质的科学论证和长期战略性思考得出的。

二、英国研究理事会

英国政府各主要部门大都具有与科技研发相关的职能，但政府宏观科技政策的制定与管理目前由商业、创新与技能部负责，同时，它还负责通过政府公共资金资助大学与公共研究机构的科研工作。英国政府的公共科研资助体系被称作"双重资助体系"，商业、创新与技能部并不直接管理科研经费的分配，而是通过英国研究理事会和高等教育基金委员会这两个机构来支持大学与研究机构的科研活动，主要是基础研究。高等教育基金委员会为大学提供基金，维持基本的科研基础设施和科研能力以及教学经费，其经费分配主要按大学研究水平排名来确定。英国研究理事会则以研究项目或研究计划的形式支持大学和公共研究机构的科学研究，但项目的分配采取同行评议竞争机制。英国研究理事会的使命在于优化研究会之间的合作，提高英国在研究、教育、知识转移方面的总体水平和影响，获得学术界、商界和政府对其卓越研究的认可和资助。英国研究理事会的总体目标是使其在影响力和工作方法方面均被认为是世界标杆。

英国研究理事会的管理层由各研究委员会的董事长组成，通过英国研究理事会战略执行峰会建立联合工作机制。

在英国研究理事会的伞形管理结构下，各研究理事会主动寻求有益于其学术团体、自身管理和其他利益相关方的共同工作方式。这个方式使每个理事会可确定其在联合活动中的参与度并确保与其他理事会开展更紧密合作，同时也可保持灵活性以及对他们自己主题团体需求的响应。这个模式通过加快基于双边或三边的融合促进协调政策制定和提供服务。这个模式使各研究理事会可以连贯一致地呈现政策和信息，同时也允许不同的观点和意见通过不同的理事会得以表达。

英国研究理事会致力于促进科学家、公众和决策者之间的信息流动和观点交换。其目的在于：建立不同团体之间的信任，使英国科学家能开展世界领先的研究；致力于发展融合科学和经济以及确保为英国经济提供科学家、工程师和其他研究者的社会；作为英国最大的基础研究投资者，英国研究理事会具备良好的将前沿科学和科学家引入学校的条件。其开展的公众参与科学方面的工作包括以下几个方面。

(一)科研人员参与科学传播影响因素研究

2015年，一个由英国15家公共研究资助机构组成的联盟(其中包括英国研究理事会)，受委托开展了一项研究，目的在于提出支持研究人员参加公众科学参与活动的未来策略。这项研究的另一目的是更新英国皇家学会2006年发布的一份有关对科学家和工程师类似调查的结果。

2452名人员参加了网上调查，受调查人员来自英国各大学和研究机构等。

调查发现如下：

艺术、人文和社会科学领域的研究人员公众参与的程度为88%，较STEM领域的参与度(78%)高。

艺术、人文和社会科学研究人员更容易将公共参与视为其工作的核心部分(52%相比于STEM的37%)。

自2006年开展最后一次调查以来，将公众参与视为其工作核心部分的STEM研究人员数量已从28%增长至37%。

STEM研究人员中想要更多接触公众的比例已经从45%增长至53%，同时相较2006年，他们也对与公众接触有了更加充分的准备，由51%上升至63%。

所有学科的从事其职业长达10年的研究人员中，有64%的人认为，所在单位给予的鼓励比上一个10年有所增加。

尽管有了这些变化，研究人员参与公众活动仍有巨大的障碍。竞争压力作为研究人员公众参与活动最大的障碍非常显而易见(61%受访者支持此观点)。其他的障碍包括难以得到相关机会（26%）和资金不足（26%）。

（二）公共参与研究策略

英国科学理事会公共参与研究（RCUK PER）是一项理事会集体公共参与研究计划，目标是促进各研究理事会的共同努力达到"1+1>2"的效果。为此专门制定了英国研究理事会公共参与研究策略，其中包括如何实现策略愿景，如何建立研究人员和社会之间的对话、信任和让公众知晓，如何提高研究质量和影响及其对英国未来经济和人类社会的贡献。

（三）听取公众的声音

英国研究理事会资助了各类活动，这些活动的目的是明确公众态度和整个研究周期的价值，识别和响应公众的观点，并通过辩论来形成理事会的政策和研究策略。

（四）公众科学态度调查

"公众科学态度调查2014"是由英国商业、创新与技能部委托开展的一个全国性研究。它是系列调查中的第5期。以前的调查结果已于2000年、2005年、2008年和2011年公布。该项调查研究的目的在于理解英国公众对科学、科学家和科学政策的态度。

例如，2011年的研究包括：现有文献综述、四组重新召开的审议研讨会、全英1800人的调查问卷、定性的焦点小组讨论。调查问卷于2011年3月发布。

（五）公众参与灯塔计划

公众参与灯塔计划是伦敦大学学院帮助支持、识别、奖励英国公众参与工作及能力建设的计划。英国研究理事会与英国基金委员会和惠康基金会（Wellcome Trust）一起，投入920万英镑的项目资金用于支持高等教育部门公众参与认知的逐步推进。全英有6个灯塔计划以及1个国家协调中心。

（六）面向学校和青少年的活动

英国研究理事会资助了各种活动和基金计划，用以激发年轻人对科学的兴趣。这些项目面向教师和其他学习如何教授科学、技术、工程和数学以及艺术、人文和社会科学的对象。英国研究理事会的资源主要针对11—18岁的年轻人，并覆盖了我们代表的7个理事会资助的研究领域,包括医药和生物科学、天文学、物理、化学和工程、社会科学、经济学、环境科学以及艺术和人文。

三、英国科学协会

英国科学协会(BSA)是一个慈善团体,成立于1831年,其目标是使科学成为社会和文化的中心,是英国科学传播的主要机构。协会的使命是支持、壮大参与科学和对科学感兴趣的民众团体并使之多元化,加强他们对科学发展方向以及科学在社会中地位的影响。英国科学协会组织全英的重大科学传播活动,包括英国科技周、年度英国科学节,以及通过各个分支机构组织地区和地方的活动以及面向院校学生的活动。协会也针对专业科学传播者,包括科学传播会议举办特定的活动和培训。英国科学协会在全英范围内协调、举办、监督一系列不同的旨在让更多的人参与科学的项目和计划,实施渠道主要通过地区分支机构及与协会志同道合的国家和地方组织合作。

英国科学协会的活动围绕以下几方面开展:科学教育的目的应该是创造一个适应科学并为科学发现感到激动而非仅仅培训科学劳动力的社会;政治家以科学为依据进行决策时应被信任,无论他们本身是否有科学背景;媒体对其就科学的批评和支持表现出充分的自信;社会各级和各部门有影响力的人将科学视为他们领域的一部分,这是他们的职责。协会鼓励人们参与科学,成为科学大使,无论他是否是科学家,都有享受并影响英国科学事业发展成果的权利。协会致力于创造更多的合作关系,以确保更多团体、文化机构和公众空间能够鼓励人们参与科学并给予他们这样的机会。协会计划促进更多的全民科学,并引导热点问题的公众辩论。

英国科学协会是一个基于皇家宪章成立的慈善组织,由构成理事会(Board of Trustees)的委员会管理。协会也有一个主要的战略咨询机构,即总务委员会,成员包括协会会员、分支机构和部门代表。协会位于伦敦的国家办公室由专业工作人员管理,大约有30人,全英国有30余个由志愿者运营的分支机构。

英国科学协会计划部(Programme Department)负责创建、管理和组织学会项目、活动和赛事，包括英国科学节、英国科技周、地区和地方活动、CREST 奖、国家科学和工程竞赛，以及青年小组、科学传播会议和媒体奖学金计划。他们将协会的工作根据受众不同分为三类：教育类——针对年轻人和教育者；参与类——针对公众；文化发展类——针对利益相关者和合作伙伴。协会发展传播部（Development & Communications Department）负责会员工作、市场推广、公共关系、数字传播以及资金募集。财务资源部（Finance & Resources Department）负责财务、信息技术和行政，包括董事会秘书。协会的30余家分支机构由全国各地志愿者负责引导和管理。

四、英国皇家学会

英国皇家学会成立于1660年，有1100多名成员，是英国和世界上现存最古老的科学院。它支持优秀科学研究，在英国的科学政策和教育方面起着咨询的作用。英国皇家学会举办多项活动，出版各种期刊来向大众传播科学。

五、英国皇家研究院

建于200多年前的英国皇家研究院既是研究机构，又是向大众推广科学、提高他们对科学理解和评价的机构，资金来自捐赠和援助。它每年组织100多场公众活动（讲座、讨论等），涉及所有科学领域。它也提供学校的活动计划，以补充青少年的科学教育，特别是"科学内外"计划。它最著名的活动要属始于1825年由迈克尔·法拉第创办的圣诞节系列讲座。它还每年连续举行3场晚会向青年公众普及一个科学主题。皇家研究院曾经设立了科学传媒中心，即面向记者的科学信息中心。当一些科学问题成为时事焦点时，该中心帮助记者进行信息研究，会见与这些问题相关的人员。

六、皇家工程研究院

皇家工程研究院（RAENG）是一个公共资助的工程机构，它是1976年应爱丁堡公爵的提议建立的，目的是保持工程领域的优秀成果，向大众推广科学、艺术和工程实践。研究院成员(1200名)的学科相互交叉,可以代表英国现有的整个工程活动。研究院提供广泛的大众开放式活动,形式有研讨会、大学夏季讲座或课程,出版了杂志登载既面向专家和大众的工程技术领域文章。

七、爱丁堡皇家学会

爱丁堡皇家学会(RSE)是亚当·史密斯于1783年创建的,是苏格兰的文理学院。它是一家独立的机构,像它的姐妹学会皇家学会一样,致力于传播科学知识,向苏格兰政府和议会提出建议。爱丁堡皇家学会举行讲座和研讨会,既面向专家也面向大众。它积极举办面向青少年的活动,尤其是在苏格兰的学校里为中小学生提供广泛的讲座和手工实验活动,也支持优秀研究人员和企业家推动科学、发明和发明商业化的奖学金计划。

八、科学技术基金会

科学技术基金会(FST)创立于20世纪70年代末,目的是推动和发展科学技术以便为英国的工业带来更高的效率。它每年举行20多场晚餐讨论会和工作研讨会,成为关于政治主题和科学民意的中性讨论平台。它也向750多家机构和学会提供信息服务,涉及的主题通常会在议会举行的大型辩论上被提及。

九、维康信托基金会

维康信托基金会(WT)是世界最大的生物医学研究资助基金会,它的一项重要任务包括向大众推广生物医学知识,以促进科学与社会的对话。它支持大型的公众参与计划,利用各种宣传工具发布信息。另外,维康信托基金会也资助多家地区科学中心或博物馆,像伦敦、曼彻斯特、邓迪、布里斯托、格拉斯哥、伯明翰、纽卡斯尔等地的科学中心和博物馆。该基金会也曾经资助了许多博物馆和展览馆的重建,如英国伦敦皇家设计学院的亨特利安博物馆(Hunterian Museum)、伦敦的"圆屋"、英国科学促进会所在的伦敦"Wellcome Wolfson"大厦、数据中心和科学博物馆的一部分等。维康信托基金会每年资助的受众估计达1900万人。

十、科学教育协会

科学教育协会（ASE）是科学教育的非政府专业协会，旨在促进、帮助和发展小学至大学的科学教育。它成为教师教育资源（器材、教育计划）的平台，在学校举办各种科学教育讲座。

十一、英国大学

所有英国大学都或多或少地参与了英国科学协会组织的活动和英国研究理事会制订的与公众的交流计划。

第三节 科学传播的基础设施

英国科学传播的基础设施比较完备和发达，博物馆、展览馆、科技中心、图书馆等遍布全国。很多基础设施文化品位高、内涵丰富、外观独特，成为当地的一大景观。作为进行非正规科学教育的重要场所，这些分布于各地、各式各样的科技博物馆、科技中心等起到了无可替代的科学传播作用。

据不完全统计，英国全国有2500多座博物馆和展览馆、5000多家图书馆。英国的博物馆以其数量众多、分布密度大、主题涵盖广而著称，仅在伦敦就有涉及天文学、人类学、自然科学、海洋科学、科学史等各个领域的博物馆250多座，犹如百科全书，种类繁多、各具特色。其中牛津大学就有科学历史博物馆、牛津博物馆、庇特河博物馆和大学自然博物馆4个著名的博物馆。这些博物馆遍布英国大小城市，以综合或专项展出布局，成系统、成规模、相互联系、互相补充，不仅是对人类发展各阶段、各方面、各领域、各层级知识体系的梳理和归纳，而且也可以针对不同的参观者从不同的视角，通过潜移默化或令人茅塞顿开的方式，发挥其激发兴趣、传播知识的作用。

过去，英国的科技博物馆主要是收藏、展示各个历史时期对人类社会产生重要影响的科技文物，如瓦特改进的蒸汽机、阿克赖特发明的纺纱机、斯蒂芬森的"火箭号"蒸汽机车等。随着高新技术的发展，英国科技博物馆的展教内容和方式也发生了重大的变化，如今更加重视反映当代高新技术、前沿科学和时事科技的展示，并经常更新。

在传统模式下，科技博物馆展出数学、天文学、物理学和化学等学科以及应用方面的陈列品；各展览馆以计算机技术、空间研究和先进的科学发展等方面的展品为重点；实业收藏类展馆则展示包括农业、运输业、电器工程、船舶工程和机械工程、喷气发动机、地球物理学、电信学和家用器具等方面的展品。如今这些博物馆和展览馆都开始改变过去的静态展览方式，越来越多地引进交互式设备设施。

伦敦科学博物馆于1986年率先开设了交互式展馆。该展馆的若干件交互式展教品都可动手操作，趣味性很强，活动内容包括实验、演示、猜谜等，引人入胜。1995年开始，伦敦科学博物馆又分别为3—6岁、7—11岁和11—19岁这三个年龄段的儿童、青少年开设了不同特色的"花园""事物"和"广播"三个交互式展馆。之后，其当代科技系列展览室也开始采用交互式展教设施。

维康展厅于2000年落成，耗资5000万英镑，是英国科学博物馆建馆140多年来最大规模的单项展示工程，其主要目的是向公众展示最新科学成就和科技的未来发展方向。维康展厅包括四大展区："天线"展区展示当前最新科技热点，展览内容每周更新一次，人们从图片、文字、实物、影像、网页和互动游戏中，可以了解当前科学领域的重大事件；"我是谁"展区以生物医学为主题，其"基因组工程"展台里，陈列着从承担人类基因组1/3测序工作的英国桑格尔研究中心取来的脱氧核糖核酸分析仪器；英特尔公司建造的"数字城邦"展区，展示了最新的数字技术；"在未来"展区用庞大的互动式游戏吸引游客了解未来科技发展的方向，并就一些有争议的问题进行投票。

爱丁堡地球动态博物馆完美地用集声、光、电于一体的新型仿真技术向观众演示当今的地球和自然现象，让参观者切身感受森林、沙漠、草原和热带雨林等，领略极地的寒冷和海洋的壮阔，已经成为当之无愧的综合科学、教育、娱乐为一体的现代专业科技馆。

第八章　英国的科学传播

2001年开馆的格拉斯哥科学中心包含天文馆、科技展示馆、学生技能培训中心及多个专题展览厅，建设经费由市政府、英国财政、欧盟和社会共同出资，交互式展教品经费投资达4500万英磅。

近些年，新落成的博物馆更是从建立伊始就大量引入先进的多媒体手段。例如，利物浦市2012年建立的新博物馆将来自世界各地的文物珍品与数字互动技术相结合，交互式展教品涵盖了考古学、人类文化、自然科学和物理学、天文学等领域。利物浦博物馆于2013年荣获了"欧洲博物馆奖"。

除常规展览之外，每年英国的科技博物馆都会配合英国科技周、英国科学节和爱丁堡国际科学节举办科普活动。一些科技博物馆也根据自身的条件，基于新型多媒体设备设施开发有影响的科普活动。

与此同时，各类科技博物馆也被视为重要的教育单位，利用博物馆、图书馆等科普设施历来是英国中小学科技教育的重要手段。英国的博物馆教育还与高等教育机构联手，建立合作关系，相互促进，共同发展。例如，伦敦有一个代表250家博物馆的公共机构——博物馆团体，该团体的宗旨是探索博物馆如何借助大学的资源与技能来丰富和完善自身，同时利用自身资源更好地服务于高等教育。鉴于大学能为博物馆提供藏品保护、策展、新技术等多方面的技能，以及多学科的专业知识，博物馆拥有独特的藏品资源及社区参与、观众互动等宝贵经验，能为大学提供创新和动态教学的实验环境，伦敦博物馆团体发起了一个"博物馆—大学分享与合作"项目，帮助博物馆引进新技术，将创新研究理念通过项目的实施直接施益于公众。

作为科学传播主要基础设施的科技博物馆和展览馆能够在英国遍地开花并繁荣发展，主要得力于英国政府从立法和资金保障两方面的大力扶持。早在18世纪末，英国政府就制定了博物馆法，对包括科技馆在内的博物馆给予法律保护，确定其公益法人的地位。英国政府不仅斥巨资建立科技馆，而且每年为科技馆划拨大量经费，保证其运营。

第四节　大众媒体的科学传播

一、普通报纸和期刊

在英国的普通报刊中，尤其是每天有几百万英国人阅读的小报上，轰动性的伪科学新闻经常取代真正的科学知识的传播，对于这种状况，科学家和科普工作者普遍感到非常失望和无奈。在较为严肃的日报（像《卫报》《独立报》和《时报》）中情况稍微好些，但也远远不能达到政府部门和科学家们所期望的状态。

2002年4月，英国政府设立了科学媒体中心，着力于在大众传媒中推动平衡、公正、合理的科技报道，尤其是针对有争议的前沿科学问题，增进公众对科学的信任。科学媒体中心主要面向非专业记者、没有专门报道科学问题经验和能力的记者及编辑部。其功能类似于一个编辑机构，针对科学时事搜集各种科学观点并快速反馈到大众传媒之中。它为报纸杂志提供了一份科学家和专业人士的名单，这些专家可以为科技时事问题提供比较专业的回答和解释。除了向媒体提供倡议和服务外，科学媒体中心也面向科学界，为其提供培训以改进其与媒体沟通交流的方式。作为一个独立的半政府性机构，科学媒体中心与英国皇家学会合作并利用英国皇家学会的一部分资源（如办公场所等）。

二、专业报纸和期刊

一些比较专业的周刊会进行高水平的科学技术知识的普及和传播。例如，《新观察家》是一份高质量的科学性刊物，主要评论和解释科学技术的最新发展；《工程师》和《经济学家》在各自的学术领域里也很权威。

除了这些定期的报刊外，很多大学设立了新闻办公室，以新闻发布会的形式发布最新的科学研究成果。一些为科研项目提供资助的慈善机构（如维康信托基金会）和英国研究理事会（如英国癌症研究院）也采用了这种方式。在互联网技术日益普及之后，这些机构还在其网站常设大众传播板块，提供科学信息。

三、基于互联网的大众传媒中的科学传播

英国各类网站的科学传播内容丰富，从政府部门到学术机构都很重视展现其

科学传播功能，其中：

(1) 门户类网站的科普内容占总信息量的比重很低，例如uk.msn、uk.yahoo均仅有一个技术板块，而且其内容以纯技术、硬技术为主，面向普通大众的科学传播内容较少。

(2) 新闻媒体网站的科学新闻是重要的内容板块，科技相关内容占整体内容的20%左右。

(3) 学术机构网站的科普内容结构各异，英国有在科学研究过程中开展科学传播的传统，因而其研究机构的网站上科学传播的内容较为丰富，但不同机构的网站在科学传播上有结构性差异。有的机构如英国研究理事会较为关注与其使命相关的内容，其网站上的科学传播内容包括英国科学动态、科学政策、科学与社会、气候变化等；有的机构网站则包含大量科技及相关活动的信息，如核子研究中心网站上有"拓展"和"媒体"两个板块，其中"全球科技与创新""大爆炸通行证"等栏目提供丰富的科技信息以及"开放日"和"科技秀"等科普活动的相关信息。总体而言，该网站上的科技信息约占网站内容总量的50%左右。

(4) 科技博物馆类网站除服务于实体馆之外，还拓展了科普教育功能。

(5) 专门致力于科学传播的专业性网站开始出现并不断扩展。例如，应欧洲空间局、纳菲尔德基金会、国家科学技术与艺术基金会的倡议，"科学城市"网建立，向大众提供伦敦等地的科学传播信息，并从伦敦逐渐扩展到大曼彻斯特、利物浦、东北、西南和米德兰等城市和地区。网上为各个地区列举了对公众开放的科学活动（讨论会、讲座、节庆）、出色的科学研究机构和优秀研究基地等。此外，"欧洲信息基地"作为科学、医学、技术时事的互联网新闻中心，也会定期发布一些有关英国的科技信息。

第五节　公众科学传播活动

作为世界近代科学的主要发源地，英国是世界上最早开展科普活动的国家，也是最早提出"公众理解科学"的国家，每年都有各式各样的大型科学活动，其中比较著名的有以下4项。

(1) 英国科学节，实际上是英国科学促进会的年会，始于1831年，于每年9月轮流在英国的中心城镇举行。20世纪以来，其主要内容是介绍科技成果和普及科技知识，并以集中举办科技活动的方式吸引公众参与。

(2) 英国科技周，全称是"英国科学、工程与技术周"，自1994年开始于每年3月举行，由政府科技办公室科普计划项目资助，由英国科学促进会组织协调。与科学节不同的是，科技周重在介绍科技对日常生活的影响。

(3) 英国爱丁堡国际科学节，始于1989年，由爱丁堡市议会和苏格兰行政院发起，于每年4月复活节期间举行，内容包括面向成人的学术讲座和面向青少年的科普活动，特色是巡游和亲子互动项目。

(4) 英国剑桥科学节，与英国科技周一样自1994年开始于每年3月举行，其目的是唤起青少年对剑桥大学科学研究的兴趣，并鼓励青少年在未来进行大学报考与职业选择时能够倾向于科学技术研究领域。

下面对这4项大型科学传播活动分别进行详细介绍。

1. 英国科学节
2. 英国科技周
3. 爱丁堡国际科学节
4. 英国剑桥科学节

一、英国科学节

英国是公众理解科学和参与科学的发源地。1831年9月，英国科学促进会在英国约克郡成立并召开第一次会议，自那以后，每年9月份轮流在英国的中心城镇举行年会。这是英国国内举行的同类会议中规模最大的会议，也是定期举行的、唯一允许科学家和大众以平等地位参加的科学会议。英国科学促进会规定年会涉及17门主要学科，分别为农业科学、人类学、生物化学、植物学、化学、经济学、教育学、工程学、森林学、地理学、地质学、物理学、数学、生理学、心理学、社会学和动物学。

早期的年会主要是科学家宣讲新观点、对新发现和新发明展开辩论的聚会，并且成为当时所有重大科学争论尤其是科学与宗教间争论的战场。其中，最为著名的是1860年赫胥黎与威尔伯福斯主教在牛津大学就达尔文的《物种起源》所开展的辩论。20世纪以来，随着各类专业学会的建立和大众传媒的迅速发展，科学家已不必每年到年会上发表学术观点，于是英国科学促进会的年会便将重点转向了通过学术讲座和展会向青少年介绍科技成果和普及科技知识等方面。年会活动主要有两项内容：一是讨论最新科学成果的积极作用或者带来的问题；二是公众参与科学——具体形式包括报告会、辩论会、科学交流讨论、参观展馆、动手活动、展示活动、科学实验、科学成果展览、科技电影播放等。

2015年的英国科学节由西门子公司提供资助，由布拉德福德大学主办。布拉德福德市政府及当地各级教育机构、博物馆和各专业学会/协会积极参与。各种形式的活动内容涉及科学、技术和工程的各个领域，包括应用物理、量子力学、洪涝灾害、工艺制造、城市基础设施建设等。

2014年的英国科学节由西门子公司提供资助，由伯明翰大学主办，英国商业、创新与技能部及伯明翰市政府协办，当地图书馆、博物馆和教育机构积极参与。各种形式的160项活动内容涉及科学、技术和工程的各个领域，包括生物及仿生科学、纳米技术、超级运算和机器人、材料科学、宇宙科学等。大约有45000人参加了科学节活动，其中伯明翰本地人员接近一半（49%），其余主要是来自英国其他地区，还有少量国外游客。

2013年的英国科学节由英国政府（商业、创新与技能部）提供37%的资助经费，剩余经费由主办、协办单位以及赞助商提供。由纽卡斯尔大学主办，诺森比亚大学和纽卡斯尔市政府协办，当地各博物馆、教育和商业机构以及各专业学会/协会积极参与。各种形式的258项活动内容涉及科学、技术和工程的各个领域，包括地球科学和环境保护、药物和运动、美食和健康、基因和生命科学等。大约有76000人参加了科学节活动,其中针对专业讨论和学习的参观者和兴趣泛泛的随意参观者基本对半。

2012年的英国科学节由阿伯丁大学主办,苏格兰政府、阿伯丁市政府及当地各个社区、高等院校和各专业学会/协会的苏格兰分会积极参与。各种形式的180项活动内容涉及科学、技术和工程的多个领域,包括孕产育医疗保健、大脑及心理健康、量子物理、生物化学和电子智能等。根据问卷调查结果,最受欢迎的是与试管婴儿和量子物理学有关的知识。阿伯丁市面积较小,居住人口较少,而参加此次科学节的观众大约有43000人,这非常难得,而且其中有19000余人参加了各种付费活动。

2011年的英国科学节由欧盟地区发展基金会提供资助,由布拉德福德大学主办,布拉德福德市政府及当地各级教育机构、博物馆和各专业学会/协会积极参与。各种形式的177项活动内容涉及科学、技术和工程的各个领域,包括青春期教育、网络安全、草药制作、健康养生、核能源及生物燃油、法医分析和心理卫生等。根据问卷调查结果,最受欢迎的是与外科手术和癌症治疗有关的知识。大约有45000人参加了科学节活动,其中大约15000人参加了各种演讲、讲座和研讨会,大约30000人参加了各种实际动手操作类型的活动。

二、英国科技周

在英国的众多科普活动中,规模最大、影响最深的当属每年3月举办的"英国科学、工程和技术周"活动(即英国科技周)。英国从1994年起举办英国科技周,主要由英国贸工部科技办公室科普计划资助,英国科学促进会组织协调。科技周的活动内容丰富多彩,涉及科技的所有重要领域,活动地点遍布全英各地,活动形式也多种多样,有专家会议、公共讲座、开放实验室、动手实验、发现发明展、辩论会等。英国科学促进会青少年部还组织了大量的以青少年为核心的活动,以强化中小学生在校科学课程的学习。每届科技周都有约百万人通过各种方式参加。而且科技周期间,英国贸工部会专门举办一天的活动,宣传科学在政府决策中的作用。

全英各地的高等院校、图书馆、博物馆在科技周期间会举办数千项科普活动,例如位于伦敦的帝国理工学院、科学博物馆、自然历史博物馆、皇家格林威治天文台等都是英国科技周的主要活动场所。中小学教师普遍认为,到科学博物馆和自然历史博物馆现场讲解火山和地震的活动原理,很多在课程上无法讲透的原理学生们在这里就很容易接受。举办科技周对青少年和儿童了解科学知识、激发对科学技术的兴趣无疑有很大帮助。

2016年的科技周主题是"科学空间——空间科学"。

2015年科技周的一部分重要内容是科学与工程研习,通过学校与当地公司合作开展;高等院校(如曼彻斯特大学)介绍其在科研上的最新成果,以及如何利用科技改变人类的生活。

2014年的科技周活动主要涉及金融高科技、创意科技、零售业科技以及游戏产业等领域,其中互联网博览会与科技成果转化论坛将展示最尖端技术的创新和策略。

2013年科技周的重点推介是英国南极考察站"哈雷六号"的介绍,其他主要活动内容包括各种交通工具(汽车、火车、飞机)和家用电器的知识普及等。

三、爱丁堡国际科学节

爱丁堡国际科学节始于1989年,由爱丁堡市议会和苏格兰行政院发起,于每年3月底至4月初举办,为期两周,为了能使尽可能多的市民参与,活动一般与当地学校的复活节假期同步。活动的主题涵盖数学、物理、医学、生物、化学、天文等几乎所有的学科,在推广科普活动的同时,也为各领域的学者提供了交流的平台。由于每年的科学节除了在英国国内有极大的影响外,还能吸引众多的国际游客来访,所以称其为国际科学节毫不为过。

爱丁堡科学节已经在世界范围内广为人知,成为爱丁堡市标志性的文化特色。这主要归功于当地政府在科普工作上独到的运营方式:在科学节的开展过程中,政府的职能已经由传统意义上的主办者退居到了协办者甚至只是资助单位的地位,而科技团体或各大高校成了真正的主办方。

爱丁堡科学节组委会是爱丁堡国际科学基金会(Edinburgh International Science Foundation, EISF),其性质是一个公益基金,并没有多余的财政预算,因此每年工作的一个重点就是募集资金。科学节常驻工作团队有20人,其中4人专门负责募资。赞助商首推爱丁堡市议会和苏格兰行政院，他们每年各拨款15万英镑支持活动；由此可以理解EISF公司直到2011年都是由爱丁堡市议会管理的。其余另有10个左右大型赞助商投资2万—4万英镑不等；最后还有几十个小赞助商为科学节投资2万英镑以下。科学节本身售票所得有40万英镑左右，这些加起来有160万英镑左右，是整个科学节的预算。此外，还会有一些机构提供场地支持，比如苏格兰博物馆、城市艺术中心、皇家植物园等。

在科学节的售票所得中，主要收费活动大部分集中在针对成人的演讲类活动，而以青少年参与为主的互动项目及演示活动，基本上是免费的，这充分考虑到了青少年的特殊情况。车间活动的收费主要是材料费与工具费，由于大多数活动的创作成果都能由参与者带走或自由支配，所以也不会影响参与者的热情。5英镑以下的活动占67%，这在英国是一个非常能令人接受的价格，这也充分体现了科普的全民参与性。

EISF有限公司作为科技界的组委会，一直作为一个企业独立运转。这一点赋予了它很多优势，其中最重要的一点就是它能自己设定日常工作事项。除了独立以外，它还是一个不受过多的委员会人员牵累的精简组织。这使它能做出灵活反应和变化，由此对其成功产生了巨大的帮助。

为了让科技活动更加流行和受欢迎，科学节组委会强调"内容为王"和"受众优先"。爱丁堡国际科学节期间，各种亲子活动、面向成人的学术演讲、科学秀和工作坊遍布整个城市。爱丁堡人口仅44万，而每年参与科学节的观众多达十几万人次，其中大约一半为爱丁堡当地人，其他来自英国甚至世界各地，科学节的成功可见一斑。

在"内容为王"方面，组委会表示，科学节的"综合"理念既包括内容也包括形式。首先，有专门的策划团队对内容进行全程控制和把关。除了活动举行的两个星期外，策划工作会持续全年。科学节活动项目通过两种途径形成，一类是策划团队创设的项目，占科学节活动项目的50%左右，由组委会负责从项目的计划到实施以及在整个过程中大致的所有费用；另一类是其他团体或个人提议的项目，通常情况下这些团体或个人会负责大部分的项目计划，并承担绝大多数费用。这些团体中有一些是地方机构（如高等院校、植物园、动物园等），他们提供了大量项目，并常常负责安排活动地点。另一类是对科技传播有着浓厚兴趣的媒体，他们会主动带活动来科技节，例如《妮娜和神经元》(Nina and the Neurons)本身是BBC的一档儿童科教节目，这个活动就完全是BBC自行组织参与到科学节活动中来的。

科学节最受欢迎的亲子类活动每年都会举办，但不是重复照搬，策划团队会花心思对同一个活动进行不断优化和创新，让它们变得更具吸引力。而且每年都有很多新活动加入，比如年轻科学家的演说、科学秀、工作坊等。这些项目通过邀请和报名自荐两种途径产生，组委会认为开放报名可以发现更多优秀的科技传播者，也能丰富科学节本身的内容。

爱丁堡科技节有自己的筛选标准，努力在世界范围内挖掘有趣的科技传播者，邀请他们参与活动；也会认真对自荐者进行考察。通常会要求他们提交一段视频，以此来观察活动的现场气氛，或者根据周边朋友或机构对他们的表扬和推荐。

除了一般的科技演讲、工作坊之外，组委会还会给科学节注入一些艺术和人文要素，比如舞蹈、电影、表演、展览、装置等，因为这些对普通观众来说更容易接受，也更有趣味性，可以有效调节科技内容本身带来的枯燥感。

在"受众优先"方面，组委会认为科技活动首先应考虑观众的感受，而不是讲解者或者主持人的感受，观众永远是第一位的。对于年轻的科技传播者来说，科学节是一个很好的展示机会，他们应该以珍惜的心态面对这个机会，不断优化自己的讲解和传播技能。考虑到讲解者和主持人本身大都不是专业科学传播者（例如，整个城市艺术中心5层楼全部是亲子活动，几十个项目的主持人大部分是科技节的工作人员，而非专业教授或学者），科学节的亲子活动面向少年儿童，其中涉及的科技内容并不复杂，只需要主持人具有基本的科学素养即可，但是对他们的沟通能力要求比较高，故而组委会在每年活动开始前都会对他们进行为期3天的集中培训，邀请专业演员、主持人等安排系统训练课程，教会工作人员如何使用相关技巧进行有效传播。包括如何使用简单词汇和短句与家长沟通，如何用色彩和声音吸引孩子的注意力，如何通过讲故事让活动变得更加有趣等。相关课程对提高科学节活动讲解者和主持人的传播技能非常有效。

爱丁堡科学节经过20多年的积累，已经具备一定口碑。科技节组委会有专门的市场团队，作为公益基金，并没有多余的钱用来投放媒体广告，与媒体的合作都是基于媒体对科学节活动的兴趣，使其乐于报道其中的创新和故事。除了常规的网站宣传外，组委会还会在爱丁堡全市范围内投放场刊，包括机场、酒店、商场、餐厅等，人们几乎可以从爱丁堡市的任何地方得到科学节的宣传册。新闻稿、推送信和总结报告也很重要，这些对活动的前期宣传和后续总结起到了良好作用。

爱丁堡科学节的全职工作人员一共20人，每年活动集中的两周，会招募150名左右的志愿者，但也不是完全意义上的志愿者，因为他们都是拿薪酬的。志愿者的组成除了本地大学生之外，还有很多各行各业的工作者。以身穿3种颜色的衣服来分工，穿蓝色衣服的是工作坊主持人，负责组织活动内容；穿绿色衣服的是答疑者，负责解答观众对票务、活动场次、场地和其他细节的疑问；穿红色衣服的是机动志愿者，他们可以根据需要，随时调整工作内容。

除了两周的集中活动之外，科学节组委会全年都会进行嘉宾筛选和沟通工作；另外还有不定期的"进校园"项目，把科学秀等优秀项目带进校园，让更多学生接触到有意思的科技知识。这两年组委会也开始尝试一些国际合作，主要是与中东地区的科普活动合作。

相对于传统科技节，爱丁堡科技节在活动安排设置上有以下几大特色。

1.互动性、参与性很强

由于传统科学节的重头戏——展览会的形式过于被动，所以爱丁堡科学节果断地削减了这部分的内容（仅占3.2%），而大大增加了互动项目、车间及巡游这些主动性强的活动（共占52%）。

2.独特的巡游活动

这是以前传统科学节从未出现过的特殊项目。组委会巧妙地将诸如地理、地质、历史、生物等知识贯穿于城市巡游之中，既突出了科普的主题，又促进了旅游产业的发展。

3.提倡家庭集体参与

传统的科学节往往只强调对青少年的科普工作，而忽略全民科普的最终目标。鼓励家庭参与不仅使参与者大大增多，也可促进家庭和睦与社会稳定。

4.活动的主题与内容更贴近生活

即使是一些枯燥的传统学科，也被演绎得生动有趣，很多活动从题目的拟定就让人产生兴趣。

2015年爱丁堡科学节的主题为"创意工厂"。爱丁堡城市艺术中心在科学节期间变成了儿童科学体验中心，SARS（严重急性呼吸综合征）病毒图案被做成墙纸，光头博士的疯狂科学秀以幽默诙谐的表现形式，富有创意的科学实验最受孩子们的喜爱。在"科学大爆炸之夜"，人们蜂拥而来，一边做手工一边喝酒聊天，甚至倒立过来进行创意折棍比赛，模拟太空漫游……

四、英国剑桥科学节

英国剑桥科学节自1994年起于每年3月举行，是英国最大的全免费科学节。剑桥科学节是剑桥大学的教授受英国（国家）科学节的启发，在当地企业的资助下举办的，目的是展示剑桥大学的最新研究成果，让公众更加理解科学和工程，同时鼓励青少年选择科学与工程作为职业方向。

每年剑桥大学会在科学节期间组织250项各类活动，吸引大约30000人参加。在此期间剑桥大学的演播厅、实验室等都会向公众开放，举办免费的演讲、讲座、展示和实验活动。

2016年剑桥科学节主题内容是原子化学；为响应联合国教科文组织2015"国际光年"的号召，2015年剑桥科学节的主题内容是光学；2014年剑桥科学节的主题内容是天文学。

（本章作者：尹霖）

CHAPTER NINE
Scientific Communication
in Canada

第九章
加拿大的科学传播

第九章　加拿大的科学传播

根据《英属北美法案》，加拿大1867年7月1日成为自治领土，1931年成为主权国家。自治后的加拿大是一个联邦制国家；领土面积998万平方千米，位居世界第二；人口约3500万，主要分布在与美国接壤的南部地区，约80%的人居住在城市里；官方语言是英语和法语，是典型的双语国家。

加拿大是一个高度发达的资本主义国家，拥有丰富的自然资源和高度发达的科技，其教育、政府的透明度、社会自由度、生活品质及经济自由的国际排名都名列前茅，已步入创新型国家行列。科学传播是加拿大强国战略中的一部分。在加拿大，开展科学传播既是政府的责任，也是科学共同体、媒体、博物馆乃至各类社会组织共同的社会责任。受联邦制政体的影响，加拿大的科学传播体现出多元、开放的特点。

本章将对加拿大的科学传播进行详细介绍。

第一节　科学传播的背景、战略和政策

20世纪60年代末，加拿大经历了深刻的社会变革，联邦政府开始关注科技发展，80年代开始制定国家科技政策。1985年，联邦政府与各省和地区签署了第一份科技政策文件，提出发展科技服务于国家的经济、社会、文化和地区发展。1987年，政府推出的"创新行动"计划，是加拿大历史上第一个具有战略意义的科技规划，从此该计划在国家科技事务中开始发挥主导作用。在这个计划的影响下，联邦政府进行了机构调整，不断完善各项科技政策。在所有变革中，科普始终占有一定的地位，并且越来越受到重视，科学传播的理论逐渐被充分地运用到政府的工作部门中。[1]

一、科学传播是加拿大国家战略的需要

开展科学传播、提升科学素养、培育科学文化是加拿大国家发展战略的需要。加拿大意识到，低水平的公民科学素养对国家长期发展具有负面影响，会成为阻碍经济增长的主要因素。为了应对这一现象，加拿大联邦政府和省（地区）层面都积极采取措施，刺激、保持公众对科学的兴趣，并吸引年轻人从事科学技术相关职业。加拿大联邦政府也认识到，在社会中培育科学文化具有重要意义和价值。在经济术语中经常提及科学文化的价值，例如："技术工业社会发展对合格人才的需求，会给全社会带来繁荣"，"在有关科学对社会诸多领域（医药、生物、环境等）产生的影响方面，要提升公众认识水平，以便做出开明的决策"。[2]

二、加拿大科学传播的战略与政策

在加拿大，不同的政府部门在一定程度上将科学传播纳入本领域的发展战略。这里以加拿大环境部、工业部为例进行介绍。

---

[1] 中国科普研究所.国外科技传播综述[M].北京:科学普及出版社,2007.

[2] Bernard Schiele,Anik Landry,Alexander Schiele. Science Communication in Canada[R],2011.

第九章 加拿大的科学传播

(一)科学传播的战略

1.环境部的生物多样性战略与科学传播

自20世纪90年代开始,加拿大联邦政府就对保护生物多样性投入了极大的关注。1992年,加拿大在地球峰会上签署了《生物多样性公约》并在全国通过,该公约于1993年在加拿大生效。1994年6月,加拿大起草了加拿大生物多样性战略,并于1995年在全国发布。生物多样性战略是加拿大贯彻落实《生物多样性公约》的指导性战略,加拿大联邦政府、省和地区政府依照其相关政策、规划、战略优先领域和财政能力,与公众利益相关者合作,共同向生物多样性战略中指定的战略方向努力。[①] 加拿大生物多样性战略指出,"教育是产生社会变化性价比最高的方式,教育让每个个体能够针对生物多样性保护和可持续使用目标做出具有敏感性的生活方式和消费选择"。加拿大联邦政府环境部发布的生物多样性战略制定了若干目标,其中关于教育和认知的目标设定为"提升公众对保护生物多样性的需求的认识,以及对以可持续方式使用生物多样性资源的认识"。

2.工业部的经济竞争性与科学传播

工业部是加拿大重要的科学传播主体。1993年,加拿大政府将工业、科技、传播、投资等项工作整合到一起,成立了工业部,决心以科技为杠杆,促进国家经济建设发展。加拿大工业部承担着促进不断增长、具有竞争性、以知识为基础的加拿大经济增长的使命。为了帮助本国工业界在全球经济体系中更具产出性和竞争性,促进加拿大经济增长,提高人民生活水平,加拿大工业部围绕着3个战略采取措施,完成职责与使命。战略之一就是"科学、技术、知识和创新是加拿大经济实现强大的有效驱动力"。在此战略目标下,加拿大工业部投资科技领域,以推动民众增长新知识,让民众具备在全球中竞争的技能,培育以知识为基础的经济。工业部在科技领域的投资,确保加拿大在科技方面有新发现和新突破,让加拿大人民了解科技发展带给

[①] Canadian Biodiversity Strategy:Doing Our Part to Conserve Biodiversity and Sustainably Use Biological Resources[EB/OL]. http://www.biodivcanada.ca/default.asp?lang=En&n=560ED58E-1.

社会和经济的益处。[①]

(二)科学传播的政策

加拿大政府没有专门的科学传播政策。20世纪末,由加拿大财政委员会颁布的《加拿大政府的传播政策》也不是专门的科学传播政策,而是政府部门之间、政府与公众之间的传播政策,但是传播的理念与科学传播是一致的。比如,该政策的总体目标是确保政府各部门之间架起有效地向公众传播政府的各项政策、计划、服务以及所有的举措的桥梁。该政策重视公众的知情权,强调在民主进程中,公众有权利知道政府正在做的事情。为了保障公众的知情权,政府的各项宣传都要及时、准确、清晰、客观和完整。为了实现这些目标,该政策要求利用各种渠道开展传播和沟通,注重沟通的互动性,注意听取公众的反馈意见,加强风险信息的传播,特别是环境、健康、安全等领域的信息的传播。[②]

第二节 科学传播的主体

在加拿大,开展科学传播已经成为一种社会共识。社会各界力量,包括政府部门、科学共同体、社会组织、媒体界都参与到科学传播之中。它们之间既有分工也有协作,各自在科学传播链条的不同环节发挥着优势和作用。

一、政府部门是科学传播的重要主体

多数加拿大联邦层面的部门、省级层面的部门,还有小范围内的地区部门,在一定程度上都参与科学传播,尤其是与环境相关的部门。各省和地区设置的部门的数量取决于当地人口、多样性、经济和城市数量。尽管各地都设有科学宣传的相关部

[①] Bernard Schiele, Anik Landry, Alexander Schiele. Science Communication in Canada[R], 2011.

[②] 中国科普研究所. 国外科技传播综述[M]. 北京: 科学普及出版社, 2007.

门,但是,联邦和省级政府,以及地区的政府都在一定程度上设立了机构、委员会来参与、资助和宣传科学研究,开展科学传播。从全国来看,除了魁北克省,多数省和地区,尤其是经济欠发达地区,都倾向于依赖联邦政府运行的科学传播项目,自主地发展当地科学传播项目的并不常见。以法语为主导语言的魁北克省情况则不太一样。魁北克省一般不倾向于接受这些或多或少有整齐划一意味的项目,其自主性强。这对加拿大的国际化建设而言,可能会是个问题。从总体来看,在加拿大,某个省份的地位越重要,其科学传播的举措也就越重要。但是有一点是毫无疑问的,加拿大联邦政府层面开展的科学传播项目是最多最广的,其次就是魁北克省。[1]

以下列举的是加拿大联邦政府层面和省、地区层面参与科学传播的部门。

(一)联邦政府层面的部门

加拿大联邦政府层面,参与科学传播的部门包括文化遗产部、工业部、环境部、渔业和海洋部、卫生部、自然资源部。相应地,在省、地区层面,参与科学传播的政府部门也以这些领域为主,不同地区之间略有差异。加拿大联邦政府曾成立总理科学技术委员会和科技顾问委员会,旨在统一协调上述部门之间与科学传播相关的工作。

加拿大联邦政府利用官网平台,将不同部门开展的科学传播项目、开发的科学传播和资源向社会公众发布。例如,在科学这一板块和主题下,发布的科学传播项目和资源形式就比较多样化,既有在线互动问答,也有游戏、视频、地图乃至专门为学校教育开发的科学传播资源,还有全国科技周活动。又如,问问科学家是一个公众与科学家互动问答的平台,鼓励公众向科学家发问,既能解决实际问题,又可以培养公众的质疑精神。教师可以利用这个平台给学生布置具有挑战性的作业,鼓励学生提出富有创造性的问题。[2]再如,《加拿大政府官网活动手册》是一个科学传播资源指南性质的册子,由政府官网中的科学技术信息和资源团队制作完成,它将来自

---

[1] Bernard Schiele, Anik Landry, Alexander Schiele. Science Communication in Canada[R], 2011.

[2] 资料来源:Ask a Scientist! [EB/OL]http://www.science.gc.ca/default.asp?lang=En&n=10CA1F05-1.

联邦政府层面许多不同部门和机构的科学实验、活动整合起来,集中向公众介绍。尤其值得一提的是,该手册还根据科学实验的活动水平和难度的不同,对参加群体的年龄段和技能水平进行了划分。公众可以在这本手册上找到他们感兴趣的、好玩的实验和活动,然后在家中、学校、夏令营动手操作。他们既可以独立操作,也可以团队合作。[1]

(二)省和地区层面的部门

加拿大的10个省和3个地区的政府部门中,每个省或地区至少有1个部门参与或负责本地的科学传播。其分布与联邦政府很相似,主要是环境、资源、能源、创新等部门。

阿尔伯塔省政府:	① 环境厅;② 可持续资源发展厅
不列颠哥伦比亚省政府:	① 环境厅;② 能源和矿业厅
曼尼托巴省政府:	① 创新、能源和矿业厅
新不伦瑞克省政府:	① 环境厅;② 自然资源厅
纽芬兰与拉布拉多省政府:	① 环境与保护厅;② 创新、贸易和农村发展厅
新斯科舍省政府:	① 环境厅;② 自然资源
安大略省政府:	① 研究与创新厅;② 环境厅
爱德华王子岛省政府:	① 环境、能源和林业厅;② 创新与学习促进厅
魁北克省:	① 经济发展、创新与出口厅;② 自然资源与野生动物保护厅
萨斯喀彻温省政府:	环境厅
西北地区政府:	环境和自然资源厅
努那武特地区政府:	环境厅
育空地区政府:	环境厅

---

[1] Activity Book7[EB/OL]. http://www.science.gc.ca/default.asp?lang=En&n=715A9E1D-1.

(三)加拿大自然科学和工程研究委员会

加拿大自然科学和工程研究委员会成立于1978年,它接替并延续了国家研究委员会的资助任务,除了提供各种奖学金、资助定向研究项目,还包括促进设备和基础设施更新、建设管理和传播体系。自然科学和工程研究委员会有两项重要的科普活动。一项是"促进学生了解知识研究"(SPARK),另一项是设立"迈克尔·史密斯(Michael Smith)公众科技发展奖"。"促进学生了解知识研究"活动始于1999年,主要资助大学的动手操作性实践活动,旨在激发年轻人对科学的兴趣,为国家培养未来的科技人才。迈克尔·史密斯公众科技发展奖设立于1993年,1994年开始颁奖,获奖对象可以是个人,也可以是单位。该奖是加拿大的一项重要科普奖,著名科普公众人物杰伊·英格拉姆(Jay Ingram)和鲍伯·麦克唐纳(Bob McDonald)都曾获得该奖。另外,像"让我们讲科学""科技意识网络""科学家进学校""青少年科学杂志"等著名的科普项目也都曾获得该奖。

二、社会组织是科学传播的活跃主体

加拿大的社会组织在科学传播中十分活跃。这些社会组织分布在教育、科技、环境等众多领域,其规模大小不一,开展活动的形式也各具特色。下面介绍几个地位重要、影响广泛、科学传播功能比较显著的社会组织及其主要活动,重点介绍科普场馆、科学传播、科学传播者和青少年科技教育四个领域内的活跃的社会组织及其开展的科学传播。

(一)科普场馆领域的社会组织

1.加拿大科学中心协会

加拿大科学中心协会(Canadian Association of Science Centres, CASC)始建于1985年,旨在协同加拿大科学中心和相关科学博物馆的工作、解决面临的挑战与困难、代表众多组织统一发声等。该协会在今天已成为加拿大普及民间科学教育的首要组织,是加拿大全国的科学中心和非正式科学传播的平台,致力于用科学与技术为其会员打造一个充满创造力、蓬勃向上的环境。

加拿大科学中心协会代表着45家科学中心和博物馆、水族馆和植物园,这些场馆每年的观众量达到800万人次，其中，600万是成人。[①]所有的会员场馆都是非正式学习科学、技术和自然的有力支撑，为观众提供了富有创造性的项目和展览，激发观众学习、发明创造和创新。除了会员，还有一定数量的准会员，准会员是为博物馆建设提供设备或服务的各类商业单位。[②]

科学中心协会举办科学中心年会并颁发奖励，表彰加拿大的科学中心、博物馆、水族馆和植物园的优秀人物、项目和展览。加拿大科学中心协会是加拿大科学中心和科学类博物馆行业的龙头组织，在促进行业发展中发挥着重要作用，为科学传播做出了重要贡献。

2.加拿大动物园与水族馆协会

加拿大动物园与水族馆协会（Canadian Association of Zoos and Aquariums, CAZA）成立于1975年，是一个全国性非营利性质的服务组织，是该领域在全国的权威组织，代表了加拿大25个先进的动物园与水族馆，其目标是加强动物园和水族馆野生动物的福利、促进相关科学发展与保护，在自然文化遗产方面提升公民参与度。

加拿大动物园与水族馆协会致力于引领加拿大动物园与水族馆成为国际动物保护标准的先行者，并做出了巨大贡献；帮助加拿大公众了解并认同自然生物的多样性及其生存的重要性，支持濒危物种及其栖息地的保护及研究、保护物种的基因多样性，减少野生动物的捕捉。协会还与世界上不同地区的学校、政府及非政府机构合作，为青少年提供保护野生动物的相关教育。

在公共设施和社区中开展环境教育是加拿大动物园与水族馆协会的专业优势之一，也是其核心任务。该协会有一个成员共同认可的标准，要求所有成员都要基于各自的动物收藏，实施一个有计划性的、专业的教育项目。这些项目要能够鼓励对环境有益的行为以及保护野生动物长期生存与健康的活动。

---

① Our Members[EB/OL]. http://www.canadiansciencecentres.ca/Our-Members.
② 中国科普研究所. 国外科技传播综述[M]. 北京: 科学普及出版社, 2007.

动物园和水族馆在交流、教育和激发群众积极性方面有一个非同寻常的优势，即有自己饲养的动物。动物是参观者与专业人员情感交流的纽带，可以使参观者在积极、轻松的心态下接受专业人员传达的信息，对于普及环境知识和理解野生动物的行为非常有益。每一个小组的成果离不开动物园和水族馆教育的努力，包括面向家庭、老人、学龄前儿童的现场活动、网络在线体验及课堂教学等。通过不懈的努力，每年约有130万加拿大青少年与成年人在经授权的动物园与水族馆接受相关教育，教学内容包括自然世界丰富的物种多样性、人类活动对其造成的影响以及保护自然环境与野生动物应采取的措施。教师同样也会接受相关教育。每年，数以千计的加拿大教育工作者会得到参加教育研讨会、特殊会员培训的机会，并从优质教学材料中继续学习新的知识。有多次调查研究结果表明，公众相信动物园和水族馆提供的信息，经授权的动物园与水族馆是环境和野生动物保护的权威信息资料来源地。

3.加拿大科学与技术博物馆社团

加拿大科学与技术博物馆社团(The Canada Science and Technology Museum Corporation)作为加拿大文化遗产部内的一个全国性机构，主要负责保存和维护加拿大科学与技术文化遗产，促进并推广有关文化遗产的知识。社团和其3个博物馆——加拿大农业博物馆、加拿大飞机与太空博物馆、加拿大科学与技术博物馆——很好地诠释了加拿大人在科学与技术方面的独创性与成就，为加拿大的发展做出了卓越的贡献。加拿大科学与技术博物馆社团保护加拿大的科学与技术文化遗产，盛赞其科学水平，使所有加拿大人深感骄傲与自豪。

(二)科学传播领域的社会组织

1.加拿大皇家学会

加拿大皇家学会成立于1882年，由人文学院、人文社会科学院和科学院组成。1991年，加拿大皇家学会设立了麦克尼尔奖(McNeil Medal)，专门奖励为促进公众科学意识做出贡献的科学家。该奖项每年只奖励一位在科学传播领域做出突出贡献的人，获奖者可获得一枚麦克尼尔奖章和一定数量的现金。著名科普人物鲍伯·麦克唐纳、杰伊·英格拉姆和戴维·铃木都曾获过此奖。

2. 加拿大法语科学促进会

加拿大法语科学促进会（Association Francophone Pour Le Savoir）是加拿大尤其是魁北克省的主要法语学术团体，位于蒙特利尔市。该组织成立于1923年，初名为法国加拿大科学促进会。2001年，该组织更名为法语科学促进会。该组织在构建魁北克省的法语学术共同体的过程中发挥了重要作用。今天，该组织因其每年颁发的学术奖项和组织加拿大的法语学术团体年会而知名，学术年会每年都由不同的大学轮流主办，主要在魁北克省召开。

年会是一个学术交流的盛会，同时穿插着科学传播活动。通常，年会有200多个会议，同时还有15个科学传播活动。近年来，协会在年会期间会邀请一个20人的团队，专门到15个科学节活动进行观摩和指导。这类似于科学传播活动的评估，属于软评估，相当于现场的指导和培训。

从总体来看，加拿大法语科学促进会科学传播的主要途径包括以下几个方面。

第一，组织科学传播活动。例如，2015年有一个活动是请300名高中生与科学家进行讨论、交流。这种活动分学科进行。科学家与公众进行这样的交流通常都比较容易，不需要专门的培训。

第二，创办科学传播杂志。杂志定位读者是16岁以上的学生，是具有较高科学素养的人。目前，杂志在线出版，内容全部由科学家撰写。杂志接受自由投稿，同时也主动约稿。杂志中的专题策划也邀请科学家一起进行，并借助科学家邀请外围科学家进行创作。

第三，为科学家提供包括科学写作和与媒体对话技巧的培训。该协会有一定的培训经验，并有规范的培训手册。

3. 加拿大文化遗产信息网络

加拿大文化遗产信息网络（Canadian Heritage Information Network）是一个优秀的全国性的中心组织，可以帮助观众通过现代信息科技的渠道参观加拿大博物馆,使产品和服务业得以发展,从而培养并完善加拿大数字文化遗产,使其得以创新、管理、展示和保存。加拿大文化遗产信息网络与超过1400家文化遗产机构合作,为加拿大文化遗产专家与志愿者提供了三个方面的便利条件。[1]

其一,通过专业交换项目与同行交流学习。专业交换项目为文化遗产工作者提供一个学习、分享、合作的在线平台,参照加拿大文化遗产信息网络的合作研究活动建造,其资源涵盖了智能性能、标准、自动采集管理、在线行销、数字化等方面。在过去的35年中,加拿大一直在搭建博物馆与公众之间的联系。

其二,通过加拿大虚拟博物馆项目吸引公众。加拿大最流行的虚拟博物馆门户网站以其自主投资的内容为特色。超过1300个加拿大文化遗产信息网络的成员机构为其举办在线展览,展出的人工制品影集使加拿大本国人民及国际友人都可以了解到加拿大的历史及文化遗产。加拿大虚拟博物馆门户网站的画廊中囊括了超过60万张的博物馆藏品图片。在教师互动中心,老师和学生们可以在一个安全环境下,从课程计划和可定制多媒体资源中进行互动交流和深入学习。除此之外,加拿大虚拟博物馆项目还包括详细的加拿大文化遗产游览胜地和相关活动的介绍。

其三,通过加拿大人工制品项目探索并共享藏品收集记录。加拿大人工制品项目是加拿大博物馆藏品的财产清单,是文化遗产研究的一个重要参考资源,包含了近400万条记录。

在加拿大文化遗产信息网络目录中,列举了完整的科学中心、科学博物馆、演出中心和组织的清单[2],加拿大虚拟博物馆建有在线学习中心,是专门为老师和学生们

---

[1] Bernard Schiele, Anik Landry, Alexander Schiele. Science Communication in Canada[R], 2011.

[2] 详参http://www.museevirtuel-virtualmuseum.ca/Search.do? Ne=8101&mu=on&lang=en&N=8105+8799.

准备的,以教育者和博物馆专家创建的数字学习资源的形式提供博物馆收藏的展品,为艺术、科学、社会学等领域提供双语、可靠、丰富的资料。面向教师的工艺课程的计划源于受版权保护的免费权威内容,包括博物馆藏品的文本、图片、音频片段、动画片和视频。而学生们可以在安全、适当、易操作的环境中,与老师和同学进行学习、创新与互动。详细的科学及科学相关话题参见网页http://www.museevirtuel-virtualmuseum.ca/edu/Directory.do? method=getAll。

(三)科学传播者的社会组织

1. 法语加拿大科学传播者协会

法语加拿大科学传播者协会成立于20世纪70年代,是魁北克省唯一的科学传播者协会,会员主要来自公共关系、科学教育、技术写作和科技报道等领域。该协会会员有300人左右,其中,科学作家会员在80人左右,公共关系领域会员、科技记者会员各占30%左右。[①]该协会每年设奖项以奖励优秀科学传播者,并结合具体科学传播工作为会员提供有针对性的培训。此前,该协会由政府资助,但近年资助被取消,面临财政困难的窘境,发展缓慢。

2. 加拿大科学作家协会[②]

加拿大科学作家协会由科学记者和医学记者于1971年发起,是各类媒介平台上科学传播人士的联盟。会员包括媒体人员、科研机构传播专员、技术作家和教育家等。协会以培育卓越的科学写作和科学新闻报道为使命,旨在提升公众对加拿大文化中科学的认知和理解。加拿大科学作家协会会员有普通会员和学生会员之分,并接收国际会员和国际学生会员。普通会员入会需提交科学传播类作品作为遴选参考;学生会员要求为新闻或科学项目入学的学生或校报学生记者。学生会员为一次性身份,任期两年,两年后可转为普通会员。

以下为吸收协会会员的标准:①对环境、健康和医药议题以及社会、科技、科学

[①] 信息源自本文作者2015年对该协会的访问会谈。
[②] 以下内容参考Science Writers Communications of Canada. http://sciencewriters.ca/.

政策等相关领域感兴趣的记者或公共信息专家；②对公众传播感兴趣的科学家；③有志于了解科学新闻写作的新闻教师或学生；④关注科技对社会影响及最新相关消息的人士；⑤有意联络科技专家的人士；⑥对会见科学新闻记者感兴趣的人；⑦寻找报道素材、创作想法或提高科学写作技巧机会的人。学生会员须是全职学生。

加拿大科学作家协会培育高质量的科学传播，要把科学技术传播从东海岸到西海岸连接起来。协会会员从自己的集体经验中汲取内容，志愿拿出时间参与一系列致力于提升公众对加拿大科学技术理解的项目，尤其以青少年为重点。

加拿大科学作家协会负责数个全国性项目，其中包括年会，突出当今科学技术发展议题，让科学家、工程师、科学记者、教育家、青少年和公众有机会汇聚一堂。加拿大科学作家协会的年会每年在不同城市举办，重点关注当地的科学技术发展，并且将公众论坛和教育性座谈会结合起来，在传播科学技术发展对加拿大公众的重要性以及带来的巨大影响方面形成焦点。

(四) 青少年科技教育组织

在加拿大，有很多组织致力于培养青少年对科学、工程、技术领域的兴趣，开展或开发一些不同类型的科学教育活动或者项目。

1. 让我们一起讨论科学

"让我们一起讨论科学"是一个备受赞誉的全国性慈善组织，由邦尼·施密特博士创建于1993年。该组织提出的科学学习项目和服务旨在为儿童和青少年打开科学的大门，使他们参与到学习中去，激发潜力，成为21世纪的公民创新者和服务者。

"让我们一起讨论科学"通过大范围、大规模的科学教育项目和服务，向从大西洋沿岸到太平洋沿岸的每一个省市和区域的儿童、青少年和教育者延伸。在科学、工程和技术领域拥有超过200万的积极上进的儿童、青少年、教育者和志愿者。该组织为从早教到高中各个年龄层的儿童和青少年开展生动有趣的动脑、动手型活动，提升他们对物理、生命科学、数学和技术的认知。这些活动可以锻炼他们的生活技能，包括解决问题能力、与人沟通能力以及团队合作能力，每个人都用自己独特的方法去学习。

2. 加拿大青少年科学组织

加拿大青少年科学组织(Youth Science Canada)是一个全国性的注册慈善

组织。其发展和沿革的历史大致如下：1959年，加拿大第一届科学展览在温尼伯市、埃德蒙顿市、汉密尔顿市、多伦多市、蒙特利尔市和温哥华市同时举办。两年后，志愿者们为了共同努力合作、互相交流意见，创立了加拿大科学展览委员会。1966年，青少年科学基金会成立，替代了科学展览委员会，它的目标是超越科学展览，扶持科学家和教师，整合科学、工程、技术领域的其他课程活动，促进这些领域在国家和国际间的角色和职能定位。在1995年，这个组织改名为加拿大青少年科学基金会，2008年更名为加拿大青少年科学组织。

今天的青少年是下一代的研究人员、创新者、企业家。加拿大青少年科学组织的愿景是：加拿大会得益于青少年在创新科学与技术方面的贡献；并以培养加拿大青少年对科学的质疑和批判性思考能力为己任；希望营造这样的蓝图：老师向往传授科学知识，家长对成为"科学家父母"兴奋不已，孩子们迫不及待地想要了解科学。加拿大青少年科学组织十分看重加拿大青少年通过科学改变世界的潜力，并提供项目和资源帮助激发他们的潜力。在过去50年的时间里，加拿大青少年科学组织一直是加拿大促进创新和表彰在科学、工程和技术领域表现优秀的青少年的领先组织。自1962年起，加拿大青少年科学组织就在培养青少年对科学的求知欲方面发挥了重要作用，鼓励他们通过科学项目用自己的双手去掌握科学与技术的知识和技能。

加拿大青少年科学组织由8000多名志愿者组成，他们来自敬业的家长、教师和科学家，该组织还获得了来自赞助商、捐赠者及合伙人的慷慨资助，他们都为激发青少年对科学的热情做了很多工作。

扶持加拿大年轻科学家是这一组织的重点工作之一。加拿大青少年科学组织举办或协办一些项目，这些项目旨在提升青少年在科学、工程、技术领域的认知和参与度，吸引、指导并挑选出加拿大年轻的科学家，为年轻人所做的科学实验设定标准，鼓励创新，支持科学与技术展览，吸引科学家、工程师、教育者、家长和领先的公立及私立组织，为加拿大青少年国家性科学、工程和技术联系网络的建立做出贡献。加拿大青少年科学组织最有名的展示活动，每年一次的加拿大全国科技展，展出了全国500位顶尖年轻科学家的作品。2011年5月14日，加拿大青少年科学组织在多伦多市承办了第50届加拿大全国科技展,这是他们最引以为傲的一个重要里程碑。

3.加拿大科技教育联盟

加拿大科技教育联盟(The Educational Alliance for Science and Technology, EAST)也是一个重要的青少年科技教育组织,在过去的近40年间,一直致力于组织科技竞赛,包括Junior and CRC Robotics。该组织也负责在蒙特利尔市、蒙泰雷吉区、拉瓦勒市等地举办科学节活动。

第三节 科学传播的内容

一、科学媒介中心

加拿大科学媒介中心是一家独立的非营利性组织,旨在提升加拿大公众在科学话题上的话语水平,帮助记者与专家及其基于证据的研究工作进行衔接,以进行科学新闻报道。加拿大科学媒介中心的运行得到100多个发起人和资助单位的支持。

(一)科学媒介中心成立的背景

科学存在于人们的日常生活中,然而,很多人都觉得与科学两相隔绝。与此同时,大众媒体的机构性改变意味着专业的医学记者或者科学记者越来越少。因而,相应的报道任务就落在了普通记者身上,而他们多数都缺少将科学以富有魅力的形式呈现出来的专业技能。互联网也解决不了这个问题:虽然互联网触手可及,但是关于科学的在线信息要么是过于复杂,要么就是肤浅、有偏见的,对公众理解科学没有帮助。美国自然科学基金会的调查显示,只有20%的人在获取科学信息方面是积极活跃的,其他人对大众媒体呈现的内容一般会全盘接受。2008年,加拿大一小拨有担当、关注这一现象的记者、研究人员以及支持科学的部分民众决定通过帮助普通记者来解决这一问题。那么,就要成立一个科学传播中心,这个组织运作模式实际上借鉴了澳大利亚和英国的科学媒介中心,这两个组织都是很成功的。

(二)科学媒介中心的运行机制

科学媒介中心帮助记者报道科学在社会中的重大作用。科学包含自然科学、社会科学和生物医学，也涉及技术、工程、环境和人类的某些方面。

科学媒介中心得到公众、私人和非营利性部门的资助。该中心规定对任何单一来源的资助依赖份额不超过总数的10%，确保该组织及科学报道的独立性和客观性。

约20位德高望重的科研人员组成了一个研究咨询小组，确保科学报道的准确性。该中心还成立了由6位经验丰富的加拿大记者组成的编辑咨询委员会，确保报道的客观性及完整性。

科学媒介中心的目标是通过更加富有信息量、更加准确、更加深入的大众媒体报道，提升公众对科学话题的参与度。让科学家、公众、决策者都能从中受益。科学媒介中心优先为记者提供帮助，该中心也为那些专栏作家、编辑、制片人提供有益的服务。加拿大服务性机构都提供法语和英语双语服务，该媒介中心也照此运行。

二、科学写作

科学写作是生产科学传播内容的重要渠道。加拿大科学作家协会是促进科学写作的社会组织。该组织通过社会奖励来促进科学写作事业的发展。

当前，加拿大科学作家协会设有5个奖项：图书奖、科学传播奖、科学新闻奖、赫布·兰佩特科学新闻新秀奖以及数据新闻奖（2016年以前，前4个奖项为"社会中的科学"奖的子奖项）。

图书奖表彰两类原创作品，非协会会员可以参评：①面向8—12岁孩子的书；②面向普通公众的书。获奖图书应涉及健康、社会和环境议题方面科学技术的基础或应用、历史与当今以及未来趋势，应具有出色的文学性、内容的科学性和准确性，应表述清晰并具有提升公众对科学技术理解的价值。参评书目须是年度内以英语或法语在加拿大出版，获奖图书在来年4月的加拿大图书周进行公布，获奖者在年会上做报告。

第九章 加拿大的科学传播

科学传播奖颁发给开展准确传播科学信息的公众活动的个人、小型团队、博物馆、大学或者学院,旨在鼓励公众传播、拓展活动、科学宣传等事业。科学新闻奖颁发给上一年度用法语或英语在加拿大任何一种媒体署名发表原创科学新闻作品的人。而赫布·兰佩特科学新闻新秀奖颁给学生或从事新闻报道工作两年以下的人,其他标准同科学新闻奖。2016年设立的数据新闻奖,奖励在印刷品、网络、广播、博客等媒体上发表的基于统计数据的任意主题的新闻报道。该奖项将提升公众对数据的理解、提升加拿大人的统计素养作为评选标准之一。

> 在地方,加拿大科学作家协会还参与一些活动,包括街头演讲(Word on the Street)环境座谈会,还有每月一次的公众讨论会,讨论加拿大科学技术发展的话题。

三、加拿大科普场馆的展品开发

加拿大博物馆普遍具有较强、全面的展品开发能力。博物馆的展品开发团队一直是博物馆能力的重要体现。下面以蒙特利尔科学中心的"人类展览"和"建设结构与构造"(Fabric)的手工作坊为例,详述其展品开发情况。

"人类"这个展览的创意是由蒙特利尔科学中心提出的,他们通过咨询科学家、与社会上的公司合作开发展览。展览开发历时两年,期间与制作商的沟通、切磋十分频繁,科学中心的工作人员凭着对展品艺术性和科学性的高要求,凭着对观众的了解,最终目标是指导展览高质量完成。这个展览讲述了人类的历史和今天，是进化论的主题。目前，展览还处于开发之中，将要讲述高科技前景的人类未来。整个展览有展品20余件。展览以粉色调为主，醒目、活泼、吸引人。展品形状不拘一格，且都能动手体验、可触。每一件展品都融入了互动要素，都有自己相对独立的展陈区域，令人印象深刻。例如，关于人类毛发的展品采用屏风式设计，不同的动物皮毛镶嵌在屏风上，其样式美观，展品本身就是一件艺术品。所有的皮毛都是可触摸的，在屏风中间，是一个互动展品。不同肤色、不同性别、不同年龄的人的面孔在箱子中间。观众可以从箱子外面看过去，看到自己的眼睛投射在这些人物图片的眼睛位置。由此，切身感受到不同人种的毛发的区别。归纳起来，这件展品的特点：一是艺术化，二是可触摸，三是可体验。另外，展品的介绍性文字也很简洁。

蒙特利尔科学中心还有一个手工作坊，由科学中心的工作人员设计开发。科学中心设计了一整套的教学活动，出售给前来参观的学生。创意坊的颜色以红、黑为主，亮丽、饱满、美观，为体验提供了理想的环境。在这个手工作坊中，有6个不同的活动，全部都是动手制作项目。据主人介绍，设计者是一个年轻的女孩儿，其手工作坊的创意来自于其童年时在自家后院、仓库中玩耍的印象。在北美，通常每家都有一个小棚子车库，里面装满各式各样的工具，是孩子们玩耍的场所。科学中心将这一概念引进来，加深了其科学学习的意味。这里一共有6个工作坊，学生可以根据兴趣分组进行。每个活动要求不超过1个小时。每个手工作坊里，除了必要的工具和设备外，只有一个一句话的活动引导。例如，利用材料做出一个可以在滑道上滑行的物体。中心教育部主任认为，这是一个开放式的创新活动，孩子们可以根据自己的想象尽情地创新，而且活动也没有标准答案，任何新的想法都可能是一个创举。这就是这个工作室的核心理念。这种理念还用名人名言来阐述，用灯光投射在地面上。

科学中心培训了专门的教学人员，负责在学生活动过程中给予指导。在整个学习过程中，教师不是必要的复制人员。在这种教学过程中，学校更像是购买了科学中心的教学服务，因此，科学中心对活动的质量全面负责。

第四节　科学传播的基础设施

在加拿大,科学类博物馆、科学中心是科学传播的主要场所。除此之外,一些科研机构、公园林地等也会开展相应的科学传播活动。

一、科学类博物馆和科学中心

加拿大是一个博物馆资源丰富的国家,共有各类博物馆1000多座,科学中心只是其中的一小部分。[①]加拿大的博物馆历史悠久,早在1820年,魁北克地区就建造了猎人博物馆。加拿大丰富的博物馆资源成为加拿大开展科学传播的天然优良场所,加拿大的博物馆在科学传播中发挥着重要的作用,体现出以下重要特点。

(一)重视教育功能,与学校教育主动结合

加拿大的很多博物馆都把自己的展馆定位为学校教育的课堂,尤其是联邦政府或地方政府主管的大型博物馆,这方面的功能定位更为突出。科学类博物馆和科学中心作为其中的一类,情况也是如此。很多博物馆会根据当地学校的教学大纲,配合自己的藏品特色开展若干教育课程项目,向学校公开。例如,蒙特利尔科学中心就设有文化与教育活动部,并面向学生设计手工作坊等教育项目。

蒙特利尔科学中心建于21世纪初,是加拿大第二大科学场馆,隶属于蒙特利尔公司旧港(Old Port of Montreal Corporation),为商业性机构。科学中心总占地面积为17313平方米,展厅面积为4237平方米。根据2015年数据,该中心有67名全职工作人员、92名非全职工作人员。2014—2015年共有参观公众639627人次,其中团体参观者达186056人次。分析可知,科学中心的目标人群分为3类:家庭、8—14岁学生、4—7岁儿童。60%以上的观众是带孩子的家庭(6—16岁)。该中心常设展览每

---

① 中国科普研究所.国外科技传播综述[M].北京:科学普及出版社,2007.

7—10年更新一次；2013年以前，每年秋季，中心都设有新的临时展览。2014—2015年，蒙特利尔科学中心实现了65%的资金自给。作为一家以手工作坊、互动展览为主要内容的科学场馆，蒙特利尔科学中心将青少年学生作为重要目标人群。该中心的教育部门通过教育业界专家咨询等方式，遵循本省教育部的课程标准，面向从小学到高中的学生量身打造了8个互动性教育项目。由于博物馆十分重视教育功能，因而学校教师对各个博物馆提供的教学服务项目都很熟悉，会在教学中有针对性地带领学生到不同的博物馆进行授课。蒙特利尔科学中心还主动向本地和外地学校进行宣传，以非营利价格向学校和学生提供非正式科学教育内容。截至2015年11月，已累计接待学生200万。

再如，隶属于不列颠哥伦比亚大学的"比蒂生物多样化博物馆"（Beaty Biodiversity Museum）是由不列颠哥伦比亚大学的一个生物研究机构发展而来的，因而藏有大量的生物标本，具有雄厚的研究资本。该馆设计了一些自然教育课程，可以让教师带领学生来馆进行自然课的教学，或者由博物馆工作人员主讲。博物馆还提供实验室，让感兴趣的小朋友体验如何制作标本、保护标本等。

（二）注重科学研究与科学传播的结合

博物馆是大学的基础设施。在加拿大，很多大学都有自己的博物馆。这些博物馆多为本校主导科研领域的专题博物馆，是科研资源、教育资源的馆藏地，同时也向社会开放。

这些大学的博物馆在科学传播中也发挥着重要作用，同时更多地体现出科研与科学传播结合的特色。例如，麦吉尔大学的雷德帕斯博物馆（Redpath Museum）就是一个典范。

雷德帕斯博物馆位于加拿大魁北克省蒙特利尔市的麦吉尔大学内，建立于1882年，是制糖业巨头彼得·雷德帕斯（Peter Redpath）送给著名自然科学家威廉姆·道森爵士的礼物，用以存放和展出道森爵士宝贵的标本收藏，并以其名字命名。雷德帕斯博物馆是加拿大最古老的自然历史博物馆之一。博物馆侧重自然历史的研究，涵盖了地质学、昆虫学、古生物学、人种学，标本达300万件，其中关于地质学标本的收藏约20000个，岩石标本约400多个，来自于世界各地。人种学的收藏包括民族学和考古学,可达17000多件,来自于非洲、古埃及、大洋洲、欧洲和南美洲。古生物学收藏包括10000个脊椎动物标本和14,000个无脊椎动物标本,此外,还有大量哺乳动物、鸟类、爬行动物、两栖动物、鱼类、贝类的标本。

雷德帕斯博物馆除了馆藏丰富的特点之外,还有两个重要的特点:一是科研与科普的有机融合。该馆内的各类藏品同时也是大学科研机构的重要科研资源。科研人员在博物馆内设有办公桌,公众能够近距离与科学家进行交流、探讨。同时,相关专业的学生也可作为志愿者在博物馆内服务公众,提供讲解、引导等各类服务。二是丰富的科学教育活动。该博物馆每年都面向学生、家庭开展科学教育活动。这些活动形式多样,计划性强。通常,下一年的活动计划会在上一年11月在网站发布、馆内发放,方便公众了解并提前选择参与活动。

(三)市场机制趋于成熟

加拿大博物馆所需经费除政府给予一定支持和争取社会捐助(捐助单位可以相应抵税、免税)外,主要依靠本馆通过陈列展览及经营服务等创收,实行自负盈亏。为此,博物馆被推向旅游市场,实行市场化运作,取得了理想的社会效益和经济效益,有效地解决了经费问题。科学类博物馆、科学中心等场馆也是类似的情形。这些场馆能够在市场中顺利生存,得益于以下做法。[1]其一,搞好市场调查。即对计划举办的展览进行观众状况的周密调查,并以此为根据,对项目投入、票价、收益等进行精准测算,以决定展览项目是否上马。其二,按受众预期进行展览内容、形式的设计,并注重人性化因素,务求展览符合观众的兴趣、愿望。其三,通过各种渠道和形式对展览进行强力宣传推介。如在报纸、旅游杂志、电台、电视台、巴士、飞机上做广告等,有的还把广告做到国外。对一些重要展览还专门制作网站,开发电脑游戏。有的馆展览宣传经费达到举办该展览总经费的1/2。其四,开展系列配套经营服务活动。如会议、讲座、典礼、餐饮等,座谈会也分游客、学校、家庭等不同类型分别举办。晚上还可安排儿童在博物馆过夜。同时,外国博物馆还建立了相关博物馆之间的

---

[1] 马英民.加拿大博物馆的理念与实践[J].中国博物馆,2006(4):92-96.

配合、合作关系，构建博物馆群"大市场"。上述做法收效显著。加拿大首都渥太华的居民为100万人，该市国家文明博物馆每年的参访量却达130万人次。维多利亚市皇家不列颠哥伦比亚博物馆举办的一个埃及展览，通过大力宣介，该市32万人中有30万人前来参观，并引来了美国、欧洲国家等大批外国观众，使该展的参访量达到了100多万人次，净创收140多万加元（相当于人民币近千万元）。

以下两个博物馆也是市场机制下运行良好的典型案例。

1.蒙特利尔自然生态博物馆

蒙特利尔自然生态博物馆（Biosphere, Environment Museum）位于蒙特利尔市，在1967年世界博览会展馆基础上建立。全馆共分热带雨林、极地、加拿大落叶林、圣罗伦斯河等4个自然生态区。馆内共有超过4000只动物和5000棵植物，以及水族馆等。地下层则有动物标本展览室。

蒙特利尔自然生态博物馆的特点在于：第一，每一展区的气候都是模拟实际的气候，同时用灯光控制日照时间，让馆中的动植物生活在熟悉的环境；第二，展览的指示牌设计精美且具艺术性，并且采用猜谜的方法激发观众学习兴趣。

2.斯图亚特博物馆

斯图亚特博物馆（Stewart Museum）由慈善家大卫·斯图亚特（David. M.Stewart）于1955年建立，是一家私立博物馆。博物馆选址是一处早年废弃的三层军事设施，被列为魁北克省的文化遗产。斯图亚特博物馆的部分馆藏是独一无二的，包括手工艺品、档案资料、插图以及珍稀古籍，讲述从欧洲人发现新世界到加拿大建立这段时期的魁北克历史，向人们展示了历史和人们日常生活的主要的政治、社会和文化活动。该博物馆还有数量可观的武器、军用品馆藏，均产自16—20世纪。

斯图亚特博物馆的常设展览为"历史与记忆"，通过近500件展品回顾加拿大5个世纪以来的历史；同时还设有临时展览、巡展等。该博物馆还举办一系列与馆内展览和文化活动相联系的活动，如讲座、创意手工作坊、主题日等。除此之外，博物馆也开发面向学生的教育活动，覆盖从幼儿园到大学的人群。

3.蒙特利尔考古和历史博物馆

蒙特利尔考古和历史博物馆(Pointe-à-Callière, Montréal Museum of Archaeology and History)建成于1992年,建在了一个真正的考古发掘遗址上,也是蒙特利尔市的诞生地。博物馆内展出了蒙特利尔地区第一民族的历史遗留物品,讲述了多年来法国和英国对这一地区历史和文化的影响。馆内收藏了从蒙特利尔史前时期至现在的与其历史相关的物品,旨在保护、展览这些具有历史价值的物品。馆内的固定展览分为3部分,即蒙特利尔如何诞生、关于蒙特利尔的故事以及关于蒙特利尔的多媒体展示。馆内同时还有丰富的临时展览,主要内容都是关于蒙特利尔市的古老历史和文化。该博物馆还定期举办教育和文化活动,包括音乐表演、讲座、辩论会等。

二、大学的科学传播

大学和科研机构是科学传播的重要场所,也是重要的主体。在加拿大,大学开展的科学传播比较活跃,形式也很多样。例如,向社会公众开放大学内的博物馆、参加当地开展的科学节活动、举办公众科学传播活动,等等。下面介绍魁北克大学蒙特利尔分校的科学中心的科学传播活动。[①]

科学中心是魁北克大学蒙特利尔分校的独立机构。该中心由魁北克大学提供场地支持,40%的经费来自社会捐赠,48%来自活动场地租赁,8%来自活动门票收入,还有4%是来自赞助。中心有完全独立的运营权和决策权。中心由大学的一位副校长分管。科学中心面向的人群主要分为学生、成人和社会公众。其中,成人是主要的目标人群。

科学中心的主要宗旨是:将科学文化融入社会的主流文化之中,促进人文和科

[①] 资料来源于笔者2015年访问该校科学中心的访谈。

学的结合。为了实现这个目标，中心将惠及更多的社会公众作为具体的工作目标。

科学中心主要开展以下几种活动：论坛，免费面向公众开放；手工作坊，收取基本的成本费向公众开放；纪录片制作，科学课资源包进学校。此外，还有野外远足科学考察；聘请相关科学专业大学生作为导游，向公众发出邀请，组织公众参加市内的、郊外的徒步活动。活动过程中，进行地理、生态等方面的科学传播。其中，郊外活动通常租用巴士前往，主要是让公众亲身体验科学家的科学研究过程和方法。例如，野外的活动曾经有海水观察、动物足迹观察等。

魁北克大学蒙特利尔分校科学中心的主要的工作理念：①面向公众的科学传播一定要有创新。②主动走出去，寻求合作。例如，在当地的音乐节、艺术节中发展合作关系，将科学与音乐、舞蹈结合，效果很好。例如，开展科学与舞蹈、科学与音乐、科学与体育、科学与戏剧等活动。科学中心将自己的科学内容与艺术进行结合，在表演中进行科学内容宣传。例如，在音乐节中，请专家讲"音乐与脑科学"。③将活动内容与公众日常生活紧密联系起来。例如，举办科学与巧克力、科学与素食主义、科学与面包等手工作坊。

科学中心通过几年的努力，培养了一支相对稳定的观众队伍，定期向他们发送活动简报。目前，已经有8000人在邮件联络网络上。科学中心正在通过活动不断拓展新的观众人群。

我们从这个科学传播案例中可以得到3点主要经验。

它们是：①科学与艺术的融合。②良好的宣传团队。每期都制作具有科学内涵、具有感召力的科学活动海报，通过邮件定期发给8000人的团队，并接受预约，良好地规划活动规模。③活动收费较低，不以营利为目的，活动收费多为成本费和材料费。

活动主办者经常与科学家朋友圈保持紧密联系，并广泛阅读，从而选择活动的主题。

活动主办者选取科学家时，不但接受推荐，还要通过自己的方式进行侧面了解，确保与公众能够有效交流。

第五节 媒体科学传播[①]

同其他国家一样,媒体也是加拿大的科学传播中重要的阵地和渠道。电视、广播等传统媒体以及互联网等新媒体都发挥着重要作用。

一、魁北克省的媒体科学传播

(一)电视节目

1.《探索》(*Discovery*)

这是一档全国范围内的有关科学、健康、环境、太空探索、技术以及其他科学相关话题的电视节目,在全国范围内用法语播出,在信息网络(Information Network)和5频道播出。每周日下午6点半首播,周六晚8点和10点重播。

2.《沙特奈代码》(*Chastenay Code*)

这是一档30分钟的电视节目,每周一次,邀请观众发现此前从未见过的科学内容。在魁北克电视台(Tele-Quebec)用法语播出,面向全国。

3.《天才》(*Genius*)

这是一档60分钟的电视节目,每周一次,以测验和活动的形式介绍全新的引人注意的实验。在魁北克电视台(Tele-Quebec)用法语播出。每周日下午7点首播,周二晚上11点、周五夜间1点和周六夜间3点重播。

4.《绿色星期》(*The Green Week*)

这是一档反映现代乡村生活的电视节目。每周六下午5点首播,周六中午12点半重播。

5.《万物本质》(*The Nature of Things*)

这是一档加拿大著名的科学电视节目,播出新的科学发现和有关大自然、环境

---

① 本节内容参考Bernard Schiele, Anik Landry, Alexander Schiele. Science Communication in Canada[R],2011.

和生活的内容（自1960年开始播出）。每周日上午11点在加拿大电视台播出。

6.《知识频道》（Knowledge Channel）

这是一个非营利性组织主创的节目。目的是传播和宣扬知识、证明知识的创造力，探索和建立自己的电视站（自1984年），同时在网络播出。

(二)广播节目

1.《绿色星期》（The Green Week）

这是一档介绍现代乡村生活的广播节目。每周末早上7点用法语播出。

2.《光年》（The Light Years）

这是一档有关科学新闻（采访）的广播节目。每周日早上7点至下午3点45分用法语播出。

3.《奇事和夸克》（Quirks and Quarks）

这是一档有关科学新闻（采访）的广播节目。每周六中午12点、周一晚上11点、周三下午3点播出。周六和周三夜间0点在天狼星卫星（Sirius Satellite）播出。

(三)新媒体科学传播（网络）

1.通过信息科技用你的方式改变世界——魁北克经济发展创新和传播部门

这个项目致力于在年轻人群中传播信息和交流技术，使他们选择这一学术选项，从而在这个领域培养专业人员。另外，拟办的活动可以让年轻人在工作场所做一个具体的项目。通过社交网络促成年轻人和产业专业人员的交流。

2.万花筒（Kaleidoscope）

这是一个由促进科学与技术社团建立的数据银行，罗列了700项科学及其衍生物的相关活动，致力于促进青少年的科学事业。

3.科学之岛（Island of Knowledge）

2001年，在市政事务和地区部门、经济发展传播和创新部门、教育文娱和体育部门的资金支持下，知识之岛由蒙特利尔当选代表的区域大会打造。

自2005年起，知识之岛在蒙特利尔当选代表的区域大会的努力下完成了整合，其目标是使蒙特利尔成为一个学习者之都、一个充满知识和创新氛围的城市。

知识之岛的任务是拓宽青少年在科学与技术方面的视野，鼓励他们把满腔热血倾注在自然科学、健康和工程领域的事业上。

蒙特利尔岛向小学、中学和大学阶段的年轻人以及他们的老师做了大量促进科学与技术推广的活动。

知识之岛通过一个重要联系网邀请合伙人和志愿者参与完成他们的项目，使教育和科学这两个领域建立起了友善的联系。

具体目标

——增强年轻人对科学与技术的兴趣和竞争力。

——在学生的整个学术之旅中激发他们的兴趣，以防他们中途退出。

——促进科学与技术领域的培训和事业发展。

——鼓励科学、技术和创新的文化发展。

——鼓励科学家和社会大众之间的交流。

目标群众

——小学和中学阶段的学生。

——学院和大学阶段的学生。

——老师。

——教育、科学与技术、文化、科学娱乐领域的其他成员。

知识之岛的行动来自于动员和咨询，这促成了机构和众多蒙特利尔地区成员们的合作。

2001年以来，知识之岛开发并实施了大量项目。

4.科学网络（Scientific Network）

科学网络是一个公众科学信息平台，其平台参与方来自科学和技术文化领域，博物馆，翻译中心，各类科学活动的创作方、组织方、宣传方，教育领域，科技媒体以及对科学普及和促进感兴趣的各类组织。

5.蒙特利尔科学（Montreal Science）

蒙特利尔科学是一个门户网站，负责为大众收集推广科学和技术信息、科学大事、科学活动（包括展览、讲座、电影、会议、科学咖啡馆……）以及科学新闻。其网站目标在于将科学家和广大群众集结在一起，从而鼓励分享和传播科学知识。

6.科学办事处（Science-Presse Agency）

科学办事处是1978年创办的独立媒体，其职责在于网罗各类最新科学资讯。起源于魁北克省，订购者主要是魁北克省及其他地方的日报、周报、电台以及网站。

7.参与科学（Science Involved）

详见网站http://www.science-en-jeu.ca/。

二、其他地区的媒体科学传播

安大略省用电视和广播进行媒体科学传播，其《国家地理》电视栏目是一档讲述动物生活和生存环境、伟大的自然现象和人类进化过程的电视节目，每周日晚上7点在安大略省电视台首播，周五凌晨2点重播。

爱德华王子岛省科学与技术认知网站上设有《咨询专家》《科学节》等栏目，可供公众获取资讯并进行互动。曼尼托巴省的曼尼托巴渔业（Manitoba Fisheries）也是一个科学传播的专业网站。

亚伯达省的Wonderville.ca是一款有趣的互动式网站，目的是帮助孩子探索精彩的科学世界，其网站的奖励机制在于鼓励儿童的探索欲望以及好奇心，让孩子们体会到科学的乐趣。通过探索游戏、视频、填字游戏、拼图、漫画以及填图游戏发现科学的趣味。此外，亚伯达省还有体验科学网站（Try Science）(http://tryscience.org/home.html)；科学拓展——阿萨巴斯卡网站（Science Outreach-Athanasca）也是亚伯达省的科学传播网站（http://scienceoutreach.ab.ca/），其目标是帮助阿萨巴斯卡地区居民提升科学认知，记录在阿萨巴斯卡河流域进行的科学研究，包括青少年科学拓展、成人拓展两类项目，此外还有专家信息。

不列颠哥伦比亚省用电视、广播和新媒体（网络）进行媒体科学传播，其电视节目《星球的日常》每周一到周五在国家电视台播出。另外，也办有科学杂志。

第六节　科学传播的公众活动

历史上，加拿大受欧洲和美国影响较深，体现在教育、文化等多个方面。有研究表明，加拿大的科普活动于19世纪初始露端倪。进入21世纪，加拿大的科普活动出现了蓬勃发展的局面。[①]

一、各类科学节活动

（一）加拿大科技周

1.活动的缘起和背景

加拿大全国科学技术周（National Science and Technology Week）由加拿大政府发起，是一项在全国范围内开展的科学传播活动。该活动自2008年起举办，每年10月中下旬开展，为期9天。该项活动是加拿大联邦政府一系列促进科学技术举措中的一项，与其他科研项目并行。2016年，加拿大科学技术活动周更名为科学奥德赛（Science Odyssey），明确将活动目标定位于促进STEM领域发展，并突出了创新元素。

加拿大科学技术周（科学奥德赛）是为了庆祝加拿大科学技术历史的重要意义、当今世界科学技术的重要性，以及加拿大在世界创新中正在发挥的引领作用而举办的。科技周活动的举办，也是为了给加拿大人提供了解世界科学发展状况的机会，同时也是为了激励青年人投身科学技术职业。

---

① 中国科普研究所.国外科技传播综述[M]. 北京:科学普及出版社,2007.

2015年之前,加拿大科学技术博物馆公司(The Canada Science and Technology Museums Corporation)是全国科技活动周的全国总协调方;2016年,全国自然科学与工程研究委员会(Natural Science and Engineering Research Council, NSERC)负责总体协调科学奥德赛活动。活动官方网站为http://www.science.gc.ca。

2.活动的范围和影响

加拿大行政区划有10个省和3个地区:阿尔伯塔省(Alberta,简称阿省)、不列颠哥伦比亚省(British Columbia)、曼尼托巴省(Manitoba,简称曼省)、纽芬兰与拉布拉多省(Newfoundland and Labrador,简称纽芬兰省或纽省)、新不伦瑞克省(New Brunswick)、新斯科舍省(Nova Scotia)、安大略省(Ontario)、爱德华王子岛省(Prince Edward Island)、魁北克省(Quebec)、萨斯喀彻温省(Saskatchewan),努纳武特地区(Nunavut)、西北地区(Northwest Territories)和育空地区(Yukon)。

加拿大科学技术活动周是一项在全国范围内开展的活动,规模较大。例如,2013年10月18—27日,有超过100个机构、组织和数万名加拿大人共同参与到科技周活动中来。

全国的主要省份和地区都参加了活动周,但各省举办活动的数量、规模不一。通过对2008年以来各省开展活动数量的分析研究,发现安大略省、不列颠哥伦比亚省、阿尔伯特省、魁北克省是开展活动数量最多的省份,而3个地区开展的活动非常少。这与不同省份和地区的人口、科教资源都有直接关系。其中,安大略省开展活动数量最多。

但是,2014年,科技周活动的规模明显缩小,表现在全国有6个省和地区没有参加活动,并且各省活动数量锐减(见表9-1)。

表9-1　2008—2015年加拿大科学技术周各地区举办活动数据

单位：场次

地 区	2008	2009	2010	2011	2012	2013	2014	2015
安大略省	14	82	41	73	61	69	17	15
魁北克省	4	8	8	13	10	36	10	2
萨斯凯彻温省	—	4	1	3	8	11	2	—
不列颠哥伦比亚省	23	32	21	12	18	26	9	1
曼尼托巴省	—	2	—	2	4	7	1	—
爱德华王子岛省	1	1	1	2	2	—	—	—
新不伦瑞克省	1	3	6	4	4	8	1	—
新斯科舍省	1	4	—	2	2	2	—	—
阿尔伯塔省	4	8	12	9	10	25	5	1
纽芬兰与拉布拉多省	—	3	—	3	4	4	—	—
育空地区	1	—	—	—	—	—	—	—
西北地区	—	3	—	—	—	—	—	—
努那武特地区	—	1	1	1	1	—	—	—
全国层面活动	—	7	1	6	7	—	—	—

3. 加拿大科技活动周的内容和形式

如果对加拿大科技周活动加以分类，按照活动范围可以分为地区活动和全国层面活动；按照活动举办方式可以分为线上活动和现场活动。2009—2012年，举办了全国层面的活动；2008年、2009年、2011年、2012年举办了线上活动。其中，2011年和2012年，全国层面活动和线上活动合并。2013年以来，全国层面活动和线上活动未开展。

加拿大科技周活动的主题以开放式为主，通常没有固定的主题。2010年例外，活动主题是"理解奥秘：过去、现在和未来"。

由于科技周活动没有固定的主题，因而所有与科技相关的话题都可能成为活动内容。每年科技周活动内容，主要取决于参加活动的机构的专业领域和资源优势。通过对2008—2014年活动的分析，了解到活动内容涉及各个领域，包括生物、天文、化学、物理、数学、海洋等。活动形式也很多样化，从讲座、参观、实验室开放、竞赛到舞台表演、实地观测、实验演示、动手制作、网络课程、街头宣传等，应有尽有。

加拿大科技活动周的参与机构包括大学、科研院所、博物馆、科技馆、中小学、植物园、水族馆、科学中心、图书馆等，由这些机构根据自身的资源优势和专业特色设计适应特定人群的科学传播活动。例如，在2015年科技周活动中，大不列颠省悉尼市的海洋发现中心就举办了为期一天的公众活动，包括组织公众参观科学家科学实验，参观科研工作展示等。

加拿大科技活动周期间，所有的活动都可以通过互联网提前了解。活动组织机构将活动时间、地点、适应人群、参与方式等信息提前公布，便于公众预约活动席位。公众参与渠道十分畅通。

（二）加拿大全国科学节（Canada-Wide Science Festival）

加拿大全国科学节是加拿大青少年科学中心（Youth Science Canada)的一个项目，旨在鼓励7—12年级的青少年以及来自魁北克省大学预科的学生们，在探索他们关注的当地、区域性或者全球性话题时，能够走出一条"好奇引向发现"的路子，从而通过他们参与的科学项目，寻求解决问题的出路——所研究的话题包括癌症、气候变化等。学生们通过竞争，角逐100万美元的奖金。例如，2016年5月14—21日，蒙特利尔市的麦吉尔大学举办了第55届加拿大全国科学节。科学技术教育联盟（The Educational Alliance for Science and Technology, EAST）是蒙特利尔市当地的该项活动主办方，该组织是一家非营利性组织，提供课程以外的科学技术活动。科学技术教育联盟已经举办这项活动近40年。

（三）尤里卡科学节

尤里卡科学节自2007年开始举办，是蒙特利尔市公众知晓度最高、规模最大的年度科学节。该活动每年6月中旬举行，为期3天（星期五、星期六和星期日），是一项群众性科学传播活动。

尤里卡科学节活动每年不限定主题。开放的主题框架意味着不限制在某个具体科学领域，如物理、化学，而是用"成就"这样超出科学学科领域的词语、概念来引领科学节活动的内容。例如，2015年的科学节有100多项活动，分为自然区、工程区、发现区、特色LAVAL区、游戏区、太空区、手工作坊区和舞台等8个区域。活动形式主要包括演讲、手工作坊、舞台表演、科学秀等，均以互动为特色。3天时间内，蒙特利尔市和周边近10万人次参加活动。

尤里卡科学节活动比较显著的特点是互动性、体验性强。科学节中的活动适合家庭参与，强调亲子之间的互动，也十分符合青少年的兴趣爱好。每年的科学节活动都会专门辟出时间段，供学生参加。在此期间不对公众开放。为了保证学生的参与效果，科学节活动前一年会与学校取得联系，介绍活动内容，供学校和学生预约下一年的活动，计划性强，准备充分。

(四)科学素养周

科学素养周活动于2014年在大多伦多地区发起，是展示加拿大全国范围内的科学组织和科学拓展组织的平台。通过让这些科学领域的组织与图书馆等社区组织共同举办活动，开展合作，让更多的公众有机会了解到优秀、杰出的科学项目。

2014年活动启动之初，规模不大，仅有4家机构开展了5项活动。2016年已发展至160个活动小组，在全国50个城市开展315项活动。科学素养周活动的经费主要由自然科学和工程研究委员会和英迪格(Indigo)公司提供。

举办科学素养周活动，本意是想让图书馆来展示它们的科学收藏品，鼓励人民阅读科学图书，如卡尔·萨根、大卫·塞克斯的著作。科学素养周是一个开放的平台，只要是有助于加拿大人学习科学的任何一种活动形式，如公众演讲、科学演示等都可以加入进来。这项活动同时也能够对加拿大科学家的工作和成果进行宣传。活动官方网站为www.scienceliteracy.ca，这既是吸引公众参与活动的平台，同时也是一个资源中心，公众可以利用图书、播客等资源开展自主的科学学习。

---

① Science Literacy Week Sept 19-25[EB/OL]. (2016-09-01)http://sciencewriters.ca/4222258.

二、青少年科学竞赛和活动

（一）全国青少年科学竞赛

加拿大的全国青少年科学竞赛是青年科学基金会组织实施的一项中小学生课外科学活动，每年有50万名的学生参加，赛事宏大。为了促进地方经济和科技的发展，决赛每年选在不同地点举行。

全国青少年科学竞赛实行逐级选拔制，分为学校、地区、省区初赛和全国决赛几个阶段。决赛的优胜者组成国家代表队参加国际科学与工程竞赛。竞赛以科学项目为基础，分为实验类、研究类、创新类3种，所有项目限定在7个科目的范围内，分别是自动化类、生物工程和医药科学类、计算机和信息技术类、地球环境科学类、工程类、健康科学类和生命科学类。4—12年级的学生可参赛，但是4—6年级小学生只在初级竞赛中参加展出，不参加评比。

有评审委员会对竞赛进行评审，评审标准有5个方面：科学思想、原创性、项目报告和工作记录、口头陈述、展品外观。

（二）鲱鱼谷（Shad Valley）

鲱鱼谷是一个为期4周的强化夏令营项目，这一个月的时间，学生需要住在承办此项活动的大学校园宿舍内。这个项目仅为10、11、12年级，魁北克中学4、5年级，大学预科（普通与职业教育学院）1年级或国际同等条件的学生准备。

研讨会和讲座集中在科学、工程、技术、企业家领域，项目为优秀学生设有奖励机制和思维拓展活动。学生还可以进行团队建设训练，开展文娱活动，参观当地景点。在过去的30年中，Shad Valley为11000名学生提供了他们所经历过的最富有挑战、趣味和启发的活动，朋友之间的联系网，与生活的联结和他们未来规划中最有利的竞争优势。

（本章作者：张志敏）

CHAPTER TEN
Science Communication in Germany

第十章
德国的科学传播

第十章　德国的科学传播

德国是近代科学发展的重要中心之一,特别是两德统一以后在短短的30年里一跃成为世界经济强国,引领了以电气为主要标志的第二次技术革命。德国在过去的200年里科学技术成果斐然,也留下了大量的工业技术遗存。德国人严谨理性的思维方式以及对历史和技术的尊重,使德国十分重视科学的传播。

第一节　科学传播的背景、战略和政策

德国没有专门的科技传播方面的政策法规,与科技传播相关的政策和战略在政府为科学、技术与创新发展制定的各种计划、战略和法规当中均有所涉及。德国科学传播经历了从面向全社会普及科学知识,特别是传播与公众生活息息相关的知识到建立公众对科学技术的信任的一个变化过程。科学传播不能靠单边输出的形式,而是要依靠与观众互动、对话的形式,通过搞活动、交流、对参观者进行访问,了解大众到底需要什么,想知道什么。随着德国进入老龄化社会,在未来的20年里,德国将会出现科学技术人才缺乏的问题。因此,德国科学传播的重要任务又增加了一条,即培养科技人才,实现人才储备。科学传播是德国科技发展战略的重要组成部分。

一、德国科学技术概况

德国是世界领先的技术和经济创新强国之一,德国政府十分重视科技创新,增加公共财政科研投入,强化科研体系建设,营造宽松的创新氛围,促进中小企业创新,优化科技人才发展和支持政策,吸引全球顶级人才和科研后备力量,进一步深化和拓展国际合作,在科技前沿领域取得了重大成果。据欧盟公布的2015年创新联盟记分牌(IUS)显示,德国创新水平高于欧盟平均水平,在欧盟中继续占据着领先的地位。根据世界知识产权组织(WIPO)发布的2015年全球创新指数报告显示,德国排名第12位。据联邦教育和研究部(BMBF,以下简称德国教研部)的《2015年德国教育研究数据》显示,德国高技术产品出口占世界市场份额的12%,名列全球第二,位居中国之后、美国之前。2012年,德国41%的企业推出了新产品和服务,居欧盟国家之首。欧盟最具创新的10家企业中有5家来自德国。据德国联邦统计局数据显示,2013年德国从事研究与创新的人员有58.9万(全时当量),其中,高校13余万、科研机构9.8万、企业及经济界人士36余万。

根据《2015年德国教育研究数据》,德国政府和经济界近年来在研发上持续增加投入,2013年全社会的研发总投入近800亿欧元,占其国民生产总值的2.85%,占世界研发总投入的7.7%。根据联合国教科文组织《2015年科学报告:面向2030》,所有欧盟国家中只有德国在过去5年中真正增加了公共研发投入。2011—2013年,欧盟研发投入排名前40名的公司中有12家德国企业,大众集团、戴姆勒公司和宝马公司位居前三。

2015年,德国联邦政府在研究和开发方面的投入计划达到149亿欧元,比上一年增加2.61亿欧元,比2005年增长65%。德国教研部支配的研发投入达到88亿欧元,比2005年增加72%。利用这些投入,联邦政府重点支持对社会发展、未来经济增长和繁荣具有特别意义的研究主题,如数字经济和社会、可持续经济和能源、创新就业环境、健康生活、智能交通和公民安全等。德国教研部支配联邦层面59.18%的研发经费,其他10多个部门支配约40%,其中,联邦经济和能源部(BMWi,以下简称联邦经济部)负责创新政策和产业相关研究,管理能源和航空领域的科学研究以及面向中小企业的科技计划,占经费的21.4%;农业部、交通部、环境部等管理与本部门职能相关的科技计划，约占经费的8%。

2015年德国专利商标局发布数据显示，2014年该局发明专利授权占43.1%，发明专利申请数量为6.60万件，比前一年增长4.4%，商标和外观设计的专利申请数量（分别为6.67万件、5.94万件）继续增长，实用新型专利申请数量1.47万件，减少4.7%。中国科学技术发展战略研究院发布的《国家创新指数报告2014》显示，2004—2014年德国高被引论文数量为1.4万篇，位于美国（6.2万篇）、英国（1.6万篇）之后，中国（1.2万篇）之前。

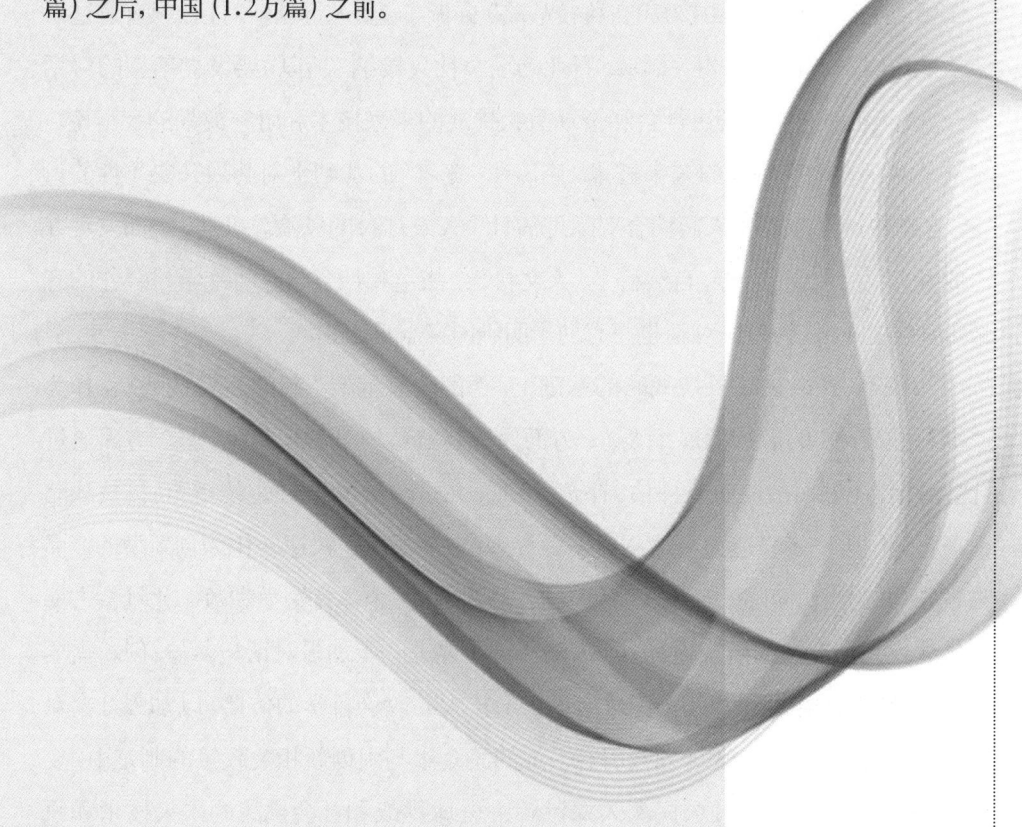

二、科学传播是德国科技发展战略的重要组成部分

(一)德国高科技发展战略

2006年,德国联邦政府首次以"高科技战略"推出了一份国家科技发展的纲领,这份纲领拟定了各大重要领域的创新目标,在研发投入、研发人员、研发强度、创新氛围等方面提出了发展目标,将"创新"作为重要的发展战略,对未来发展的项目和关键技术进行了规划,以提高德国的创新实力。

2010年7月,德国联邦教研部提出《德国2020高科技战略》,基于德国科技战略的成功模式,强调聚焦全球挑战、着眼未来和面向欧洲等战略新重点。战略包括两大部分:能源、医疗、通信等11项未来规划以及营造良好环境,环境建设包括中小企业扶持、风险投资、创新对话等。在创新对话部分强调研究和创新需同社会和具体工作领域进行对话。《德国2020高科技战略》强调了"要进行创新对话:只有通过对话才能使研究和创新被相关领域、行业乃至全社会接纳。所以,要设立新型的对话平台,使公众都能参与解决社会和全球重大挑战的未来技术和研究成果的大辩论,尤其是对那些尚有争议的未来技术,应该在'宽容'的基础上对其展开实质性的讨论。这样的讨论才能使人们切合实际地估计个人或社会的风险与机遇,进而发现并达成可实现的共识。如今,自然科学、人文科学、法学和社会学之间跨学科合作的意义正日益增强,进行公民对话也将有助于明确国家需求的领域"。

2014年,在以往高科技战略的基础上,德国政府批准了新的高科技战略,作为"高科技战略"的后续发展纲要,一方面保持其整体规划的延续性,另一方面通过社会对话,不断对战略进行评估、补充、完善,并适时推出新的重点。新高科技战略旨在将德国进一步打造为全球创新的领导者,能将好点子快速转化为创新型的产品与服务;并为当代面临的城市可持续发展、环保节能、个体化医学和数字化社会方面的挑战找到创造性的解决途径。新战略强调了要进一步加强对话与参与,创新需要被整个社会视作核心,为此德国政府不仅会扩大并改善科学的传播,以加强社会对创新和变革的开放性,还计划吸引有兴趣的民众参与到创新相关政策的制定中;要建立新的对话平台,以使公民深入探讨解决全球挑战和社会挑战的未来技术和研究成果。尤其是在具有社会争议的未来技术方面,应以宽容的态度以及实事求是的

对话方式来预判这些技术为个人和社会带来的利弊，从而尽可能得出一致结论。

(二) 德国数字议程

德国的新高科技战略定义了6个重点，这对于德国未来的经济增长和繁荣来说至关重要，其中第一条就是"数字化经济与社会"，2014年8月，德国政府内阁审议通过了由联邦经济和能源部、联邦内政部（BMI）、联邦交通运输和数字基础设施部共同提出的《数字议程2014—2017》。该议程聚焦三大核心目标：一是进一步挖掘德国的创新潜力，促进持续增长和就业，力争欧洲数字经济增长第一；二是加快网络普及，支持高速网络建设，促进面向各年龄段群体的数字传媒发展，进一步改善宽带接入和共享，到2018年全德实现50Mbit/s以上高速宽带网络在城市和乡间全覆盖；三是进一步改进信息技术系统及服务安全，确保经济和社会的网络安全，提升信任度，打造全球第一的加密大国。围绕上述目标，德国将在7个重点领域采取一系列措施：一是依靠市场机制推动网络建设，政府要完善激励市场机制发挥作用的政策，财政资金主要支持市场机制难以解决的宽带建设，保证乡间的宽带接口；二是实施"高技术战略工业4.0和智能服务"前瞻计划，推进经济数字化，将初创企业的数量从目前的每年10,000个逐步提高到15,000个；三是对公共管理进行数字化改造，建设创新型政府；四是增强公众运用数字化新技术的能力，提升公众对数字化进程的信心和参与感，塑造数字化的生活方式；五是挖掘教育、科技、文化与传媒领域的数字化应用潜力，联邦政府将成立信息基础设施委员会，以政府战略项目撬动资源共享；六是确保数字经济和社会安全与公众信任，打造全球第一加密大国；七是在欧洲和国际层面推进数字议程，积极参与国际标准制定、互联网治理以及域名、IP地址等关键互联网资源的重新分配。

数字化议程是德国新高科技战略提出的德国在未来发展的重要议程，要将德国建成数字化经济和社会，包括工业4.0、智能服务、智维数据、云计算、数字化科学、数字化教育、数字化生活环境等一些与公民的日常生活息息相关的领域，所以要加强政策制定的透明度和公民的参与度，社会需求、科学进步和技术可能性之间的相辅相成，才会产生创新的成果。德国在创新方面的优势不断提升，不仅政府和企业需要在研究方面加大投入，而且和创新行为相关的各方面都应积极推动创新发展。社会各方面都应该对此积极投入。只有当所有的参与者都愿意接受技术和互联网与日常生活息息相关的理念，想法才能落实，研究成果才可能更快捷地进入实际应用并被有效利用。要想加强科学部门、工业部门及普通民众等所有利益相关方的参与程度，关键是要使研究和创新资金去向足够透明。透明度加大可以加强对话，促进机遇和挑战之间的平衡考量，促进新事物的开放程度。

同时，根据这一国家战略，德国"2014科学年"活动的主题是"数字化社会"，民众和专家共同探讨互联网的未来以及数字化社会对知识获取、生活方式和交际沟通所带来的机遇和挑战。

（三）《德国公民科学战略2020绿皮书》

2016年3月，德国联邦教研部、德国科学赞助会联合出资，德国亥姆霍兹国家研究中心联合会、柏林自然历史博物馆、柏林自由大学、科学对话组织（Wissenschaft im Dialog，WiD）等多家机构组成的"公民科学"发布了《德国公民科学战略2020绿皮书》，该绿皮书主要强调了公民了解科学、参与科学活动的重要性，为业余科学爱好者找到了贡献自身力量的途径，为科学研究网罗了大批日常基础工作的人手，也为科学研究提供了更多讨论机会和更多的解决思路，特别是在生物环境、天文学、气候变化、交通检测等方面大有作为。其次，绿皮书提出了德国在2020年以前的公民科学发展战略，将要加强科学传播的网络和系统建设、建立公民科学的法律和制度保障并搭建一部分公众科学项目和公共科学平台，调动科研工作者的主动性和社会民众的兴趣，让公民参与科学活动成为政府与科学家之外的又一个推进科学发展的重要力量。

1. 公民科学战略的制定过程

公民科学在德国具有很丰富的含义，最初公民科学的定义是"大量没受过专业训练的业余科学爱好者，通过网络组织的号召，去参与科研任务，这种科研组织模式被称为'公民科学'"。当今发达的网络沟通技术，无疑为公民科学的发展提供了沟通的物质基础。德国将公民科学的内涵进行了扩展，希望鼓励更多的公民参与到感兴趣的科学研究领域，促进科技发展和科学传播。

2. 公民科学战略的内容

战略中提出公民科学战略不仅有利于科学传播、提升全民科学素养,同时借助"群众的力量"还可以完成少量职业科学家及政府决策机构难以完成的任务。当今社会互联网和移动终端的普及,让公众参与科学研究有了更便捷的工具,也为公民科学的多样化发展提供了可能。所以说,公民科学是互联网技术、大数据技术变革下科学传播的重要组成部分和发展方向。当然,公众在参与公民科学活动时扮演的角色和职业科学家不一样,在科学传播的基础上,职业科学家对研究项目进行设计和监督的研究活动,公众多是在其中从事数据采集、大规模数据处理等基础工作。

目前,"公民科学"联盟通过网络、论坛、会议、研讨会、节日、竞赛、志愿者培养计划等多种方式吸引公众参与他们的活动和工作,下一阶段他们将鼓励科研机构和人员扩大研究内容的透明度,他们认为只有当所有的参与者都愿意接受与日常生活息息相关的技术理念,想法才能落实,研究成果才可能更快捷地进入实际应用并被有效利用。

第二节 科学传播的主体

一、政府机构

德国的科学传播由德国联邦教育与研究部(The Federal Ministry of Education and Research)下设的战略与政策司(Strategies and Policy Issues)负责,负责高科技战略、数字议程、教育与研究规划等战略和政策的制定,鼓励科学传播成为他们在制定科技、教育政策中十分重视的政策要点。例如,高科技战略强调科技的透明度与参与度,社会需求、科技进步和技术可能性之间相辅相成,要加强科学部门、工业部门和普通民众等所有利益相关方的参与程度,除了政府和企业在研究、创新方面的投入,也积极鼓励社会各方面的积极投入。2016年德国的财政预算中,用于教育和科研的经费高达164亿欧元,比去年增加了11亿欧元,其中包括科学传播的经费。

二、科学传播机构

（一）科学对话组织

科学对话组织成立于1999年，是德国专门从事科学传播的机构，主要负责科学传播、普及、对话等工作以及研究新的科学传播模式和方法。科学对话组织由德国科学基金联合会创立，得到德国研究联盟、马普学会（MPG）、弗劳恩霍夫协会（FHG）、高校校长会议组织、亥姆霍兹联合会（HGF）、莱布尼茨科学联合会（WGL）、德国科学协会联盟和科学委员会八大机构的共同支持，经费来源主要有基金会、德国联邦教育与研究部以及其他慈善基金会等。

科学对话组织致力于全德国的科学传播工作，主要有科学传播平台、科普互动展览、科普竞赛、研讨和培训等活动方式，并持续开发和研究新的模式来进行科学传播。目前有多达20个科学传播项目，包括德国科学年活动、"市民创造知识"活动、科学辩论会、科普视频竞赛、青少年科学咖啡、科普夏令营、科学传播论坛等。

（二）德国科学媒介中心

2016年4月，德国的科学媒介中心正式在莱茵河畔的科隆市成立。该机构的目标是成为联系媒体与科学家的第三方平台，为媒体提供科学且精准的信息，并确保媒体在特定的时间可以找到特定的科学家并就特定的问题进行咨询和访谈，也就是说让最合适的、真正的科学家而非伪科学家来提供精准的信息。科学媒介中心弥补了政府等官方机构以及市场上商业企业在科学传播中的不足，同时也为科学家和媒体搭建了桥梁，成为联系科学家和媒体的纽带，从而确保科学传播有序且可持续地发展。

目前，该中心的经费主要来自克劳斯·茨奇拉基金会，同时也从德国科学记者协会获得经费，除此之外，其他的资助方包括科学界、媒体界、企业、社会组织等机构和个人。

三、科研机构

德国获得财政支持的科研机构达750多家，其中，大学428家，马普学会、弗劳恩霍夫协会、亥姆霍兹联合会、莱布尼茨科学联合会四大科研机构下属研究所和中心

255家。这些科研机构在完成科研工作的同时也做了大量的促进科学传播和交流的工作，他们特别注重科学的传播和交流，一方面对主要科研活动都有比较准确到位的介绍，经常发布一些本所的科学新闻，有时还有视频；另一方面，对公众关心的特别是关于重大科学发现，以及涉及人类健康、环境安全等的科学问题，大部分研究所网页上都会有及时的科学观点和评论。人们只要一登录他们的网站，就知道这些研究所在做什么。

德国马普学会成立于1948年，以德国著名的科学家、诺贝尔物理学奖获得者马克斯·普朗克的名字命名，其前身是1911年成立的德国皇家威廉学会。马普学会是德国最大的国立科研机构，主要侧重于自然科学和人文科学领域的基础研究，在促进科学事业发展方面起着重要的作用。马普学会共有83个研究所，涉及物理技术、生物医学、基础科学技术与人文3个学科领域，致力于国际前沿与尖端的基础性研究工作。该学会约有12000名雇员，900名客座科学家、博士后与学生。马普学会在德国科研系统内的地位是独一无二的，每年有超过13000种出版物出版，德国科研机构在《自然》和《科学》这两种著名专业杂志上发表的文章中，马普学会就占了1/3。

由马普学会发起的《柏林宣言》主要是针对各国的国家科研机构的宣言，宣言的主要内容是：鼓励科研人员与学者在"开放获取"的原则下公开他们的研究工作，科学研究成果的意义在于广泛地传播和应用，"开放获取"保证了科学家的研究成果成为社会公共知识资产的一部分，保证社会能够利用这些研究成果提升国民素质。马普学会积极倡导由公共投资支持的科研成果应该被全社会免费利用和共享的理念，并通过制定政策来加以保障，专门设置开放获取责任人，负责深入研究、决策咨询、政策制定、组织实施和协调。

马普学会十分重视出版和传播其科研成果，参与科技信息的开发和科学知识的传播，通过数字图书馆、科研过程电子信息管理项目、开放科学图片和视频、多媒体展览等方式，建立了科学研究组织的传播与出版平台，科学家可以开放地做研究工作，联机检索和分享马普学会各研究所的科学研究数据，强化各研究所之间的联系与合作，极大地促进了基础科学信息的传播，将马普学会的科研成果以开放获取的形式向整个世界传播。此外,马普学会创办了多个开放获取期刊,"开放获取"已成为马普学会一种新的科学传播机制,从根本上改变了科学信息的传播方式。

此外,学会还出版科普读物和期刊,例如《马普研究》季刊,包含了大量马普学会所涉及的研究发展成果,主要栏目包括"封面故事""专家视点""研究与社会""在研报告"等。《马普研究》作为面向广大公众的科普期刊,文章通俗易懂,使公众对马普学会所从事的前沿科学研究有了一些了解。《马普生物》《马普地质》和《马普技术》半年刊,是连接德国教师与在校学生的系列科普期刊,主要报道高中课程涉及的科学话题。马普学会每年向3000所高中赠送这3种科普期刊,普通公众可以从马普网站上免费下载PDF版本。马普学会还创办了《相对论最新进展》《太阳物理学最新进展》《山地研究最新进展》《欧洲管理最新进展》4种开放获取期刊。

四、科学基金会

德国科学基金会(Deutsche Forschungs Gemeinschaft, DFG)是欧洲最大的科研促进机构,总部位于波恩,其主要职责是资助德国高校和公共研究机构的科研工作。[1] 2015年,德国科学基金会向3万个项目提供了约30亿欧元的经费促进科研,除了大量的科研项目外,基金会还资助促进科学传播的项目,出资创建了科学对话组织、设立科学传播奖项等,此外,德国科学基金会资助了德国图书馆、档案馆和其他科学服务和信息中心的项目,目的是建立起全国范围的有效的科学信息系统。

德国洪堡基金会(Alexander von Humboldt-stifurg)成立于1860年,是以德国科学家洪堡的名字命名的基金会组织,它主要从事对外交流活动,侧重培养年轻的科学家。洪堡基金会每年向大约500名成绩优秀、具有博士学位、年龄不超过40岁

---

[1] Annual Report:Activities and Results-Programmes and Projects[EB/OL].Deutsche Forschungsgemeinschaft http://www.dfg.de/en/dfg_profile/annual_report/index.html.

的外国科学家提供奖学金,使他们可以在德国进行6—12个月的科学研究工作。来自各个国家和地区的科研工作者有机会在德国的科研机构和大学从事科学研究工作,促进了科研工作的开展和科学知识的交流和传播。

五、社会组织

德国还有很多其他的社会组织都参与到科学传播工作中来。例如,德国自然研究者和医生协会、自然科学及人文科学捐助者协会、博物馆教育协会等。其中,自然研究者和医生协会由自然哲学家和医生洛伦茨·奥肯于1822年创立,目的是促进这两个专业之间的相互联系。德国自然研究者和医生协会是以该方式出现的德国最早的科学协会。从建会开始就对基础理论和当前的研究成果举行报告会和研讨会,其任务是通过通俗易懂的讲解和公众热门话题的讨论,为"非科学家"和青年人提供有趣的、形式多样的演讲和报告,唤起人们对自然科学、医学和技术的兴趣等。协会每两年在不同的地方举办集会,邀请科学家用通俗易懂的语言向人们讲解当前生物、化学、医学、物理和地球科学领域的研究成果。

六、科技博物馆

德国有6600多座博物馆,相对于8200万的总人口,是一个名副其实的博物馆大国。这6600多座博物馆主要是历史、艺术和地区文化类型,科技博物馆所占比例并不大,尽管如此,科技博物馆在德国却有着十分重要的地位,吸引了大量访客参观,其在德国社会中发挥了不可估量的教育和科学传播作用。德国科技博物馆呈现了德国乃至欧洲的科技和工业发展历史,并对德国经济社会的发展起到了积极的助推作用。

总的来说,当前德国科技博物馆具有三大特点:一是博物馆与科学中心结合的混合式发展,将博物馆的展览收藏和参观者动手体验结合起来,激发访客的科学兴趣;二是工业博物馆模式,主要以各地特色企业为基本内容,加深公众对某个行业的了解,服务于职业培训;三是技术博物馆,从德国国家战略出发,培养未来的技术人才。

第三节 科学传播的内容开发

一、科学写作

科学传播的内容包括新闻报道、期刊、书籍、电视节目、电影、展品陈列等,有科学知识普及类、科技政策宣传类、寓教于乐丰富人们日常生活类,等等,德国有大量的科普作家、科学记者及科幻文学作家,他们是除了科学家之外从事科学传播的主要群体。

(一)德国科学作家组织

德国科学作家协会(Gearman Association of Science Writers)成立于1928年,是世界上最古老的科学作家组织,由科学作家、科学记者、公共关系人员等组成,其主要目标是在科普的媒体传播中树立和保持良好的职业和道德规范,它为科普作品制作人提供中立的平台,促进交流和发展,并经常组织非正式的会议、考察、培训等。目前,德国科学作家协会的会员包括记者80名、公共关系官员90名,其他从业人员10名,每年的经费中大约15000欧元来源于会费。

德国科学记者协会(German Science Journalists' Association)成立于1986年,主要由科学新闻工作者组成,其目标是促进公众了解科学、经济和政治文化,提供优质的、真实的和独立准确的媒体传播服务。德国科学记者协会每年举办科学出版会、辩论会、研讨会等促进会员的交流,并提供课程对会员进行专业化培训。目前协会共有196名会员,经费主要来源于会费和其他机构的捐赠。

德国医药与科学记者协会(German Medical & Science Journalists' Association)成立于2012年,主要是针对医学领域的科学新闻传播工作者,促进医学领域的科普,协会的主要活动有高级培训课程、联合出版作品及小组研讨会等,目前共有会员700人。

(二)科幻文学

提到德国的科普文学,不得不说德国的科幻文学作品,近年来出现的科幻文学热和新涌现的一批科幻文学作家成为德国文化的热点。科幻文学虽然不是科普读物,但是它极大的趣味性和吸引力可以促进民众对科学知识的兴趣。

德国科幻文学研究学者尤塞夫松说,德国科幻文学出现于文艺复兴时期,当时基本局限于月球旅行等描写。库尔德·拉斯维茨于1897年创作的《双行星》是德国科幻文学真正的开端。目前,德国有数万人进行科幻文学创作,其中一半不是职业作家。德国当今最成功的科幻小说《群》是作者弗兰克·施茨廷花了3年时间研究海洋生物学、地质学、海底勘探等数据之后用两年时间撰写的,这期间他得到31位科学家的帮助。2014年,德国哈根远程大学文化和人文系"新德语文学和媒体艺术历史"专业首次开设了科幻文学课程。这门课程不仅讲述了德国及世界科幻文学的历史,还分析了有代表性的科幻文学作品,并教授著名作家的写作技巧。随即,不少德国的大学像哈根远程大学一样设立了科幻文学课程,如德国哥廷根大学、比勒费尔德大学、波茨坦大学等。

二、科学传播奖励设置

1.格奥尔格·冯·霍尔茨布林克科学新闻奖

由德国霍尔茨布林克出版集团于1995年设立,为年度奖项,主要颁发给在德语科学新闻方面取得突出成绩的新闻记者及相关人员。

2.德国科学传播人士奖

德国科学传播人士奖由德国科学基金会与自然科学及人文科学捐助者协会于2000年设立,为年度奖项,奖金为5万欧元,主要奖励在科学传播方面做出突出贡献的人员,包括科学记者、科普工作者和从事科学传播工作的科学家等。

3.德国幻想文学奖

德国幻想文学奖(The German Phantastik Preis)由德国科幻网站 Phantastik 设立,是全球最著名的科幻作品奖项之一,每年由该网站的访问者投票选出,奖励德国原创科幻小说和翻译作品、科幻影视作品等。

此外,欧盟科学与社会研究计划设立的笛卡尔奖用来奖励在科学传播领域取得了杰出成果的个人和机构。

第四节 媒体科学传播

一、报刊书籍

(一)期刊作品

德国的科普期刊分为三大类:综合类、分科类、研究学会出版的期刊,担负着宣传科学思想、弘扬科学精神、传播科学方法、普及科学知识的重要任务,表10-1、表10-2、表10-3分别列出了德国主要的科普期刊。

表10-1 德国的综合类科普刊物(按创刊时间排序)

刊 名	中文译名	创刊时间	出版频率	备 注
Bild der Wissenschaft	《科学画刊》	1964	月刊	德国最早的综合类科普刊物
GEO	《奇奥》	1975	月刊	—
P.M.Welt des Wissens	《P.M.知识世界》	1978	月刊	P.M.为创始人姓名缩写
Spektrum der Wissenschaft	《科学万象》	1978	月刊	美国《科学美国人》的德语版
Technology Review	《科技评论》	2003	月刊	美国《科技评论》的德语版
Welt der Wunder	《奇妙世界》	2005	月刊	与电视台合作
Wunderwelt Wissen	《知识奇境》	2005	月刊	与电视台合作
Horzu	《听》	2009	双月刊	—
Wissen & Staunen	《知识奇观》	2011	双月刊	—
Wissen	《知识》	2012	双月刊	英国《什么原理》的德语版

第十章 德国的科学传播

表10-2 德国的分科类科普期刊（按创刊时间排序）

刊　名	中文译名	创刊时间	出版频率	学科领域	备　注
Stemeund Weltram	《星星和太空》	1962	月刊	天文	德国最早的天文类科普期刊
Chemie in unserer Zeit	《当代化学》	1967	双月刊	化学	主要面向大学生
Physik in unserer Zeit	《当代物理》	1970	双月刊	物理	主要面向大学生
Biologie in unserer Zeit	《当代生物》	1971	双月刊	生物	主要面向大学生
Psychologie Heute	《今日心理学》	1974	月刊	心理学	德国最早的心理学科普期刊
Natur	《自然》	1980	月刊	动植物与环境	—
Interstellarum	《星际》	1994	双月刊	天文	正面临资金紧缺问题
National Geographic Deutschland	《国家地理 德国》	1999	月刊	地理、考古、环境、自然	美国《国家地理》的德语版
Gehim und Geist	《大脑与智力》	2002	月刊	脑科学和心理学	—
Space	《太空》	2013	月刊	天文	美国《太空知识》的德语版

表10-3 德国研究学会出版的科普期刊（按创刊时间排序）

刊　名	中文译名	机　构	创刊时间	出版频率	备　注
Leibniz-Journal	《莱布尼茨杂志》	莱布尼茨学会	2002	季刊	免费
weiter.vorn	《前沿》	弗朗霍夫学会	2004	季刊	免费
Max Planck Forschung	《马克斯·普朗克研究》	马普学会	2007	季刊	免费
Helmboltz Perspektiven	《亥姆霍兹展望》	亥姆霍兹学会	2013	双月刊	免费

总地来说，德国的科普期刊具有以下特点：①创刊时间不长。德国当前发行的科普期刊的创建历史总体而言并不长，其最早的综合类科普期刊《科学画报》创刊于1964年，最早分科类科普期刊《星星和太空》创刊于1962年。且综合类科普期刊中刊龄在10年以内的占了该类期刊总数的一半。②本土与进口并行。例如，《科学万象》是美国科普期刊《科学美国人》的德语版，1978年开始在德国出版发行，《知识》也并不是德国本土期刊，而是英国科普杂志《什么原理》的德语版，2012年开始在德国发行。③重视少儿读者。不少德国科普期刊在出版其主刊的同时，也平行出版专门针对儿童和青少年的读本。例如，《科学万象》出版针对青少年的《万象新生代》，《奇奥》对低龄读者的划分更为精细，分别有针对8—14岁年龄群的《奇奥·少年版》和针对5—7岁年龄群的《奇奥·儿童版》。④科研机构参与。德国的四大科研机构都有期刊出版，《马克斯·普朗克研究》《前沿》《亥姆霍兹展望》和《莱布尼茨杂志》均是用通俗易懂的语言向读者阐述各自研究机构的最新研究成果。公众通过阅读这些刊物，不但了解到了当下最前沿的科学研究领域，同时也对各个研究所的研究方向有了大致的了解，加强了科研机构自身的对外宣传。值得注意的是，读者均可以免费获取这些期刊的印刷版和电子版。

（二）书籍

德国的科普书籍种类繁多、制作精良，许多著名科普读物畅销全德国乃至全世界。例如，德国影响最大的少儿知识百科全书《什么是什么》，由雷纳·科特博士所著，这套丛书涉及自然、地理、动物、植物、天文、地质、科技、历史、考古、艺术、人文等多个学科领域的知识。德国泰斯洛芙（Tessloff）出版社在将近半个世纪的时间里，每年都会邀请数位知名科学家或科普作家为青少年撰写一些图文并茂的科普书，迄今已经形成了将近140册的规模。这套大型的科普丛书，如今在德国乃至欧洲已是家喻户晓，是每个家庭必备的少年儿童读物。这套科普知识丛书也伴随着德国几代孩子长大成人，成为他们最美好的童年记忆之一。此外，德国有《走近自然科学图画书》《大地时钟》《花的时钟》等众多优秀的儿童科普读物。

二、广播电视节目

德国电视二台是欧洲最大的电视台之一,它与德国公共广播联盟和德国广播电台是德国公共广播的3个组成部分,位于美因兹市。德国电视二台设有科教栏目,制作了大量的纪录片、专题片和科普节目。例如,一个颇受欢迎的科普节目是《益智科技秀》。其每期节目进行6个命题的竞猜,如"你知道肌肉受到电流冲击时为什么不受大脑控制吗?""像黄豆大的小石头为什么能让啤酒迅速沸腾,也能让水瞬间结冰?""真的有《飞屋旅行记》吗?"等问题。该节目汇集了来自世界各地的科学家,他们为解答命题而"大动干戈"。这种轻松愉快、寓教于乐的方式不仅让孩子感受到科学实验的魅力,也让很多成年人大开眼界。

德国的部分科普期刊与电视台合作,制作电视科普节目。例如,与电视台有一定的合作关系的《听》《奇妙世界》和《知识奇境》等科普期刊的部分内容定期以电视节目的方式播出,这样的好处是强化了科普作品的品牌效应。每个科普品牌的内容侧重点和呈现风格不一样,因而相应地拥有不同的读者群,已经广为人知的科普期刊制作成电视节目较容易吸引原有的受众群体,并且通过内容和质量的提升以及纸媒、电视两种方式来提升品牌,吸引更多的观众。

三、网络

目前,互联网和移动终端的发展和普及使人们获取知识更加便利和快捷,通过社交媒体、网络搜索、二维码、网络科普游戏、网络科普视频等新形式进行科普的现象越来越普遍。

(一)德国数字图书馆

德国联邦以及各州和地区从2007年起开始着手德国数字图书馆计划,旨在将德国所有的文化和科学机构联结成一个网络。弗劳恩霍夫协会和莱布尼茨信息基础设施研究所承担了此项目的技术支持工作。德国数字图书馆网站2012年投入正常运行,以全国2378家图书馆、档案馆和博物馆机构为支撑,运行德文和英文两个版本，在线资源超过2000万件，在线网址为https://www.deutsche-digitale-bibliothek.de/。

（二）线上科普活动

科学对话组织作为德国最大的科普机构，它举办的"市民创造知识"活动、科普视频竞赛等主要是通过网络完成的。公众登陆科学对话组织的网站，可以根据自己的兴趣爱好参与活动，并且通过社交网络快速传播，比起传统的书籍和电视科普途径，网络科普活动有效地提高了资源利用率和利用效果。

另外，德国科学基金会开发了GEPPIS-与科学接触（In Touch with Science）移动应用程序APP面向公众免费开放，人们可以在手机或智能终端上下载该运用，查看自己感兴趣的科学知识，并与兴趣爱好相同的网友进行交流互动。

第五节　科学传播的基础设施

一、德意志博物馆

德意志博物馆是欧洲现有科技博物馆中规模最大、世界上最早的科技博物馆之一，1903年由工程师奥斯卡·冯·米勒发起并创建，由1个主馆和3个分馆组成。主馆除了展厅还有图书馆、科技史研究所、儿童乐园、电影厅等；分馆分别是施赖斯海姆飞机博物馆、交通博物馆和波恩分馆。全馆有收藏品约10万件，展出约2万件。馆内还有天文台和天象馆各1座。

德意志博物馆遵循把博物馆办成公众教育场所的宗旨，在展览内容上，一方面通过大量实物反映科学技术的发展历史，另一方面采用剖开的机器、模型，以及可参与的实验和可操作的互动展品来表现各种科学技术原理。德意志博物馆包括收藏、展览、研究三大功能。收集自然科学方面的科学精品，向公众展示，以互动的方式让公众理解，激发公众的兴趣，并开展科技发展史方面的研究。

二、德国科技博物馆

德国科技博物馆实为柏林地区的技术博物馆，始建于1982年，主要出资人是柏林州一家拥有14000万欧元资金的公立基金会，同时博物馆也接受来自第三方的资金和政府的项目资金。德国科技博物馆主展馆面积为30000平方米，年接待观众150万人，除了主展馆还有图书馆和档案馆以及两个分馆，分别是Archenhold天文台和蔡司天文馆。其中，Archenhold天文台建于1896年，是德国历史最悠久、规模最大的公共天文台。它拥有现代化的望远镜和世界上最长的可移动的折射望远镜。蔡司天文馆是世界上最大的和最现代化的天文馆。

德国科技博物馆陈列了大量历史上的科技产品。该博物馆展示的重点是铁路运输，但也有许多其他种类的工业技术展示。该馆有许多相当有历史价值的展品，其中有大量的铁路车辆和航空器。近年该博物馆开辟了海洋与航空展示区，还新建了光谱科学中心。德国科技博物馆的图书馆先于博物馆存在，图书馆的藏书超过50万册，并对公众公开。

三、曼海姆技术博物馆

曼海姆技术博物馆是德国第三大博物馆，1990年建馆，主要展示过去200多年德国科技和社会发展的历史。该馆常设展厅面积为8000平方米，分为6个主题展区；900平方米的特展展厅，每年举行一次大的特展和一次小的特展。通过这些展览，要让观众感受到技术的发展是可以理解的，这些技术是深刻影响着人们的工作和生活的，并且向人们展示与之相连的挑战、危机以及人们面临的问题。曼海姆技术博物馆在反映技术发展的同时，也特别关注与技术相关的人和社会。他们的展览中有多处以不同时代工人的生活和工作状况为主题，把工人的状况与工业的发展紧密联系在一起，并且开发了诸如"性别与工作""贫困和社会问题"等专题的教育课程。2012年，该馆共接待了20余万名参观者。

曼海姆技术博物馆十分重视教育，为儿童、在校学生、教师等提供了丰富的教育活动和资源。该馆的教育活动主要有两大类：一是展品讲解、演示和操作，二是实验室活动。常设展厅里的展品和互动项目是他们教育活动很重要的一部分，可以为不同年龄段的学生提供不同的课程。此外，常设展厅定时开展展品演示活动，这些演示项目多为该馆的实物收藏，由经验丰富的展厅工作人员操作并讲解其工作过程和生产工艺，让技术、经济和社会从历史中复活。而且，学生也可以自己动手，体验他们参观所见的技术。这些演示内容包括火车、蒸汽机、印刷、造纸、塑料加工等。该馆针对不同年龄的参观者开展的实验室活动也很丰富，涉及机械学、能源学、材料学等多个学科。为了方便学校和老师得到这些教育资源，曼海姆技术博物馆网站上有大量的教育资源和信息，需要者可以免费下载。

四、海因茨·尼克斯多夫博物馆

海因茨·尼克斯多夫博物馆（Heinz Nixdorf Museums）是全球最大的计算机博物馆，1996年建成开放。博物馆创始人海因茨是德国计算机行业的先锋人物，其于1952年创办计算机公司，经过数十年的发展，其公司跻身于欧洲计算机行业三大巨头之一。1986年海因茨先生去世之后，该公司成立了基金会，海因茨·尼克斯多夫博物馆由基金会投资建设，并以海因茨的名字命名。博物馆每年参观人数约为12万人次。

海因茨·尼克斯多夫博物馆以推进科学和教育为宗旨，特别是传播信息技术领域的科学知识。博物馆整体建筑为5层，其中展区为两层，展厅面积为6000多平方米，其所展览的主要内容是信息技术的发展历史，即从公元前3000年的数字和字符起源，到21世纪的计算机技术，再到未来信息技术的发展趋势这段历史。2000多件展品广泛反映了人类经济社会发展的深厚背景，其中既包括医疗、体育等方面的信息技术利用，也包括当今最前沿的信息技术应用。

学生实验室也是该博物馆的特色内容之一，2010年与帕德波恩大学合作建立，有1—2位馆方专业人员参与教学，主要开展面向高中学生的与数学、工程学和自然科学等学科相关的课题讨论与实验。实验内容由易到难，有很强的吸引力，能够调动学生对日常现象和科学原理的好奇心，从而激发学生的兴趣和动手积极性。此外，博物馆还经常举办各种教育活动，主要面向儿童和青少年，每年多达几百次。

五、费诺科学中心

费诺科学中心属于沃尔夫斯堡市的市立博物馆，于2005年正式开放。费诺科学中心的外形设计十分有意思，像一艘刚刚着陆的飞船，整个建筑和外部广场融为一体。从站到广场开始，地面就有蓝色的路灯指引一直延续到科学中心，寓意科学道路上需要引路人；科学中心的入口比较隐蔽，需要观众花一点时间寻找，寓意着科学需要探索。费诺科学中心的建筑设计获得2005年英国皇家建筑师协会欧洲奖和2006年结构工程师学会艺术奖。

科学中心的设计理念在于展现自然现象，馆名中的"费诺"（Phaeno）的寓意为"现象"。该中心明确地将展品和展项定位于用科学与技术呈现生活中的常见现象。该中心的教育理念是"我发现了！"。该中心让参观者在各种展品中自由探索，并由讲解员适时给予指导和帮助。馆内300多件展品多为与物理学科相关的展品，包括机械、声学、光学、基因和感觉等领域，除了展厅还有技术实验室和生命科学实验室。

六、海德堡大学自然科学互动中心

海德堡大学自然科学互动中心位于海德堡大学校园内，1993年建立。自然科学互动中心主要面向6—12岁的学生，年参观量约为1.2万人次。展览内容以物理实验为主，展品多与声学、光学和生物学有关。所有展品均是自己设计制作，由于经费有限，展品一般都比较简单，成本不高。虽然场地面积小且展品数量少，两间不大的屋子一览无余，但极具特色。例如，展览内容有螺旋转盘、青蛙暗室、玻璃屋、大号课桌椅子、看镜画图、人脸交错、非平衡屋和气象球等。所有展品均能动手操作，趣味性强，总有一两件展品能够吸引小朋友的注意，他们只要尽情玩耍，乐在其中，就能从中学到物理知识。中心的宗旨是通过展品与观众的互动，达到传播科学知识的目的。中心还拥有一个按国家一级安全标准建设的分子化学实验室，主要面向15—18岁的学生群体。

七、拜耳总部展厅和学生互动实验室

拜耳（Bayer）公司是世界500强企业之一，于1863年在德国创建，其三大支柱产业分别是医药保健、材料科技、作物科学。公司产品种类超过10000种，是德国最大的产业集团。拜耳工业园位于科隆，其对外开放的展厅面积约为8000平方米，设有科技史陈列厅、科技产品展示厅、演示实验厅、放映厅、教学测试厅等8个展厅和1个学生互动实验室，运用投影、灯箱、实物、影视和实验等手段向访客特别是青少年宣传科学理念。他们展示的方法科学有效、展示形式生动活泼，不仅展示本公司的科技产品，而且还大量宣传生态、环保、资源等内容，每年接待观众30万—40万人次。其中，学生互动实验室接待14岁以上的学生，学生由学校统一组织，他们在阅读实验手册后，自己组成团队，完成产品制作。工作人员不进行演示，只在一旁提供帮助，学生可以把自己制作的产品带回家，提高他们对自然科学的兴趣，使他们了解不同的学科是怎么融合在一起的，甚至影响他们未来的专业选择和职业生涯。

八、马普学会的科学画廊

马普学会科学画廊是学会研究工作与成果的展示和宣讲场所，坚持向公众传播与现实生活密切相关的科研成果和未来问题。科学画廊主要通过触摸屏、多点触摸墙、移动3D模型互动和可视讲解终端等方式向观众介绍学会开展基础研究的理念，为观众提供直接和即时的体验。通过数字化形式，利用播放控制系统，公众可以根据需要量身定制展览，目前已有的内容包括：未来的药、化学、转型的世界、大脑—未来、能源与未来等。每年接待公众2万人次，主要以国际团队、政府、学校等团队为主。

第六节　科学传播的公众活动

德国的公众科学传播活动十分丰富，有对话及参与类、知识竞赛类、会议及研讨类、展览及演出类、在线平台类等，其中规模最大、影响最广的是每年的科学年活动。

一、科学年活动

1999年5月，德国政府在柏林签署公众理解科学备忘录，从2000年开始每年举办以科学学科为主题的科学年活动，每次科学年活动的主题不一，例如，2013年主题为"人口契机"，2014年主题为"数字化社会"，2015年主题为"未来城市"，主题贴近社会生活，紧跟时代潮流，通常举办报告会、展览、电影、讲座、文艺演出、娱乐活动、辩论会、名人访谈和参观等丰富多彩的活动。这些活动集知识性、趣味性、普适性为一体，还在德国境内大部分地区以及奥地利部分城市做巡展，儿童、青少年和成人都能在活动中认识当前的研究。很多科研机构、大学、科学团体和企业积极参与活动，在一定的时间内对社会开放。通过参观，公众可以亲自感受和体会科学研究的环境和过程。许多科学家走出实验室，走近广大市民，向他们介绍这些领域的研究新动向，用获得的新认识加强科学宣传，用浅显易懂的语言在实验室讲解他们所从事的科学研究工作，让公众真正了解科学家在做什么。

自2000年科学年开幕以来，早期的主题基本是基础学科，比如2000—2008年依次是：物理学年、生命科学年、地球科学年、技术科学年、爱因斯坦年、信息学年、人文科学年、数学年。随着科技的发展，新兴科学领域对人类社会生活的影响产生了翻天覆地的变化，所以近几年的科学年开始探讨引起人类社会发生重大变革、与人们日常生活息息相关的话题，不仅重视科学理论的传播，还十分重视科技进步与社会进步、经济发展的相关性，并且希望通过这样的方式让更多的民众可以更加科学系统地了解这些知识，以实现科技进步和社会发展相互促进、和谐共生。

2015年科学年主题是"未来城市"，本届科学年希望通过民众参与告诉他们如何利用科学手段共同塑造他们的城市。当前的城市发展面临着生态变化、气候变化、能源供给、人口流动、就业压力、住房压力等诸多问题,这一切和生活在城市里的每一个人都息息相关,市民的生活和生活环境相互关联,因此将城市作为整体来理解并将尽可能多的方方面面纳入公众视野就显得愈发重要。如何实现生态、公益和经济方面的可持续发展,需要国家战略和技术手段共同作用。倘若城市居民自主地塑造他们的未来,未来城市就需要更多的解决方案。"城市不是难题,城市是解决方案"成为本届科学年的主旨。"未来城市"主题下分7个分话题:能源、气候和资源、城市供给、城市中心区发展、社区与居住环境、交通与基础设施、城市互联。

2015年,科学年一共举办了800多项大型活动,其中极富特色的活动是一艘科学年展览船在德国境内沿海旅行,在德国和奥地利开展了长达5个月的巡展,到达了40多个城市,航程4000多千米,接待了87000多名游客参观;"科学站"是科学年活动的另一亮点,主办方在火车站等人员流动特别大的场所举办展览,每年有4万多名观众观展,扩大了科学年活动的影响;"公民科学实验室"活动则是请关心城市基础设施建设的市民走进实验室,请他们在水、电供给等方面提出科学的解决方案。

二、"市民创造知识"活动

"市民创造知识"活动由德国联邦教研部及德国科学赞助会联合出资,2014年开始由科学对话组织、德国亥姆霍兹国家研究中心联合会、柏林自然历史博物馆、柏林自由大学等8个机构共同举办,分为线上平台和线下系列活动。线上平台主要吸引对科学感兴趣的社会大众参与讨论、提出建议,并鼓励市民在线上平台展示他们的论文和科研成果;线下主要举办一些展览和研讨活动,市民可以参加自己感兴趣的活动并展示自己的科研成果和发明。一些与日常生活相关的科技发明将在活动后做在科学小册子上并将其发放给广大民众,还有一些非常有创意的科研成果会吸引大学、科研院所的注意。"市民创造知识"活动旨在让更多的人参与到科研活动中,提供更有创意的想法,创造更多的知识。

三、科学辩论会

科学辩论会是由欧盟学生议会举办的科学活动,每两年为一期。2013—2014年的主题为"我们城市的未来",2015—2016年的主题是"人类的未来"。2015—2016年,该活动在全欧洲地区设了16个分赛场,其中德国最多,有4个分赛场,参与辩论会的选手是16—19岁的在校学生,评委都是业内专家,选手们对人类未来进行辩论和讨论。2016年7月,为期3天的2016年欧洲科学开放论坛举办,进行最后的总辩论会。总计有超过2000名学生参与这次科学辩论会活动,表达自己的观点,最终有100名学生有机会代表自己的赛区参与最终辩论。这项活动促进了欧洲各国高校的学生交流,分赛区举办的辩论会吸引了当地的民众和学生参加,促进了当地的科学传播。

四、"面向科学"——科普视频竞赛

"面向科学"——科普视频竞赛由科学对话组织、德国科学协会联盟联合举办,从2013年开始每年一届,每届的奖金总额为2万欧元,科学家、电影工作者、学生、艺术家、传媒工作者以及对制作科技视频感兴趣的大众都可以参加并提交自己制作的科普视频。由专家团队组成的评审委员会对这些作品进行评审,并在电视和网络上播放,请公众参与投票,评估这些视频的科学性、趣味性、创意和制作质量等。2015年的科普视频竞赛有100多个参赛作品脱颖而出,在网络和电视上获得较高的关注度。

五、青少年科学咖啡

青少年科学咖啡是由科学对话组织和德国电信基金会联合资助的活动,其目的是最大程度地鼓励青少年学生对科学传播的自主性,学生根据自己的兴趣和意愿选择主题,邀请专家、老师,进行科学展示,主办方协助他们与大学、研究所、博物馆合作,提供场馆以及需要的展示和体验设备,并设计了专门的网站对活动进行宣传。青少年科学咖啡活动一般在工作日的晚上或周末举行,学生可以免费在网上报名参加。

六、"科学入门"——科研经费众筹平台

"科学入门"是科学对话组织于2012年推出的集科学传播、科研经费众筹为一体的新型模式。平台的运营规则与普通的众筹平台一样,筹资项目必须在发起人预设的时间内达到或超过目标金额才算成功,但是和普通众筹平台最大的区别是,"科学入门"平台的项目并不能给予"投资人"实物或金钱回报,大部分项目都是公益的。在筹资阶段,项目发起人在平台上进行展示和介绍,民众可以浏览网页对项目进行了解并决定是否入资,在项目成功后筹资人会展示项目成果。在这个平台上筹资的一般都是在校学生组成的兴趣小组,他们对环境保护、自然探索、科学扶贫等项目十分感兴趣,却没有足够的资金开展研究。目前,该平台已经成功众筹了约100个项目,每个项目的资金在几千欧元至上百万欧元不等。

七、科学传播夏季学校

科学传播夏季学校面向的不是公众,而是进行科学传播的人员,例如科学传播工作者、青年科学家、研究生、博士后等人员,通过一系列的讲座、研讨会、培训课程来提高他们进行科学传播的知识和能力,他们可以在夏季学校中和极富经验的科学传播专家进行交流,参与多种类型的实践活动。科学传播夏季学校由科学对话组织主办,每期邀请不同的合作方,关注不同的主题,例如,2016年5月,其与德国科学院合作,主题为科学传播的组织科学与工程,从传播学、社会学、心理学、教育学、语言学等多方面综合提高受培训人员利用学校、博物馆、大众媒体进行科学传播的知识和能力。

八、科学传播论坛

科学传播论坛是由科学对话组织主办,与克劳斯·茨奇拉基金会、德意志科学基金赞助者联合会合作,并有多家赞助机构,这个论坛向全球的科学传播工作者开放,至2016年已经举办了8届,论坛的主题主要有:当前科学传播的趋势及面临的挑战、科学传播的创新方法、目标群体的吸引、科学传播的评估、未来的观点和想法等。论坛聚集了全球大部分国家的科学传播人员,产出许多颇具质量和创新观点的论文。

第七节 科学传播的评估

一、科学晴雨表报告

科学对话组织每年组织一次大型的有关德国科学传播的评估问卷调查并发布科学晴雨表报告，问卷由莱布尼茨研究所提供，由菲利普·莫里斯基金会赞助，该问卷的内容包括调查德国民众对科学的兴趣和态度、最喜欢的科学传播方式、最感兴趣的科学话题等。2016年7月，科学对话组织发布了《德国科学晴雨表2016》报告。根据2016年的数据得知，民众明显增加了对科学问题的兴趣，2014年，还仅有33%的受调民众对科学问题感兴趣，2015年为36%，2016年为41%。根据2015年的科学晴雨表报告可知，66%的民众通过电视，52%的民众通过图书或报刊，50%的民众通过和别人交流，42%的民众通过上网以及16%的民众通过参加科普讲座或论坛获取科学知识。

二、科学传播方法评估和研究

科学对话组织成立了科学传播智库（Siggen Circle），主要进行科学传播的方法研究，该智库从2013年开始开展工作，每年召开1次主题研讨，参与者有政府、大学、科研院所、科学家、记者、相关的机构和企业等。2016年5月，Siggen Circle进行了为期1周的研讨，主题是"面向未来的科学传播方法研究"，评估当前科学传播的状况和缺失，对将来的变化和趋势进行预测和讨论，发布了《良好的科学公共关系准则》报告，报告的主要观点有：①科学家是科学传播的主要参与者，他们的专业背景决定了他们的权威性和可被大众信任的程度；传播者是科学传播的管理者，他们为普通民众和科学家之间的交流提供了空间和机会；记者是科学传播的促进者，他们通过观察和评判来过滤传播的内容；科学传播需要有效的中间组织担任科学家与民众的纽带。②科学传播是科学工作者的一项义务，要进一步培训科学家的沟通技巧；培养教学型科学家是所有科学领域的一项重要工作，在大学和研究机构中要作为人才培养的一项重要工作来完成；大学和科研机构要对科学家进行科学传播工作提供额外的经费和支持；科学家要运用自己的专业知识为行业内机构提供决策建议服务。③科学传播工作是有价值导向的，并具有战略性意义；科学传播到公众再反馈到科学界有助于科技的发展等。④良好的科学传播既可促进科学的传播,又将公众的问题和需求反馈给科学界;好的科学传播表现科学和技术的真实面,不夸大也不保留;好的科学传播采取最适合的渠道和方法,保障受众能够理解并获取最真实的信息;好的科学传播可以起到价值导向和战略指引作用,需要对其进行评估和反馈,使其不断完善;好的科学传播是对全社会开放的,与其他传播活动、科学家、记者和公众达成交流和合作,促进所有利益相关方的对话。

2013年,Siggen Circle对德国科学传播的情况进行了评价分析,形成以下观点。德国已经建立的科学传播体系,目前越来越被科学界和公众重视,对科学发现和进步起到一定的促进作用。①科学传播越来越专业化和多样化,除了研究报告和促进与公众的对话外,还包括营销和传播、咨询等领域,科学传播者的声誉、资金和影响力比较重要;②参与科学传播的人越来越多,现在有许多研究协会、卓越中心、研究所、合作研究中心都参与到科学传播活动中来,利益相关者之间的相互作用越来越复杂,可能导致冲突,科学传播的受众和他们的沟通方式正在改变,许多人认为自己不仅是接受者,也是沟通过程中的传播者,所以需要更加重视科学传播的透明度;③科学传播的渠道越来越丰富,例如在线视频、移动应用程序等,通过社交媒体,科学家有机会直接和公众对话,然后他们中许多人对此持犹豫态度,所以需要进一步强化他们的沟通能力。

此外,智库还指出了当前德国科学传播存在的挑战和不足。①人们认为科学传播的活动没有针对不同的受众进行差异化设计;②数字媒体的普及给科学传播带来了机会,也带来了挑战,机会是极大地丰富了科学传播的途径和类型,例如众筹科学、远程交流等,同时也导致高质量的科学新闻极容易被快餐科学新闻所替代;③科学的声誉容易被行为不端的科学传播商业化影响,例如不适合的广告、明星文化等;④目前,德国的科学传播在国际上并未受到足够重视,在未来一段时期内,德国的科学传播者应积极主动地与欧洲及世界各地的同行业者加强交流,开发国际合作项目,进一步通过网络和媒体促进交流发展。

(本章作者:王茜)

CHAPTER ELEVEN
Science Communication
in Japan

第十一章
日本的科学传播

第十一章　日本的科学传播

日本是亚洲最发达的国家之一，其国家竞争力在世界排名中始终名列前茅。日本的陆地面积约为37.79万平方千米，由北海道、本州、四国、九州4个大岛和其他6800多个小岛屿组成，也被称为"千岛之国"。20世纪80年代成为世界第二大经济强国，除了因为坚持"经济立国"的基本国策外，日本在发展科技方面和以科技发展经济方面取得了惊人的成就，可以说是对"科学技术是第一生产力"这个论断的有力证明。日本在第二次世界大战后初期以引进技术为主，20世纪后期的方略转变为"科技立国"，后来又转为"科技创造立国"；21世纪以来，已有多名诺贝尔科学奖获得者。大隅良典凭借细胞自噬机制研究获得2016年诺贝尔生理学或医学奖，至此，日本已经有25人获得过诺贝尔奖，其中22人获得了自然科学奖。日本获得自然科学奖的人数超过了德国、英国、法国，成为仅次于美国的第二大"诺奖大户"。日本具有70%新技术成果转化成功率水平，其经验值得重视。本章将对日本的科学传播进行介绍。

第一节　科学传播政策环境

一、日本科学传播的背景

日本的科普历史迄今已有100多年。从明治维新打破锁国主义开始的100多年里，日本科普历史经历了从翻译和向公众普及西方科学术语的启蒙阶段到现在的国民对科学技术的理解阶段。20世纪50年代初，日本确立了"贸易立国"的发展战略，80年代初，日本经济已名列世界第二，日本又提出了"科技立国"的发展战略。进入20世纪90年代，日本赋予科普的含义是"增进国民对科学技术的理解"，在过去的单纯普及科学知识的基础上，更加重视科学技术、社会与人类之间的关系。

20世纪90年代以来，日本的经济竞争力开始走弱。朝野一致认为，造成这一局面的根本原因是日本自身的科技创新能力不强。为此日本政府确立并实施"科技创新立国"的战略。该战略的主要着眼点放在培养有创造力的科技人才上。要实现这一战略目标，首先要有对科技感兴趣并愿意从事科技工作的人。然而，令日本政府忧心的一个现实矛盾是，日本青少年对科学技术越来越不感兴趣，大部分青少年认为科技工作是乏味的职业，主修科技专业的大学生及毕业后从事相关工作的人的数量在减少，整个社会呈现出青少年"离开科学技术"的倾向。这引起了日本政府的高度重视。1995年出台的《科学技术基本法》[①]，把提高公众特别是青少年对科技的理解并改变其对科技的态度作为一个奋斗目标，日本政府也因此加大了对科普事业的投入力度，以强化对青少年的科技教育，为实现"科技创新立国"的战略奠定基础。

毫不夸张地说，人才战略已成为近年来日本科技政策的主要特点之一。2005年受文部科学省科学技术振兴调整费资助的"新兴专业人才培养领域"之一的"自然科学与人文社会科学的融合领域"中，强调了培养科学传播人才的重要性。如今，以科学技术与社会融合为目的的科学传播活动在全国各地广泛开展开来，科学传播人才也成为日本必不可少的联结民众与科学技术之间的桥梁和媒介。

---

① 平成1995年11月15日法律第103号行政法。

二、日本科学传播的战略

(一)加大对青少年的科学技术启蒙教育

日本政府科普工作的中心是对青少年进行科学技术启蒙教育,使其在领略科学技术活动乐趣的同时,培养将来投身科学技术工作的兴趣和志向。日本政府要求有关省厅,如科学技术厅、文部科学省、通产省、农林水产省等都要担负起科学普及的责任。

科学技术厅科普工作由其下设的科技振兴局科技情报科负责,1998年度的科普事业经费为18亿日元,比1997年度增加了5亿日元。除了主办每年4月份的科技周等重大科普活动外,该厅还广泛利用大众传媒、展览会和研讨会等开展日常性科普活动。例如,举办"科学营地",青少年可以直接聆听研究人员、技术人员讲课;开展"尖端科学技术体验中心"活动,通过进行科学实验和做实验记录,使青少年实际体验科学研究活动;将精通科学技术实验的人才注册为"科学巡视员",根据学校或科学馆的需求,派遣他们去现场指导青少年进行科技实验。科技厅还于1999年发起了一项为期3年的科普促进计划,内容包括举办青少年科学节及机器人奥林匹克大赛活动,新建"科学世界"科学馆和宣传尖端技术的影像图书馆等。该厅于1996年设立的科学技术振兴机构(Japan Science and Technology Agency,JST)正在研究利用先进的计算机技术建立"虚拟科学馆",供青少年制作和展览科学作品。这个机构还举办科学技术振兴机构科学技术讲座活动,请著名专家向青少年讲授尖端科技的发展。[①]

文部科学省对科普的支持重点放在加强科技博物馆及少年之家等公立青少年教育设施的建设和利用上。日本目前约有700所公立青少年课外教育设施,如"青年之家""青少年自然之家""青少年野外教室"等。文部省(文部科学省的前身,2001年,文部省与科学技术厅合并成文部科学省)从1997年起将夏季的一个月定为"野外教育体验月"。在这期间,文部省向全国各地的近百所野外教室各提供200万日元的

---

① 《科学技术普及概论》编写组. 科学技术普及概论[M].北京:科学普及出版社,2002:427.

补贴,帮助这些青少年在野外教室开展活动。[①]针对青少年对产业技术越来越缺乏兴趣和偏离理工科的倾向,通产省从1993年起开始进行关于产业技术革命现状的调查,并举办"产业技术史展",对青少年进行技术教育。

(二)加大对科学传播人才的培养

在日本,"科学传播人才"包括科学馆与博物馆的工作人员,科学技术教育相关人员,科技类图书的管理员,与科学技术相关的行政机关、大学、研究机构、企业等的研究企划、宣传、企业社会责任的负责人,科学技术新闻报道相关人员,多媒体科学节目制作人,科学杂志的编辑,科普作家。都道府县的理科实验室,以市民为服务对象的科学技术咨询室以及模仿欧洲所设立的科学咖啡馆等科学技术活动相关的志愿者,以提高国民科学素养为目标而进行科学传播的非营利性独立机构活动法人等。[②]

自2005年起,作为文部科学省科学技术振兴调整费项目,科学传播人才培养事业正式开启。被文部科学省选择成为培养基地的3所大学——北海道大学、早稻田大学与东京大学获得名为"新兴专业人才培养单元"的援助,各自在本校的研究生院开设了科学传播人才培养的讲座。此课题于2009年完成后,文部科学省进行了此项科学技术振兴调整项目实施课题的事后评价,在东京大学进行的调查表明,此项目对科学技术诠释者这一新型人才的塑造具有启发作用,学校内部开发了以科学技术与社会为专题的人才培养计划。应当说,"科学传播人才培养计划"不但大获成功,而且对大学的人才培养活动也带来了有益启示并产生了深远影响。

为了响应时代的需要,不仅仅是上述3所大学,日本全国各地的很多大学都相继开设了以培养具有丰富的科学技术知识与良好的沟通交流能力为目标的人才培养项目。东京工业大学开设了《技术传播论》的课程;名古屋大学开展了"科学传播培养

[①] 司荫贞.日本面向二十一世纪中小学教育内容和课程改革[J].比较教育研究,1999 (2): 28-33.

[②] 王蕾.蒙凯文日本国科学传播领域人才培养战略探析[C].科技传播创新与科学文化发展——中国科普理论与实践探索——第十九届全国科普理论研讨会暨2012亚太地区科技传播国际论坛,2012.

事业";大阪大学开设了科学传播设计中心,同时还设立了以普通市民为服务对象的科学咨询处、科学咖啡馆、哲学咖啡馆,以科学技术交流和纠纷解决为目的的专题讨论会、中小学教育中理科教育教案的设计与实践等。

如今在日本,不仅在大学有培养科学传播人才的专门讲座,科学馆、博物馆等也面向全体国民相继开设了科学传播人才培养讲座,不管是谁,不管所做的是何种工作,只要是热爱科学技术、对科学技术的传播有着浓厚兴趣的人,就有资格参加培训,并在接受完培训之后投身到全国各地的科学传播活动中去。

三、日本科学传播的相关政策

为了普及科学知识,提升国民对科学的兴趣,向国民展示科学技术的魅力,21世纪的日本正不遗余力地颁布各种政策、采取各种举措、组织各种活动来传播科学技术,提升国民的科学素养,下文择要介绍日本科学传播的主要文件政策。

(一)《科学技术基本计划》

日本于1999年11月15日颁布了《科学技术基本法》,该法系统地制定了关于振兴科学技术、推进国际科学技术交流等的政策。进入21世纪后,国际形势发生了巨大的变化,人类社会直面环境、能源、食品安全、传染病等各种各样的问题。2011年发生的日本大地震更是给日本带来了广泛的、长期的危害。新生的自然灾害、核安全和能源政策压力迫使日本社会重新思考自己的科学发展方向。

考虑到当今的国际情况,很多问题已经不是仅靠一国之力就能解决的了。在制定规划时,日本更加注重与世界分享自己先进的科学技术成果和经验,传播科学技术。

1996年开始,日本推行《第一期科学技术基本计划(1996—2000)》,2016年1月正式公布《第五期科学技术基本计划(2016—2021)》,其中提出要先见性、战略性地应对未来:持续性发展并增强地域社会的自律性;保障国家及国民的安全、提升国民生活质量;积极应对全球规模的课题,对世界发展做出贡献;创造积累知识性资产。

(二)《科学技术白皮书》

《科学技术白皮书》是由日本文部科学省从2001年开始每年发行的与日本科学技术相关的白皮书。白皮书里主要公开发布日本科学技术的特征,围绕科学技术相关的环境变化、自主技术的开发状况、科学技术发展的进程等。

2015年的《科学技术白皮书》第二部第五章第一节对科技传播做出了明确鼓励[1]，表示：为了让国民对身边的科学技术更加感同身受，激发他们的兴趣，更加促进科研人员和大众之间的双向交流，国家为民众提供与科技接触的体验、学习及对话渠道是非常必要的。

为落实这一政策，日本相关机构进行了多方活动。日本学术振兴会、诺贝尔财团以拉近学术与社会的距离、提高社会对学术活动的关注度为目的，在2015年3月联合举办了"诺贝尔奖对话东京"活动。邀请日本国内外诺贝尔奖获奖者齐聚一堂，并通过演讲和专题小组讨论会活动与他们进行对话。日本成为除瑞典以外首次举办该会议的国家。

（三）《科学技术振兴机构·中期计划概要》

科学技术振兴机构的中期计划是文部科学省从2007—2011年推行的一个四年计划，旨在促进新技术创新、开发企业化新技术，推动国际科学技术交流合作，推进科学传播。

文部科学省在《中期目标·中期计划的测定方针》中明确提出：要向国民普及科学技术相关知识，提高国民对科学技术的兴趣和理解。具体包括"援助与科学技术相关的学习"，灵活配置校外人才，充实小学的科学学习，运用特色手法充实科学学习的课堂内容，提高学生接触先进科学技术的机会，为教师提供科技知识相关的研修，提供引人入胜的科技、理科相关教材等；此外，包括促进科学技术的交流，开展不同团体、不同领域之间的科技理解交流活动和灵活发挥信息技术在科技交流领域的作用；整理、运营日本科学未来馆。

（四）《科学技术指标》

科学技术与学术政策研究所（National Institute of Science and Technology，NISTEP）为了系统地掌握日本科学技术研究活动，基于客观、定量

---

[1] 科学技术白书[EB/OL].http://www.mext.go.jp/b_menu/hakusho/html/hpaa201501/1352442.htm.

的数据制定了《科学技术指标》。《科学技术指标》包括科学技术活动的"研发费用""研发人才""高等教育""研究开发的输出""科学技术和创新"5个范畴[①]，约150个指标，涉及日本及其他各国的情况。

第二节　科学传播的主体

日本科普一直是由政府、产业界、学术界和社会共同来完成的，他们是科普的推进者和传播者，是科普的主体。增进国民对科学技术的理解是日本科技政策的一部分，政府、民间企业、团体等组织负责行政及协调组织工作，并提供必要的资金，科普工作者主要是学校的老师、大学和研究所的研究人员、专家、教育家、科技馆讲解员、新闻媒体的记者、节目制作人，等等。[②]

日本的技术传播一直是由政府主导，社会和学术界共同承担的。以文部科学省为首，带领其下属机构科学技术振兴机构、科学技术与学术政策研究所等，与民间科普机构相辅相成，共同为科学传播做出努力。日本政府主要科普机构有文化教育科技部以及所属的科学技术会议、科学技术振兴财团和科学技术与学术政策研究所等。科学技术会议下设加强理解科学技术委员会和秘书处，负责提出国家的综合措施，有计划地、经常性地开展加强国民理解科学技术工作。部厅、学会、科技馆、大学、志愿者等如果想按照自己的计划搞一些活动，可以向加强理解科学技术委员会提案，必要时可申报预算。日本民间主要科普机构有博物馆协会、全国科学博物馆协会、全国科技馆联盟等。

---

① 科学技术指标2017[EB/OL].http://www.nistep.go.jp/research/science-and-technology-indicators-and-scientometrics/indicators.

② 科普资料汇编——国外科普概况[EB/OL]. (2008-07-17).http://www.yznews.com.cn/bwzt/kp/2008-07/17/content_1878131.htm.

一、政府主导的科学传播机构

(一)文部科学省及其下属机构

政府相关传播机构主要受文部科学省管辖。文部科学省是中央行政机构,主管对学校教育,社会教育,学术、文化的振兴和普及进行指导并完善其设施。日本科学技术传播政策主要由审议会提供信息,国会提出法律、公告、政策等,最后由文部科学省进行总体调控。

1.科学技术振兴机构

科学技术振兴机构是以日本科学技术情报中心和新技术开发事业集团为母体设立的。2003年10月,独立行政法人科学技术振兴机构成立,2015年4月更名为国立研究开发法人科学技术振兴机构。科学技术振兴机构是日本的国立科技中介组织,也是日本最重要的科技信息机构。传播科学知识、增进国民对科学技术的理解和提高其对科学重要作用的认识,一直以来都是科学技术振兴机构工作的重要内容。

2.科学技术与学术政策研究所

科学技术与学术政策研究所是文部科学省直辖的国立试验研究机关。其创设目的主要是为了同行政局合作审议科学技术立案。目前,科学技术学术政策研究所主要有以下3个职能:预测将来新兴的政策课题,自发地深入调查研究;依据行政局的要求,机动地进行调查研究;作为科学技术、学术政策研究的核心机构,联合其他的研究机关、研究人员开展研究活动,提供各种研究所需数据。

(二)各大财团支持的科学传播机构

1.日本科学技术振兴财团

日本科学技术振兴财团,全名为公益财团法人日本科学技术振兴财团·科学技术馆,成立于20世纪50年代,由当时日本的政界、企业界和学术界倾尽全力联合成立,内阁总理大臣担任财团法人。科学技术振兴财团是日本科技信息的核心机构,任务是促进科技信息交流和研究交流,以此完善振兴科学技术的基础,进行基础研究和新技术开发,普及研究开发成果。

2.索尼教育财团

索尼教育财团全称为公益集团法人索尼教育财团,于1959年成立。1974年,该

第十一章 日本的科学传播

财团成功举办第一届国际专题座谈会，1981年因为National Science Teachers Assosiation（全美科学教育者联盟）为日美交流做出贡献而受到表彰。1987年，"索尼理科教育振兴资金"更名为"索尼教育资金"，2011年被内阁认定为公益财团法人。索尼教育财团旨在让孩子们在自然中学习、学会体谅他人，培养孩子们的感性认识。通过让孩子们接触科学，激发他们的好奇心和创造力。

3.科学万博纪念财团

科学万博纪念财团，全名为公益财团法人筑波科学万博纪念财团。该财团是为了纪念1985年在筑波举办的国际科学技术博览会的成功而成立的，以振兴和普及日本的科学技术为目的。该财团主要业务有：运营筑波博览会中心；传播科学技术，促进人才培养；促进科学技术相关的产业界、大学及公共研究机关之间的合作；促进科学技术国际交流相关事业。

4.内藤纪念科学振兴财团

内藤纪念科学振兴财团鼓励对人类疾病的预防和治疗进行相关的自然科学研究，以促进学术推广和人类福祉为目的，由创始人内藤丰次于1969年成立。该财团为对人类疾病的预防与治疗做出贡献的研究者提供奖金，奖金种类很多，比如内藤纪念科学奖金、内藤纪念女性研究者研究助成金、内藤海外留学研究助学金、内藤特定研究助成金等。

> 其他民间科普机构多如牛毛，这里举两个有代表性的协会。其一是全国科学博物馆协会。该协会是综合博物馆、科学馆、水族馆和植物馆等科学类博物馆的网络组织，成立于1971年。其主要负责研究开发"巡回展"的模式、召开研究成果发表会、举办博物馆馆员研修活动、对博物馆现代化课题进行调查研究、推进科学类博物馆信息网络化等。其二是全国科技馆联盟。其宗旨是促进地区科普场所科技馆等的合作，振兴科技馆事业。其主要负责信息交流和特别展览等的中介、巡回展、培养人才、召开演讲会以及其他振兴科技馆事业所必需的工作。

第三节　科学传播的内容开发

一、科学写作组织及活动

提起日本的科学写作组织，首先要提的是日本科学媒介中心，日本作为科技领先于世界的亚洲发达国家，虽然建立科学媒介中心较晚，但该中心在科学传播中发挥了及时有效的作用。日本科学媒介中心的成立并没有特别的政策背景或"导火索"，更多是基于日本社会长期对科学家和媒体之间沟通偏差问题的解决需求。21世纪初以来，日本科学家与媒体之间存在的误解该如何解决逐渐成为日本社会的热门议题。2008年，日本政府拨款进行了专项调研，收集了科学家和记者双方对此问题的看法和意见，日本科学媒介中心以一个"集线器"的角色开始筹备，支持科学家和媒体之间的沟通，帮助科学家将科学信息畅通地传达给媒体和公众。

日本科学媒介中心将自己的工作与媒体严格区分，以收集整理有效信息为第一要务，将有效用的信息和科学家的声音集中展示，通过"科学快讯""Q&A"等形式发布，把散落在各处的评论、链接汇总。这不仅帮助媒体从业人员正确地获取资料，也为公众了解正确的信息提供便捷渠道。[①]

其他散落民间的小型科学写作组织较多，它们大多依赖各高校和研究所的平台，根据兴趣爱好随机组成非正式写作团体。例如，日本SF作家俱乐部。SF作家俱乐部（Science Fiction and Fantasy Writers of Japan）于1963年3月5日在新宿十二社的餐厅"山珍居"中成立，由石川乔司（星期天每日新闻编辑部评论家）、小松左京（作家）、川村哲郎（翻译家）、斋藤守宏（科学评论家）、齐藤伯好（翻译家）、半村良（作家）、福岛正实（SF杂志编辑部编辑）、星新一（作家）、光濑龙（作家）、森优（SF杂志编辑部编辑）和矢野彻（翻译家、作家）11个成员发起。俱乐部是作为促进人们对科幻小说作品理解的启蒙运动团体而创立的。现在俱乐部有大约250名

---

① 张馨文,诸葛蔚东.日本科学媒介中心在福岛核电站事故中的措施和作用分析[J].科普研究,2016,11(1):75-81.

作家、艺术家、评论家、收集者,至2013年,俱乐部已创立50周年。

二、图书作品

(一)科普图书概况

日本科普图书出版历史悠久,品种繁多,形式多样。图书重视质量,一丝不苟,强调科学性。近二三十年来,彩色印刷的普及使科普出版物愈加丰富多彩。除了一般图书外还有各种类型的科普文库丛书、译丛、图说、图鉴、百科、大系、少儿读物、声像出版物等。日本讲谈社有一句豪言壮语,"让每个人的口袋里有一本科普书"。日本优秀的科普作家、翻译家和画家频出,如当代著名日本科普作家木村繁、天文科普作家山本一清、天文科普译作家小尾信弥、天文科普作家和天体摄影家藤井旭和科普美术家岩崎贺都彰等。日本出版的科普书门类全、品种多、数量大,重要的书不断再版。[①]

---

① 《科学技术普及概论》编写组.科学技术普及概论[M].北京:科学普及出版社,2002:429.

(二)日本科普图书形式特征

日本经济实力较强,公民的科学素质较高,是一个学习型国家。在这样的背景下,日本科普图书呈现出良好的发展态势,主要有以下几个方面的特点。

第一,图鉴类科普图书丰富多样。日语"鑑"字的含义为"模范、榜样、借鉴","図鑑"即以图例来进行说明示范,这种编撰方式直观形象,生动有趣。日本作为漫画王国的优势自不待言,除此,摄影业的发达也是图鉴类图书发达的原因。

第二,科普图书中的原创比例较高。在日本,作者个体并非科普图书创作群体的主流,日本有很多编辑公司,这些规模或大或小的公司网罗了经验丰富的科学编辑、设计人员,成为科普图书创作的主要力量。科研人员、医生、记者、教师乃至家庭主妇等个体创作者,可以将自己的研究成果或创见授权编辑公司进行编撰加工。此外,各科学组织机构与媒体也是创作科普图书的力量,包括官方及民间各研究所、协会组织、报纸杂志编辑部等,例如,宇宙科学研究俱乐部、读卖新闻科学部、科学馆等均是科普作者队伍中的一员。

第三,选题广泛,趋于精细化。日本科普图书选题极为丰富,可谓无所不涉,天文、地理、物理、化学、生物、医学,再到实用技术等领域,在注重广泛的同时,日本科普图书选题还向纵深化、精细化的方向发展,一个母题可以延伸出多个个子选题,从不同的维度对同一个母题展开延续性书写,如此辐射型选题的结果是使对母题的科普论说全面、明晰而透彻。

第四，编写规范严谨，讲究科学性。日本科普读物的目录分类专业、系统、精细。例如，秋本俊二撰写的科普读物《不可忽视的航空旅行知识》，采用问答编撰方式，可以看到诸如"为什么客机的窗户那么小""为什么机长与副机长的套餐不一样"之类精细的问题，在讲述客机卫生间的运作原理时，作者以"飞机上的排泄物会不会散落空中"这一问题引发叙述，令人读来觉得有趣且生活味十足。除此，日本科普图书撰写严谨，很多都附有参考文献。中国的科普图书在这方面尚有差距。

第五，印制精美，全彩图书比例较高。翻阅日本科普图书，常有阅读时尚精美杂志的愉悦感，泛着光泽的铜版纸，细腻精微的摄影插图，使人在享受视觉的饕餮盛宴的同时兼获科学知识。日本相关学者在回答为何日本科普图书制作精美时指出，日本的科普作者和设计者协同参与了创作过程，良好的配合使产品不断被优化，精品频出。[1]

---

[1] 姚利芬.日本科普图书编撰形式初探[J].科技传播,2015(4):125-127.

三、期刊类

日本的科普期刊是日本科普事业的一支重要力量，一直呈现活跃和发展的局面。比较著名的科普期刊有《科学朝日》、《牛顿》（Newton）、《夸克》（Quark）、《友谈》（UTAN）等几种，其中，《科学朝日》已有几十年的历史。日本科普出版物设计和印制都很精美，宣传广告和书籍目录繁多，如在报刊图书上随处可见科普出版物的宣传广告、图书介绍和出版预告；注重和读者打成一片，如在日本科普书刊中大都附有读者调查卡以了解读者的情况和需要，了解读者对本书刊的意见及书刊是通过什么渠道来到读者手中的。

日本的科普期刊分为综合性与专业性两大类，综合性期刊有10余种，专业性期刊有20余种。科普杂志一直非常活跃，但是近几年发行量有所下滑。究其原因，除了活字印刷出版业绩本身下降之外，其专业性太强，晦涩难懂，很难与外界沟通。日本政府已经意识到了这个问题，2005年专门拨款支持大学培养科学记者，研究怎样通俗易懂地报道科技成果，使读者理解。

主要科普期刊如《科学之窗》（Science Window），它是日本科学技术振兴机构发行的杂志，由科学技术振兴机构科学技术理解增进部出版。杂志的宗旨是让读者孕育"科学之心"，让孩子们和大人一起学习自然和科学技术，启发孩子提出问题，辅助学校教师的教学。在日本，有相当数量的学生中学时期不选择学习理科，这些人从大学教育系毕业后去中小学担任教师，自然对理科教育力不从心。《科学之窗》的编辑负有"理科教师援助使命"。他们呼吁，中小学教师及其家长应该和孩子们一起寻找"十万个为什么"的答案。《科学之窗》的主要读者群为中小学教师，同时也鼓励学生和家长一同阅读。现在每期发行8.2万册，赠送一定数量的当期杂志给全国的中小学、科学馆及博物馆，供人们免费阅读，同时官方网站上也提供PDF格式的各期杂志免费下载版。

在教育委员会的鼎力协助下，至2011年末，日本已经有38,483所学校（占日本学校总数的98.8%）的教师订阅。读者不仅可以订阅纸质书，还可以通过官网（网址http://archive.fo/UVAzZ）阅读PDF版本。

四、影视作品

日本的影视科普作品繁多,发展得比较早。科教片数量也很多,每年入选科技电影节活动的科技电影近百部。20世纪50年代,日本就制作了大概1200种科普教育片。近几年,文部科学省为了提高公众对科学技术的关注度,特别增强对青少年的科普宣传,每年制作大量科技宣传录像片,片长约33分钟,在全国影视中心和约1400个主要的科技馆放映。

1950年,日本电影社(简称日映)人员变动,教育电影部被拆分为日映学艺电影制作所和日映科学电影制作所。日映科学电影制作所由制作人石本统吉于1951年创设,大多数制作的是政府委托的电影、视频,是日本最主要的纪录片、科学教育电影的制作公司。现存的科教片制作公司只有纪录电影社能与其并驾齐驱。

日映科学电影制作所(以下简称制作所)成立后,《肺结核的生态》(文部大臣奖、蓝丝带奖)、《思考》(文部大臣奖、日本电影奖)、《真空的世界》(每日电影大奖、最佳电影月刊电影奖)等科学教育电影陆续制作出来。这些电影在中小学反复上映,对树立孩子们的科学观起了很大的作用。

20世纪60年代,随着日本经济的增长,各式各样的企业也随之发展起来。《钢琴的邀请》《日立这个名字的基础》《反响热烈的明治药品》等作品在日本产业电影大赛上获奖。

20世纪七八十年代,日本经济的飞跃受到全世界的关注,日本人将目光转向国外,试图让外国人了解日本。《日本的河流》(国土交通省·土木电影学会电影大赛优秀奖)、《以确立自主技术为目标》(经济产业省)等作品被陆续送往海外,在世界各地上映。

20世纪后期,制作所的中心任务是协助政府机关进行宣传。《你住的小镇是安全的吗?》《看守普贤岳》《我们的水》等录像被土木工程学会选中。另一方面,制作所在教育作品上也加大了力量。《青春笔记本》获得文部大臣奖,

进入21世纪,制作所更加注重灵活地运用互联网,制作出紧跟时代潮流的科教片。2009年,在第50届日本科学技术电影节上,《日本建筑画像体系系列·拯救城市热

岛的风道》（NPO亚洲都市环境学会）获得优秀奖。最近，其制作的影片是由日本下水道处理设施管理协会企划的《潜伏在下水道处理厂的危险》。

纪录电影社是由上野耕三于1950年创设的，其刚成立时以制作农村教育宣传片为主，现在制作电影短片、纪录短片、长篇纪录片、宣传电影和教育片等各种科教类型片。其现在是日本文教出版社的合作公司。

1957年的《妈妈的巴士旅行》获得教育文化电影奖，1957年的23分钟短片《自动化——人类的梦与科学》获得全日本宣传片大奖赛邮政大臣奖，1968年的《自动化——无限的进步空间》获得日本产业电影大奖赛鼓励奖。

五、展陈活动

举办大型主题科普活动是行之有效的普及手段。日本每年要举行十几次大型的科普活动，有国家直接组织的活动，也有企业联合举办的科技展销会，还有媒体策划的展览。

国家举办的大型科普活动影响面广、信息量大，目前主要包括科技电影节、青少年科学节、机器人节、科技周和儿童读书日等，活动期间通过参观科技展览、亲手操作试验、展出科技电影、开研讨会、发表科技成果等许多活动，让不同层次的人们体验科学的乐趣、促进其对科学的研究。这些活动最后会颁发各种奖项，奖励热爱科学的青少年和崭露头角的科学工作者及推动科普事业的个人和团体。

企业的展览活动往往会展示大量的高新技术。由于展出采取"寓教于乐"的方式，参观过程仿佛是在游乐园遨游一般，参观者可以轻松愉快地学到知识。东京市的海滨幕张一带建设有大型的展览馆，每年这里都会轮番举办各种企业产品展览会。走进"数码产品展"，参观者可以体验网上订制个性化衣服；可以坐在地铁里用手机操控家里的智能厨具准备晚饭；甚至可以通过全息图像与远在天边的朋友聊天。走进"游戏展"，参观者可以体验驾驶超仿真赛车，开过虚拟的河流时，甚至感觉有水花溅到身上；参观者还可以穿上电子"武士服"，大展拳脚与电子人物对战。此外，有电脑产品展、机器人展、环保产品展等，每年都非常火爆，吸引了大量观众。媒体策划的展览主题相对集中,非常适合家庭和学校参观。这种展览除了介绍相关科学知识,往往还有伦理道德教育的内容。

第四节　媒体科学传播

《2015年全国媒体接触评价报告》[①]显示,全日本有77.7%的人读报纸;97.3%的人看电视;50%的人听广播;62.3%的人读杂志;70.4%的人使用网络。据该报告,35.0%的人认为报纸可提供知识;32.9%的人认为报纸可拓展视野;32.5%的人认为报纸作为信息源还有欠缺;36.8%的人认为电视可提供知识;32.8%的人认为电视提供的信息可信度很高;19.9%的人认为听广播比较增长见识;15.9%的人认为杂志可以拓展自己的视野;13.8%的人认为上博客、论坛、SNS (Social Networking Services, 即社会性网络服务)可增长见识。由上可见,日本国民获取知识的主要途径中,电视和网络成为高居榜首的两大渠道。下面,从广播、报刊书籍、电视及网络四大传播渠道来看日本媒体的科学传播。

一、广播

日本放送协会(NHK)承担着日本的广播领域的先驱者任务。作为国民广播电台,该协会在科学普及方面发挥着不可小觑的作用。根据日本放送协会的广播节目表,本书筛选了一些典型的节目。

1.《科学史中埋藏的黑暗事件》

播放频道"BS普莱米姆"(BSプレミアム)(103)。该节目讲述科学史上一些有争议的事件、实验、发现,比如弗兰肯斯坦、原子弹的发明等。

2.科学和人类"地球与生命的46亿年史"

播放频道拉吉姆(ラジオ)第2。该节目邀请东京工业大学地球生命研究所的丸

---

① 清水聪.2015年全国媒体接触评价报告[R].日本新闻协会广告委员会.2016.

山茂德教授讲述远古时代生命的诞生、哺乳类的进化、恐龙的繁荣等生命进化史。

3.《大科学实验》

播放频道电子电视（Eテレ021）。在每期节目运用先进的科学设施、挑战一个科学实验。

4.《NHK高校讲座》

播放频道电子电视（Eテレ023）。该节目是针对大学生的知识讲座。

5.《思考课堂：科学的思考方法》

播放频道电子电视（Eテレ021）。该节目是以小学高年级学生、中学生为对象的科学教育节目，通过歌曲、动画片、实验录像等多种形式，不仅传播科学知识，还教授科学的思考方法。

科学放送高柳奖是为奖励优秀科普节目、广播而设立的奖，分别设立一名最优秀奖、两名优秀奖，旨在鼓励优秀的作品，促进科普节目的改进。科学放送高柳奖是由高柳健次郎财团设立的，每年颁发1次，由组委会提名、审查，最后由董事会批准。

二、报刊书籍

根据日本新闻协会统计的数据显示，2015年日本共发行报纸44246688份，拥有55121所发行社，平均每1000人中436人读报纸，平均每日发行报纸117份。

报纸：科学新闻出版社的《科学新闻报》、能源日报出版社的《能源与环境》和环境新闻出版社的《环境新闻》。

杂志：《自然》日语版、《地球学报》日语版、日本商务出版社的《环境商务》、日本科学史学会的《科学史研究》和岩波书店的《科学》。

日本用于科学传播方面的主要出版社有：科学出版社，出版自然科学、信息科学和人文科学相关书籍；数理工学出版社，主要出版电气、机械和建筑相关书籍；新世出版社，主要出版经济、经营和法律相关书籍。除此还有近代科学出版社、科学技术出版社、科学新闻出版社、自然和科学出版社以及日本科学技术联盟出版社等。

书籍：小学馆的《小学馆的图鉴》、创元出版社的《亲子一起学科学图鉴》和朝日新闻出版社的《科学漫画丛书》。

电子图书馆不同于普通图书馆,它可以随时随地查阅,且便于保存书籍。现在电子图书馆正越来越广泛地出现在我们的生活中,比如日本的青空文库、美国的古登堡计划和维基百科及类似的网站,都是庞大的电子图书馆家族中的一员。日本的电子图书产业一直在持续发展,预测2018年的市场份额是2013年的2.9倍,达2790亿元。

青空文库:公开已经失去著作权(在日本,作者去世50年即失去著作权)或是获得了作者许可的文本作品的电子图书馆。至2016年7月3日,青空文库已经收录的图书资料共计13,706件。青空文库由志愿者维护、输入、校对,无需注册,查阅、下载免费,是日本最有代表性的非营利性电子图书馆。2015年,该网站年访问量超过880万次。

Book Live:日本最大的电子图书商店,可在线购买试阅的付费图书、杂志达50万册,免费书籍9000本以上。购买后可在手机、平板和电子阅读器(Kindle)上阅览。须要注册会员登录。网址: https://booklive.jp/landing/s-page/ebookcoupon?mkwid=ShJwHNzg&pkw=%E9%9B%BB%E5%AD%90%20%E5%9B%B3%E6%9B%B8&pmt=b&pdv=c&utm_campaign=search_ebook&utm_source=yahoo&utm_medium=cpc。

国立情报学研究所电子图书馆(National Institute of Informatics Electronic Library,NII-ELS)创办于1997年,是日本科学协会发行的,以将学术杂志电子化、公开化为宗旨。图书馆里存有428所学会的约1400种杂志、合计362万字的论文。1999年,科学技术振兴机构开始J-STAGE(Japan Science and Technology Information Aggregator Electronic,即日本科学技术信息集成系统)计划,NII-ELS成为日本学术期刊的电子发布平台。

日本电子图书馆服务株式会社(Japan Digital Library Service Co.,Ltd.)创立于2013年10月15日,与出版社、代理商合作,向公共图书馆、学校图书馆、专门图书馆提供电子书籍借贷服务。

国立国会图书馆数字数据收藏(网址http://dl.ndl.go.jp/#internet)是国立国会图书馆提供的电子资料收集保存库,收录了白皮书、年鉴、报告书、广告杂志和杂志论文等,馆藏丰富。读者可以在该网站上阅览图书馆收藏的电子书籍和电子杂志。

千代田电子图书馆(网址http://www.library.chiyoda.tokyo.jp),是由千代

田图书馆设立的电子图书借贷服务。其提供电子书籍、音频、动画片、昆虫3D图鉴、文学作品录音等浏览服务。

三、电视

除了专门的教育频道,一般可以免费收看的日本电视台都有自己的科普节目,而且内容新颖有趣,能够给人留下很深的印象。例如,有一档节目叫作"异想天开实验室",主持人都是走红的笑星,节目提出一些奇怪的实验想法,比如速冻吹出的泡泡、品尝在桑拿房里放上一夜的蔬菜和肉、制作直径两米的布丁,等等,由明星们来实践,然后再由专家讲解实验成功和失败的原因。还有一档节目叫作"恐怖的家庭医学",出场的嘉宾是各界名人,节目用夸张的手法制作了小品录像,讲述视野变得狭窄可能是失明的前兆、虫牙有时会导致败血症等医学知识,然后现场对嘉宾进行身体测试,排出危险度的大小,最后大夫会出来教嘉宾怎样用眼、如何刷牙等防病常识。类似的节目还有"奇怪动物世界""制作现场报道员"等,科普效果非常好,并提高了电视的收视率。

媒体最关心的就是刊物和节目能否得到受众的喜爱,因此杂志每期出版后都要求读者提出意见,电视节目也经常开展调查,根据受众的意见做调整。正因为顺应了受众快乐学科学的需求,日本的科普节目才会越来越活跃。日本其他主要电视节目还有以下5种。

(一)《科学影像》

网址为http://dl.ndl.go.jp/#science,由科学电影馆支援,提供胶片数字化的科学电影和纪录片。现可供观看的部分是从1920—2009年已公开的313部电影。

(二)《令世界惊讶的日本》

每周六晚6:56—7:54在朝日电视台播放,每一期都会请国外专家组成海外调查团,从外国人视角出发,通过比较日本与国外不同之处,展现现代日本的经济、文化、地理和科技等的发展水平。

(三)《大家的家庭医学》

每周二8点在朝日电视台播放,科普生活中的营养学和医学知识,推荐健康的减肥方法,展示不同疾病的护理方法和介绍优秀的医生等。

（四）日本放送协会的《自然》频道

日本放送协会电视台的《自然》频道，主要播放各种自然纪录片、纪录片电影、旅游节目。网址为http://www.nhk.or.jp/nature/。

（五）《科学频道》

日本一向重视大众媒体的科普工作。日本的《科学》频道是由隶属于日本文部科学省的法人机构——科学技术振兴财团制作的科学节目，是日本规模最大、科技内容十分丰富的科学节目。其核心收视对象是对科学技术感兴趣者、喜欢理科的中小学生、科学节目制作者和科学志愿者等，还有一部分非核心收视对象是希望孩子对科技感兴趣的父母，希望通过媒体影响父母，继而影响少年儿童对科学的态度。

此外，在日本，科普小品也广泛地通过电视、广播传播。电视事业很发达，每个城市都有六七个不同频率的节目，NHK通过通信卫星进行连播。其中两个频道是专门进行文化教育的。

四、网络

网络博物馆（Internet Museum），网址为http://www.museum.or.jp，该网站提供日本各种美术馆、博物馆、大型活动、展览会的相关信息，其主页上实时更新各大博物馆、美术馆的巡回展、新闻。网站将博物馆和美术馆按照地域分类，分为北海道、东北、关东、近畿等地，每一所博物馆、美术馆的地址都被标在谷歌地图上，搜索十分方便。不仅如此，网站还将场馆的种类纳入搜索引擎，分为综合、历史民俗、自然、理工、美术、动植物、水文、文学、音乐9大类，方便人们查找自己想要的参观主题场馆。

最新动态门户（Current Awareness Portal），网址为http://current.ndl.go.jp，国立国会图书馆提供的信息查询网站，可以提供各大图书馆的信息。其首页上每日更新图书馆的最新动向，不仅局限于日本，还包括美国、英国、中国、韩国……全世界主要国家和地区的图书馆信息都可以在此网站上进行关键词搜索。

雅虎科技新闻，网址为http://news.yahoo.co.jp/hl?c=sctch，雅虎下专门刊载科学技术类新闻的板块。

日本还有非常多的科普网站和科学论坛，如下：

产经新闻科学板块，产经新闻电子版旗下的科学新闻相关板块，网址为http://www.sankei.com/life/newslist/science-n1.html。

读卖新闻（YOMIURI ONLINE）科学&IT（Information Technology，即信息技术），日本发行量最大的报纸读卖新闻电子版旗下的科学新闻相关板块，网址为http://www.yomiuri.co.jp/science/，主要介绍科学和IT相关技术发展。

YOMIURI ONLINE yomiDr.读卖新闻电子版旗下的医学知识科普网站，网址为https://yomidr.yomiuri.co.jp/?from=ygnav4，主要介绍医学、护理等常识，还有医院实力排名及医疗保险等相关信息。

NICONICO DOUGR(ニコニコ动画)日本著名的视频网站，非常受年轻人欢迎。网站上为科学专门辟出一个分类，供人们上传和浏览各种科普视频、小实验、科学纪录片等，从创立以来已经有52,768个视频，人气最高的视频已经有至少61万多的点击量，网址为http://www.nicovideo.jp/tag/%E7%A7%91%E5%AD%A6。

孩子们的科学，KoKa Net，网址为http://www.kodomonokagaku.com/，旨在为孩子们提供科普知识。该网站以动画、漫画等孩子易于接受的形式进行科普，孩子们可以将自己的动植物观察日记、科学小论文投给编辑部，编辑部将其投放在网站上并且整理成册出版。此外，人们可以在网站上购买各种科普杂志和书籍。

大人的科学，网址为http://otonanokagaku.net/。

立山科学团体，网址为https://www.tateyama.jp/。

远藤科学，网址为http://www.endokagaku.co.jp/。

第五节　科学传播的基础设施

一、博物馆及博物馆类似设施

日本学术振兴会于2015年公布的《日本博物馆综合调查》[1]显示，日本共有各类

---

[1] 平成25—27年度日本学术振兴会(JSPS)科学研究费助成事业基础研究(B)课题号码25282079. http://www.museum-census.jp/data2014/.

博物馆2258所。其中,国立57所,公立1727所,私立474所;综合博物馆109所,乡土博物馆285所,美术博物馆473所,历史博物馆1048所,自然史图书馆92所,理工博物馆103所,动物园43所,水族馆53所,植物园40所,动物、水生植物园12所。

博物馆专职和非专职工作人员共20722人,馆长1872人。建筑物占地面积平均为28,762平方米。

下面介绍两座与科学传播相关的博物馆。

1. 国立科学博物馆

国立科学博物馆(National Museum of Nature and Science),是以自然史、科学技术史为中心的综合性国立科学博物馆(简称科博),日本科学系博物馆中的核心机构。其创立于1877年,是日本历史最悠久的博物馆之一,也是唯一的国立综合科学博物馆,保管着429万个珍贵藏品。科博有众多相关下属研究机构,包括驻波研究设施、驻波实验植物园、附属自然教育园、标本资料中心和分子生物多样性研究中心等。2013年,科博参观人数创史上最高,为236.5万。2015年,地球馆常设展重新开放,以展示自然科学最新的科研成果。

2. 航空科学博物馆

航空科学博物馆(Museum of Aeronautical)是航空振兴财团于1978年创立的,位于千叶县山武郡,占地面积为51530平方米。该博物馆通过向人们展示珍贵的航空史资料,以加深人们对航空的理解与认识。博物馆主要介绍了民航的现状、航空界的历史等,特别是向青少年介绍航空相关的科学知识,普及航空思想以振兴航空科学技术。

第六节　科学馆及科学中心

根据全国科学馆联合协议会(Science Museum Association)加盟馆统计,至2016年已登记的科学馆一共有166所,其中,北海道14所,东北19所,关东36所,北信越17所,东海20所,近畿18所,中四国17所,九州15所。下面选两所有代表性的科学馆进行介绍。

一、科学技术馆

科学技术馆于1964年4月开馆,由日本科学技术振兴财团设立。该馆坐落于东京市都千代田区皇宫北侧的北丸公园,占地面积为6814平方米,建筑面积为5106平方米。其建筑构造为钢筋混凝土,整个建筑共7层,地下建筑两层,地面建筑5层。建筑外形的创意来自于天上的星星,从高空鸟瞰,整个建筑是汉字"天"的形状。

科学技术馆是以普及近现代以来的科学技术和产业技术相关知识、启发国民为目的公益财团法人设施。参观者从儿童到成年人各个年龄的人都有,绝大部分是青少年。据统计,最近带着家人和朋友一起参观的团体游览趋势在不断增强。展览中体验型的项目很多,人们在享受高科技可见、可触碰的乐趣的同时,对科学技术的兴趣也在不断加深。馆内设施的更新速度很快,紧跟当下科技的发展趋势。

为了鼓励人们来体验科技,科学技术馆的票价相当低廉。2015年10月23日,累计入馆参观的总人数达到3000万。

二、日本科学未来馆

日本科学未来馆,在文部科学省、通商产业省和科学技术厅的筹备下,于2001年3月落成,位于东京市都江东区。该馆建筑面积为8881平方米,高45米,地上8层,地下2层。

科学未来馆主要展示宇宙、生命和信息方面最先进的科学技术。在这里,不仅可以通过实际表演、体验程序和应用软件等工具游览未来馆的内容和设施,还有实验教室、演示说明会等丰富多彩的活动。从日常生活中遇到的问题到最新科技、地球环境和宇宙探索,参观者可以通过与科学交流员的对话,体验正在不断发展的科学技术。科学未来馆的设立理念是:为到访者提供一个场所,来共同思考和探讨科技作为一种文化,会对社会起到怎样的作用、对未来产生怎样的影响。日本科学未来馆常设有3个展览,分别为"探索世界""创造未来""与地球相连"3个部分。馆内展示物会不定期更新但是主题不变。

三、公园林地、图书馆等其他相关设施

(一)公园林地

日本自然环境省将保持有原生状态的地区及维持优良自然环境的地区指定为原生态自然环境保护地区和自然环境保护地区,以期进行保全。日本共有5处原生态自然环境保护地区和10处自然环境保护地区。此外,自然环境省将日本优美的自然风景区指定为国立公园和国定公园。日本有28处国立公园和55处国定公园,在对其自然环境进行保护的同时,还把它作为人类与自然和谐相处、普及自然科学知识的场所加以利用。环境省在各国立公园都配备了称为"护理员"的职员,他们在园内规范各种行为的同时,还努力宣传和普及自然保护的意识。为了让人们快乐地与自然亲密接触、了解自然,国立和国定公园正在推进建设游客中心、自然观察道、野营地、公共厕所以及可以学习与自然相处的学习设施等,还对湿地进行保全以及对植被进行复原等。

日本除了自然环境保护区和自然公园,还有身边自然环境保全设施。通过人类的手保护留存下来的村落地、村落山,通过与地方公共团体、居民、非营利性组织、专家、相关政府机关(农林水产省、国土交通省)合作,推进自然的再生。与此同时,自然环境省还参与制订森林、河川及城市绿地等计划,与其他政府机关合作的同时,实现自然环境的保全、向民众普及自然科学知识及自然保护意识的目的。

根据日本《自然环境保护法》[①]第四条的规定,该国约每5年进行1次《自然环境保护基本调查》,并把调查结果通过互联网等手段告知国民。此外,该国系统地收集和保管生物调查中得到的动植物标本,运营管理生物多样性展室及网站,以普及和讲解有关生物多样性知识。

(二)图书馆

文部科学省于2016年9月发表了《2015年度终生学习政策相关调查研究》。其中,《公立图书馆现状相关调查研究报告》[②]指出,现已记录在案的图书馆共3173所,图书馆平均藏书量为12620册,平均建筑使用面积为1309平方米,平均使用人次为24387人。其中,馆长1243名,专职图书管理员11236名;已登记的博物馆志愿者团体有6615个,个人志愿者有72055名。

各类图书馆本馆及分馆总计有阅览室3171个,书库2663个,儿童室2059个,视听觉室1179个,朗读室846个,调查研究室1557个和图书放大镜1540个。其中,藏书10万册以上的图书馆有1235所,藏书5万—10万册的图书馆有920所。

值得一提的是,国立国会图书馆创立于1948年,是日本唯一的国立图书馆,是国会的下属组织机构之一。其基于国立国会图书馆法,收集图书及其他的图书馆资料。该馆有东京本馆和关西馆、国际儿童图书馆两个分馆。在科技传播方面,国立国会图书馆是日本科学技术情报机构重要的一环,负责收集及整备国内外科学技术资料及电子信息,不仅为国会提供最新的科学技术相关信息,也将最新的调查研究报告提供给科研人员,以促进全体国民对科学信息的利用。

---

① 自然环境保护法(昭和47年六月二十二日法律第八十五号)[EB/OL].http://law.e-gov.go.jp/htmldata/S47/S47HO085.html.
② 株式会社图书馆流通中心.《公立图书馆现状相关调查研究报告》.2016-03.文部科学省委托调查 http://www.mext.go.jp/a_menu/ikusei/chousa/1377547.htm.

第七节　科学传播公众活动

一、科学传播活动概况

在日本的日历牌上，人们可以看到许多纪念日，其中许多是关于科学技术方面的。例如，3月25日是"电气纪念日"，10月14日是"铁道纪念日"，10月23日是"电报电话纪念日"，10月26日是"原子能纪念日"……其起源分别是日本国内第一盏电灯发光、第一条铁道通车、第一条电报电话线开通、第一座原子能发电站建成发电等的日子。

为了发展和普及某种科学技术，日本还设立了活动周、活动月，如每年4月份的"科学技术周"，10月的"信息化月"等。在这样的日子里，有关部门利用多种形式开展科普活动。这些纪念日、活动周等历史都不很长，其中，每月1日的"节能日"与每年2月的"节能月"，是"石油危机"以后才出现的，设立时间更短。所有这些，既表明了日本尊重传统，也说明它对科普活动的重视。

日本科普工作的重点对象是青少年，日本科学技术振兴机构等科普机构按照"游、智、心"并行的方针进行。"游"是指通过各种游戏加深青少年对科学技术的了解，培养他们对科学技术的兴趣和亲近感；"智"是培养青少年对科学的观察、思考能力和创造性；"心"是努力培养青少年对科学的意义和作用的认识，促使其价值观的形成。

日本大型科普活动影响面广，信息量大，是行之有效的科普手段。日本的大型科普活动主要有科技周、科技电影节、青少年科学节、机器人节、科学展示品和实验用品设计思想大赛等。

二、各类科学传播活动[①]

（一）科技周

日本科技周设立于1960年，时间定在每年4月18日的日本"发明日"。科技周期间

---

① 以下内容参考中国科普研究所. 国外科技传播综述 2001—2005[M].北京:科学普及出版社,2007.

安排了丰富多彩的活动,面向全体国民的有:科技讨论会、研究成果发表会、科技电影展、各种展览会等;发明咨询活动、技术咨询活动;研究机构、科技系统、博物馆和工厂等实行特别对外开放。面向青少年的有:科学教室、发明教室、天文教室、动手实验教室、科学报告会、科技电影展、参观博物馆及科技展览等,以启迪青少年学科学、爱科学的热情。此外,各种表彰活动也是科技周的重头戏。日本文部科学省要求全国各地的科技馆、博物馆、大学、试验研究所等都要在科技周期间举办演讲会、展览会、电影放映会、座谈会,并开放各种设施。

(二)科技电影节

科技电影节始于1960年,主要活动是评选、奖励优秀的科技电影,以普及、促进科学技术素养的提升,被认为是日本最具权威的科技电影节,每年入围作品百余件。科技电影节主要是振兴科学技术和普及科学技术,通过征集日本国内制作的科技影视作品,评出内阁首相奖1个,文化科学部长奖14个,此外有部门优秀奖若干,并给社会科学技术教育有明显提升的作品颁发特别奖励奖。电影节通过表彰制作者和策划者,普及宣传国内科技电影,并在日本各媒介放映获奖作品,直接普及科学技术。

电影节主办机构是日本科学技术振兴财团、日本科学电影协会和筑波科学万博纪念财团等,后援机构有文部科学省、日本新闻协会和日本广播协会等。

参赛电影作品一般可以申报如下门类。

1.自然、生活门类

包括自然、环境、生物生态记录,安全防灾(比如防灾、安全等相关的电影)和疾病治疗、预防的作品。

2.科研及中小学生教育门类

科研类作品在介绍基础研究和学术研究的同时,展现科学和技术人员的风采以及研究业绩。该类作品以最新的科学技术、产业技术、研发等为中心,介绍研发现状和未来应用的产品,所涉学科包括电子学、材料、机械和生物技术等。

中小学生教育类主要是以中小学生和社会一般人群为科学普及对象制作的作品,涉及物理、化学、生物地理学和家庭技术教育(包括制造教育)等。

3. 科学技术素养门类

相关作品涵盖技术史、考古学、人类学和评传等相关领域,上述各门类都不适宜申报的作品也可归为此类。

科技电影节每年举办1次,申报作品时限以过去的1年为界,参赛作品的放映时间原则上在90分钟以内,短幅作品也可申报。电影节至今已举办57届。

(三)青少年科学节

青少年科学节开始于1992年,是全国性的大会,举办时间在每年的7月末8月初,会期6天,分前后两期,每期3天。该科学节由日本文部科学省和日本科学技术振兴财团共同主办,32个学会和社会团体协办。青少年科学节地方大会,最初只有大阪、名古屋等少数城市举行,现在已扩展到日本全国100多个城市和地区。多选科学技术馆、体育馆等场地,实验科学的主要目标人群为初高中学生(理科),目的是有效开展丰富多彩的实验活动,包括理解理科的各个方面,在于让青少年有机会体验科学的魅力,到场者还包括中小学生和幼儿园大班的孩子及孩子的家长。

青少年科学节上,参加展出的国内作品主要是由大学、中学和小学教师设计研发的,也有少数科研单位和企业参加展出。国外作品有中国、韩国和美国参加展出,展品内容及形式如下。

1.展品内容

展品内容涵盖广泛,包括物理、生物、化学、地理、美术、数学和工程学等学科。

2.展品形式

展品形式主要有3种:①表演形式:主讲人在讲台上,边表演实验边进行讲解,台下有观众,部分观众参与表演。②操作形式:到场者可以亲自参与操作和体验实验。

③制作形式：把事先准备好的材料发给孩子，在主讲老师指导下制作、组装一件科技作品。完成后的作品孩子们可以免费带走，这种形式最受欢迎。

（四）日本学生科学奖

日本学生科学奖于1957年设立，是日本历史最为悠久的传统科学竞赛，每年举办1次，对象是中学生，主办者是日本科学教育振兴委员会、读卖新闻社和科学技术振兴财团，目的是在第二次世界大战后日本复兴期振兴科学技术教育，培养未来的优秀的科学家。2014年举办的第58届竞赛中，组委会从全日本的中学、大学中一共收到3000多件参赛作品。

申报作品学科涉及物理、化学、生物和地理等六大门类，须在规定时间内递交研究论文，参赛作品先经过地方审查，然后递交中央审查，最终选出30篇研究报告，审查委员会对这30名参赛者进行面试、答疑，最终审查结果会在读卖新闻上刊登出来且将论文集合出版，优秀选手还会被选派参加美国的国际科学与工程大奖赛（International Science and Engineering Fair, ISEF）。

参赛者可以就身边的科学质疑进行阐明，对教科书学说的存疑提出解决办法等。个人或团体实验、研究、调查的作品均可申报，以学校为单位进行的课题研究也可申报。作品先交由各都府县进行审查，再交由中央审查，由知名大学教授担任评委，根据参赛者分设学生个人奖项、学校奖和指导教师奖等，评出内阁首相奖、文化科学部长奖、读卖新闻奖和日本科学未来馆奖等11个奖项，最高内阁首相奖金达50万日元，获奖者还将获得东京大学、大阪大学、庆应义塾大学、早稻田大学等著名大学的推荐入学考试资格。

(五)科学展示品和实验用品设计思想大赛

本活动是科学技术振兴财团为促进青少年理解科学技术而举办的活动,目的是支援全国科技馆的工作。科学展示品和实验用品设计思想大赛始于1996年,每年1次,参赛对象是居住在日本国内的个人或团体。大赛设5个奖项:文化教育科技部部长奖1名(即科学展示品和实验品,下同),奖金30万日元;科学技术振兴财团秘书长奖1名,奖金20万日元;日本科学未来馆馆长奖1名,奖金15万日元;日本科学技术振兴财团会长奖1名,奖金10万日元;鼓励奖5名,奖金3万日元。

(六)机器人节

科学技术振兴财团为加大支持科普的力度,于2001年7—10月在日本关西地区和神奈川县举办了第一届机器人节,主题是"人类和科学技术共存",目的是通过这个活动让青少年了解机器人,亲身体验科学技术,发展未来科学技术。

(七)"理科研究日:同研究者对话"

"理科研究日"由科学技术馆与理化学研究所合作举办。该活动旨在让民众同研究者直接对话,面对面提出自己的疑问。每月第三个星期日在科学技术馆4层举办。2012年11月开展的第一届"理科研究日"的主题为"银河宇宙的世界"。

2016年5月15日,科学技术馆同理化学研究所合作举办系列活动"理科研究日——宇宙的怪兽:黑洞"。此次活动不但邀请了黑洞研究专家和天文学家,还有充满趣味的科普书籍和电影。参观者可以和研究者直接对话,向他们提出自己的疑问。

(八)科学甲子园

科学甲子园是以学校(包括中等教育学校、高等专门学校)学生为对象,在物理、化学、数学和信息等多个领域进行的竞赛,由日本科学技术振兴财团于2011年开始举办。该竞赛聚集全日本喜欢科学的青少年,为他们提供互相切磋的平台,以扩展他们的科学视野。2016年3月20日,第5届科学甲子园全国大会落下帷幕,获胜队伍是爱知县海阳中等教育学校。

其他科学传播活动还有:全国儿童科学电影节,设立于2002年,主办机构有科学技术振兴财团等,目的在于用镜头带给青少年体验科学和自然的兴趣。高中生科学技术挑战赛于2003年设立,其参加对象是高中生和1—3年级的高等职业学校学生,旨在促进中等教育中的理科教育。日本科学和工程学挑战奖于1957年设立,对象是大学生,主办者是朝日新闻社。日本学生科学奖、日本科学和工程学挑战奖获奖者,可以参加国际学生科学技术博览会等。此外,有不定期的科学博览会。

第八节 科学传播的评估

文部科学省于2013—2015年进行了"日本博物馆综合调查研究",该调查对日本博物馆的概况、博物馆制定管理者制度、博物馆的人才、博物馆同市民的合作、博物馆的危机管理和博物馆的不足等进行评估。该调查以全日本4045所博物馆为调查对象,最后文部科学省成功回收2258份调查问卷。

2016年1月,日本学术振兴会公布了《日本博物馆综合调查研究:2015年年度报告书》[1]。该报告书指出:1970年之后,日本博物馆大规模扩张,至2011年博物馆数量已达饱和,今后博物馆将进入"由大到小"的状态,大规模向小规模发展;在人口不足10万人的城市,公立博物馆经营困难,甚至存在倒闭的可能;许多博物馆设备老化、经营资源不足、保存条件差……这些问题已被日本博物馆协会、全国美术馆会议、全国科学博物馆协会关注。表11-1至表11-9为《日本博物馆综合调查研究:2015年年度报告书》相关数据。

表11-1 2015年日本博物馆种数

分类		数量/座	博物馆数/座			博物馆比例/%		
			国立	公立	私立	国立	公立	私立
馆种	综合	109	11	83	15	10.1	76.1	13.8
	乡土	285	0	279	6	0	97.9	2.1
	美术	473	9	292	172	1.9	61.7	36.4
	历史	1048	22	811	215	2.1	77.4	20.5

---

[1] 平成25—27年度日本学术振兴会(JSPS)科学研究费助成事业基础研究(B)课题号码25282079 http://www.museum-census.jp/data2014/.

第十一章 日本的科学传播

续表

分类		数量/座	博物馆数/座			博物馆比例/%		
			国立	公立	私立	国立	公立	私立
馆种	自然史	92	5	73	14	5.4	79.3	15.2
	理工	103	3	79	21	2.9	76.7	20.4
	动物园	43		38	5	5.7	88.4	11.6
	水族馆	53	3	30	20	10.0	56.6	37.7
	植物园	40	4	33	3	—	82.5	7.5
	动物、水生植物园	12	—	9	3	—	75.0	25.0
	合计	2258	57	1727	474	2.5	75.5	21.0

表11-2 2015年日本博物馆建设情况

分类		数量	占地总面积		建筑面积		
			中央值/m²	平均值/m²	N	中央值/m²	平均值/m²
馆种	综合	100	6350	24289	107	3453	4713
	乡土	248	2978	12675	268	879	1290
	美术	429	4942	18389	446	1619	3962
	历史	924	3911	19894	984	1033	2116
	自然史	80	9425	61772	85	1769	3978
	理工	96	7248	24519	102	3517	5351
	动物园	41	130000	205036	36	7596	12499
	水族馆	43	18205	44845	45	5802	8296
	植物园	36	102500	176846	36	2056	3217
	动物、水生植物园	12	208603	161834	9	5948	6620
	合计	2009	4854	28762	2118	1334	3108

表11-3 2015年日本博物馆商店状况

	分类	占地总面积			
		占地总面积		建筑面积	
序号	数量=1023	馆数/座	比例/%	馆数/座	比例/%
1	展示资料和照片	195	19.1	—	—
2	指南	396	38.7	—	—
3	展示图鉴	621	60.7	—	—
4	与活动相关的书籍杂志	684	66.9	—	—
5	美术明信片、书签	860	84.1	679	66.4
6	展览品复制品	277	27.1	203	19.8
7	模型、教材、教具	333	32.6	130	12.7
8	科学学习玩具	237	23.2	64	6.3

续表11-3

序号	分类 数量=1023	占地总面积 馆数/座	占地总面积 比例/%	建筑面积 馆数/座	建筑面积 比例/%
9	一般玩具	399	39.0	137	13.4
10	文具	646	63.1	435	42.6
11	小物(手帕、钥匙圈)	762	74.5	491	48.0
12	衣服	407	39.8	229	22.4
13	食物	433	42.3	200	19.6
14	其他	387	37.8	194	19.0

表11-4　2015年日本博物馆商店状况

天数	H24(2012)年度 数量	H24(2012)年度 比例/%
不满50日	—	1.6
50—99日	—	1.6
不满100日	35	1.6
100—149日	32	1.4
150—199日	85	3.8
200—249日	197	8.7
250—299日	579	25.6
300—324日	871	38.6
325日以上	424	18.8
无闭馆日 无回答	35	1.6
全体	2258	100.0

表11-5　2015年日本博物馆入馆者人数

入馆者人数	H24(2012)年度 数量=2258 馆数/座	H24(2012)年度 比例/%
不满0.5万人	571	25.3
0.5万人—1万人	308	13.6
1万人—3万人	525	23.3
3万人—5万人	193	8.5
5万人—10万人	216	9.6
10万人—20万人	180	8.0
20万人—30万人	74	3.3
30万人—50万人	56	2.5
50万人—100万人	40	1.8
100万人以上	23	1.0
无回答	72	3.2

表11-6　2015年日本博物馆资料收藏情况

数量	资料种类	单位	资料合计	中央值	平均值	最小值	最大值
2258	人文系资料	件	35260384	1802	21216	0	1914092
		件	2622241	1	3482	0	161215
	自然系资料	件	21446475	0	15643	0	4140590
		件	606412	0	2795	0	339388
	图书资料	件	17673540	1384	11666	0	1222663
	影像资料	件	1487463	2	1103	0	110000

第十一章 日本的科学传播

表11-7 2015年日本博物馆设展情况

常设展的更新情况	馆数/座	比例/%
常设展的内容和展示资料常年不变	1113	49.3
常设展的内容不变,展示资料在一定期间内更新	311	13.8
常设展的内容和展示资料常年不变,特定的展示室、专柜展示资料在一定期间内更新	614	27.2
无常设展	156	6.9
无回答	64	2.8

表11-8 2015年日本博物馆教育普及实施情况

分类	具体活动分类	实施	未实施	无回答
馆内活动	演讲、座谈会等以学生为主体的活动	1064	830	364
馆内活动	连续讲座	635	1097	526
馆内活动	实习型演讲、实习教室(绘图教室、工作教室)	1086	772	400
馆内活动	电影会	201	1420	637
馆外活动	现场实习会、观察会	708	1037	513
馆外活动	住宿型现场实习会、观察会	72	1511	675
馆外活动	外派去学校演讲	730	1013	515
馆外活动	外派去社会教育设施演讲(公民馆、图书馆)	573	1114	571
馆外活动	外派去学校、社会教育设施以外的演讲	445	1195	618
在外展示	外派去学校展示	115	1478	665
在外展示	外派去社会教育设施展示(公民馆、图书馆)	195	1415	648
在外展示	外派去学校、社会教育设施以外的展示	200	1401	657

表11-9　2015年日本博物馆宣传手段

项目		宣传手段的效果					
		最有效果		第二有效果		第三有效果	
		馆数/座	比例/%	馆数/座	比例/%	馆数/座	比例/%
宣传手段	通过友好协会、后援会等博物馆关联团体宣传	59	3.0	72	3.9	91	5.3
	在学校张贴海报、发传单	200	10.2	141	7.6	188	10.9
	在学校或教师开会的时候进行说明会	23	1.2	28	1.5	37	2.2
	在社会教育设施、各种团体贴海报、发传单	155	7.9	293	15.7	316	18.4
	向地方公共团体发杂志	310	15.8	330	17.7	194	11.3
	直接给个人发短信	81	4.1	80	4.3	78	4.5
	在报纸上登广告	147	7.5	130	7.0	76	4.4
	在各种公共交通设施上张贴广告	21	1.1	53	2.8	62	3.6
	依赖于各种出版物的页内广告	714	36.3	333	17.9	174	10.1
	网站广告	248	12.6	351	18.8	414	24.1
	用电子邮件发广告	3	0.2	11	0.6	17	1.0
	博主写博客	1	0.1	2	0.1	3	0.2
	使用SNS发广告	6	0.3	41	2.2	70	4.1
	无回答	290	14.7	393	21.1	538	31.3

综合来看，日本开展科普活动的特点如下。

第一，政府和社会各界都关心这一活动，使之带有相当高的全民性。中央和地方政府、大众媒介、产业界、科学技术界、教育界、公益团体乃至社会名流等都是科学技术普及活动的组织者。

第二，科普机构官方与民间协同工作。日本的科学传播一直是由政府主导，产业界、学术界和社会共同承担。以文部科学省为首，带领科学技术振兴机构、科学技术与学术政策研究所等机构，与民间科学传播机构相辅相成，共同为科学传播做出努力。官方的科普机构有文化教育科技部及所属的科学技术会议、科学技术振兴

第十一章 日本的科学传播

财团和科学技术政策研究所等。民间的科普机构有博物馆协会、全国科学博物馆协会、全国科技馆联盟等。他们各司其职、互通有无。正是有这么多科普机构，日本的青少年科普教育、整个社会的科技意识、经济发展的科技含量才能拥有较高的发展水平。

第三，日本的科普活动形式多种多样，内容丰富多彩。除报刊、书籍等文字、图画这些传统的宣传手段外，影视成为更加生动活泼和有效的科普工具。尤其是多达千处的科学技术性质的博物馆、陈列馆、资料馆、科学俱乐部和科学教育设施，在向青少年进行科学教育方面发挥着极其重要的作用。科普性的智力竞赛活动在日本得到广泛开展，如科学征文、科幻绘画比赛和机械制作竞赛等。不少国立科研机构和大企业经常性地或在每年科学技术周期间对外开放，免费供人参观，也不失为一种良好的科普形式。

日本各类科技场馆有800余个，青少年能够广泛参与的科技活动有科技周、青少年科学节、儿童读书日、机器人节、科学展示品和实验用品设计思想大赛等。科普设施数量多，设备先进完善，成为日本科普事业庞大的坚实基盘。

第四，科普活动把青少年作为主要对象，重视培养他们从事科学技术活动的兴趣和实际能力。

创新型国家科学传播的启示有四点。

首先，紧抓社会需求，制订政策行动计划。日本科学技术振兴财团的科学传播事业以文部科学省颁布的科学技术政策为行动纲领、以社会的具体需求为导向，力求营造社会中教育与科学融合的氛围，项目众多、受众广泛。

其次，创建有效的人才循环合作机制。日本科学技术振兴财团鼓励大学、科研机构与中小学进行合作，不断更新理科教学内容与授课形式，提高理科教育师资水平。例如，理科援助人员的构建机制，主要挑选在读研究生、退休教师、企业退休人员及对理科教育感兴趣的人。理科援助人员参与小学五、六年级学生的理科实验课程的教学，完成课前实验室的准备工作并协助教师进行实验演示，同时还参与观察实验课的教案编写及其教材开发。通过志愿者与小学教师的交流，能够帮助教师不断更新知识与技能，提高其资质。所有的理科援助志愿者都是日本科学技术振兴财团所设理科支援志愿研修会的一员，这个团体是他们分享彼此经验的交流平台。

再次，注重对全体国民科学素养的培育，承担科学研究者与全社会大众之间沟通交流的桥梁角色。

最后，丰富拓宽援助形式。通过资金拨款援助、专业咨询援助和人才派遣援助等多种方式，日本科学技术振兴财团担当了科学技术与广大国民之间重要桥梁的角色。日本科学技术振兴财团以"女性初中生、高中生的理科升学选择支援项目"为主题，大力推进以大学为目标的女初中生、女高中生向理科方向升学的支援机制。日本《科学技术白皮书》提出2016年将科研机构女性研究员的录用比例提升至30%的目标。政府着眼于宏观政策的制定，企业则通过资金资助等具体方式激发女性投身科研的积极性。

（本章作者：姚利芬）

CHAPTER TWELVE
Science Communication
in South Korea

第十二章
韩国的科学传播

第十二章 韩国的科学传播

大韩民国,简称韩国。韩国位于东亚朝鲜半岛南部,总面积约为10万平方千米(占朝鲜半岛总面积的45%),主体民族为朝鲜族,通用韩语,总人口约5147万,首都为首尔特别市。

韩国是一个新兴的资本主义国家,20世纪60年代以来,韩国政府大力发展科技,并实行了"出口主导型"开发经济战略,创造了被称为"汉江奇迹"的经济高速增长期,并跻身"亚洲四小龙"。韩国是亚洲太平洋经济合作组织(APEC)、世界贸易组织和东亚峰会的创始成员国,也是经济合作与发展组织(OECD)、二十国集团和联合国等重要国际组织的成员。其产业以制造业和服务业为主,造船、汽车、电子、钢铁和纺织等产业产量均进入世界前10名。大企业集团在韩国经济中占有十分重要的地位,目前主要大企业集团有三星、现代汽车和乐金等。韩国非常注重科学技术的投入,韩国科学技术企划评价院(KISTEP)的调查显示,韩国政府研发投入占GDP比重居经济合作与发展组织国家榜首,预算规模排名第六。2013年初,韩国政府大力推行"创造经济(Creative Economy)"的创新战略发展思路,要将科技、信息通信技术(ICT)应用到全部产业上,促进产业和产业、产业和文化之间的结合,推动新产业发展,创造新的就业。2016年,彭博新闻社报道韩国在"2016彭博社创新指数"中总分获得91.31分,在所有被调查国中排名第一,成为世界最创新国家。

第一节　韩国科学传播的政策环境

一、韩国科学传播的背景与环境

韩国的科学传播事业最初被称为"科技大众化"。韩国科学传播学者金学铢在20世纪90年代把"科技大众化"界定为：使国民形成对科学技术积极、肯定的态度，关心教育以培养大量的科学技术人员，在生活中实际运用科学知识使生活科学化。在20世纪90年代之前，韩国的科技大众化事业只包括后两者，之后，科学传播者把"形成国民对科学技术的积极的肯定态度"作为重点方向。1997年后，韩国开始推进科学文化事业，并将科学文化定义为：与科技有关的共有生活样式、价值的总合体，是营造在物质、精神上发展科技和提高生活质量的环境的基石。

自20世纪60年代至今，随着韩国经济、社会的发展及政策环境的转变，韩国科学传播事业先后经历了3个主要发展阶段：最初的发展理念是科学技术为经济建设服务，其后转变为国民理解科学技术事业，最后转入科学与社会的沟通，构建双方向科学文化活动。根据这种理念的转变，韩国的科学传播事业后来经历了5个阶段。

（一）科学技术大众化的萌动阶段（1962—1967年）

在经过了1945年解放以后的混乱和1950年的韩国战争后，韩国以"祖国近代化"作为口号，从1962年开始推行《经济开发五年计划》。为了有效地推进经济发展，韩国在培养优秀科学技术人员的同时，也向处于传统生活阶段的国民推广初步的科技知识。1962年设立的科技信息中心（KORSTIC）在收集、处理科技信息的同时，还把科技信息提供给言论机关及研究机关；1966年，韩国在美国的帮助下成立了第一个政府资助的综合性的工业技术研究机构——韩国科学技术研究所（KIST）；同年，由各领域学会联合组成了韩国科学技术团体总联合会（简称"科总"），支援科技人员的学术研究，管理各个学会，向政府提出科技上的政策建议，在科学技术普及率极小的情况下，"科总"附带地开展了科学技术大众化事业，对一般的国民进行科技启蒙教育。由于当时电视普及率很低，科技大众化事业的发展也是有限的。

（二）科学技术风气形成事业阶段（1967—1972年）

1962年6月，韩国的经济企划院下设立了技术管理局，以促进第一次科学技术振兴五年计划的有效执行。但由于科技部门的专业性不足，在振兴科技方面没有取得特别显著的成果。为此，朴正熙政府于1967年1月制定了《科学技术振兴法》，该法规定设立行政机构制定科技政策，支援科技研究。同年4月，科学技术部成立。1967年韩国开始实行第二个五年经济计划，新成立的科技处制定了《第二次科学技术振兴五年计划(1967—1971)》，提出要通过形成科学风气，使生活和思考方式科学化。

根据第二次科技振兴五年计划关于科技大众化的要求，1967年，科技处成立了下属机构——韩国科学技术后援会(现韩国科学创意财团法人公司)，主要负责对科技人员进行财政支援和培养国民尊重科学技术风气的工作。在《科学技术后援会设立主旨文》中，朴正熙强调了"营造优待科学技术人员的风尚、科学技术渗透到我们生活的每一个角落"的必要性。

朴正熙的这一理念，确立了当时韩国科学文化事业的基本方向。1968年，韩国把4月21日定为"科学日"，向一般群众宣传科学技术的重要性，并通过各种活动，开展以合理的思考、精打细算的消费以及健康的衣食住行为目的的生活科学化运动和以形成优待科学技术人员的社会风气为目标的事业。此时，随着电视普及率的逐步提高，韩国把重点放在通过媒体宣传和优待科技人员而推动更多的人从事科技工作。

(三) 全国国民性科学化运动阶段(1972—1980年)

进入20世纪70年代，韩国把目标从轻工业为主的经济开发政策转向通过培养重化工业实现出口的大幅度增长政策，并开始开发大规模的重化工业基地，这一过程需要大量的科学人才，巨额投资的科学技术政策也需要国民的支持。于是，1973年3月朴正熙总统开始强调全国国民性科学化的重要性，此项工作与当时开始的"新村运动"结合起来，带有大规模大众运动的性质，在全国范围内展开。此时的科学大众化运动大体上在3个范围内进行。第一，形成一种国民尊重科学，科学技术用于日常生活的科学风气。为此，"科总"组织了"新村技术服务团"，开展指导农业生产和环境改善技术、普及一般科学常识等活动。第二，国民都要掌握1门以上的技能或技术，实现国家的发展、提高自己的生活质量，通过扩建工业高等学校、制定国家技术资格考试制度，保障正当的就业机会，提高生产力水平，并使人们掌握适合自己的专业技术。第三，通过研究界和产业界的共同协作，努力形成一种奖励企业技术开发的氛围。

(四)国民对科学技术的理解事业阶段(1980—1995年)

随着20世纪80年代国家之间技术开发竞争的加速，韩国也开始对技术开发进行了巨额投资，80年代后半期，随着民间研究所数量的大幅度增加，原来的政府主导增长方式逐渐向政府间接引导民间经济活动的方向转变。

1988年，韩国与日本合办了奥林匹克运动会。在奥运会之后，韩国涌现出了大量的市民团体，从事环境保护、关注科技引起的社会问题等活动。

随着科学技术的迅速发展，科学技术的负面效应也逐渐显现。这一方面使普通群众对科学技术产生了怀疑，由此引起的反科学运动和地域利己主义阻碍了科学技术发展；另一方面，进入20世纪80年代后，原由政府主导的全国国民科学化运动逐渐转变为民间参与的形式，但是民间以生活科学为中心的科学大众化事业难以使民众接纳高新技术，这些都是导致1990年10月安眠岛居民反对建设原子能废弃物处理厂事件发生的原因。另外，一系列与科技有关的社会事件的发生，如城水大桥崩溃事件、三丰百货大楼倒塌事件等，也使国民对政府的支持率及科技的信任度大大降低。

20世纪80年代中期，英国发生了疯牛病丑闻。英国政府及其科学顾问一再宣称疯牛病不会传播给人，科学界也迟迟不能给出有关疯牛病是否传染的准确答案。这引发了公众对政府和科学的空前的信任危机。为此英国开展了公众理解科学运动。在某种程度上，英国当时所面临的情况与韩国此时情况很像，因而公众理解科学的概念对韩国影响很大。民众对科技知情权的需求，英国科普理论的影响，促使韩国政府根据国民协议的科学技术开发政策做出决定，以国民必须拥有获取"知识的权利"和行政机关必须行使"告知的义务"为基础，开展国民对科学技术理解的事业。

由此，韩国政府于1992年修订了《科学技术振兴法》，将科技政策的积极公开、对一般国民提供正确的科学技术信息及知识、科学技术在社会上所能接受的基本体系的确立设定为今后的工作方向。该法在明确了政府对"推进国民对科学技术的理解事业"的义务的同时,也指定了韩国科学技术振兴财团为推进此项事业的专门机关,这样就形成了民间主导的科学技术大众化事业,使民间企业、言论机关、大学、学会都参与到该事业中来。

同时,受美国公众科学素养调查的影响,韩国于1991年和1995年由韩国盖洛普(Gallop)调查机关进行了两次全面性的国民对科学技术的理解调查活动。它包括了一般国民对科学技术的关心、态度和理解等,这是两次探索性、示范性的调查,效果很好,调查结果还反映在当时的政策当中。

(五)科学技术文化兴隆事业阶段(1997年后)

韩国之前开展国民理解科学运动事业,从某种意义上说是一种应急的模式,这种模式本质上来说是被动的、缺少前瞻性的。1997年底的亚洲金融危机给韩国经济以巨大打击。痛定思痛之后,韩国政府认识到建立依靠科技的新型国家体系的重要性,这体现在1999年韩国颁布的《迈向2025的科学技术发展长期计划》中;另外,20世纪90年代,韩国国民对科技期望值降低后也迫切需要再次提高;同时青少年忌讳进入科技界的现象也日趋严重,这样,1997年就成为韩国科学文化事业的又一个转折点。

为解决上述问题,韩国政府宣布1997年为"科学技术大众化元年",在政策上提高科学文化事业的地位,2001年的《科学技术基本法》规定开始独立地推进科学文化事业,韩国科学文化财团(现韩国科学创意财团)为科学技术事业的推进主体,并设立以科学技术文化事业振兴为目标的"科学技术文化基金"。韩国科学文化事业由此走向规划阶段。

同时,韩国强化公共部门的科学文化活动,如举办全国性的科学庆典;大力开展民间科学技术文化团体的组织工作,促进科学文化事业的多元化发展等。韩国已形成了以科学文化财团为中心的科学文化扩散体制,在这种体制基础上,推进科学文化事业,主动构建依靠科技的、科技文化为中心文化的新型社会。

二、韩国的科技传播政策

一般来说,凡是与科普有关的法律法规、规划、条例以及相关的具体政策条文等都应包含在科普政策范畴内。这样,可将韩国的科普政策体系划分为3层:一是法律法令中科普的相关规定,二是专门的科普政策,三是科技计划、规划中的科普政策。这三者构成了韩国科普政策体系(见表12-1)。

表12-1 韩国科普政策体系

法律法令中科普的相关规定	《科学技术振兴法》《科学技术基本法》
科技计划、规划中的科普政策	《迈向2025的科学技术发展长期计划》
专门科普政策	《第一次科学技术文化昌盛五年(2003—2007)计划》
	《第二次科学技术文化昌盛五年(2008—2012)计划》
	《第三次科学技术文化昌盛五年(2013—2017)计划》

(一)法律法令中的科普政策

韩国没有专门的诸如中国的《科学技术普及法》这样的科普法,但是在科技相关的法律规范体系中却有对科普方面的规定,韩国的科普事业依此展开。

1967年,韩国制定了《科学技术振兴法》,第三条规定:为了弘扬对科技的认识、促进产业现代化,国家和地方政府应探索必要的措施,以进行科学技术调查、普及新技术和技术指导。1991年,形势发生了变化,政府修订了《科学技术振兴法》,第三条改为:科学技术振兴法综合计划要包括"增进国民理解科学技术、促进国民生活科学化";第五条规定:"综合科学技术审议会的审议范围中要包括第三条的内容",从此"增进国民理解科学技术、促进国民生活的科学化"被纳入综合科学技术计划的范围内。韩国为了促进科学技术政策的革新,于2001年1月将该法废止。2001年1月,韩国颁布并实施了《科学技术基本法》。

(二)科技规划中的科普政策——《迈向2025的科学技术发展长期计划》

1999年,韩国制定了《迈向2025的科学技术发展长期计划》(以下简称《长期计划》),在科技文化方面,目标是到2025年,韩国的国民科技文化水平达到世界第一。为了实现这个目标,《长期计划》提出要"推进并昌盛全国性科学文化活动、建设国际水平的科技馆等科学文化网络体系,以提高国民科技文化水平"的发展方向。推进战略是宣传传统科技、举办多种多样的科技文化活动、建设和运用达到发达国家水平的科技馆、广泛有效地运用媒体和强化科技新闻业活动等(见表12-2)。

表12-2 迈向2025的科学技术发展长期计划

主 题	主要内容
宣传传统科技文化	韩国传统科技文化的具体化和宣传
科技文化活动多样化	策划推进全国民性科学文化活动,凡国民要每月参与1次科学文化活动,提高上班族、家庭主妇、失业者等多层次群体对生活科学知识的理解,发掘宣传使用科学的成功事例,中小学生和科学家间对话,举办各种创意活动、科技竞赛等
建设和运用达到发达国家水平的科技馆	完善和运用与都市科学馆和现有设备结合的地方科技馆,建设各地域特性化科技馆运营体系,加强首都范围内科技馆和与世界著名科技馆间的联系
活用大众媒体	开发供给科技新闻、论坛特辑、戏剧、纪录片、娱乐节目等大众媒体的科技节目,培养评论家、科研机构宣传者、演员和政治家等等作为科技传播媒介专家,设立专门办理传播科学技术的科学电视局
强化科技新闻业活动	振兴有关科技的图书、著述,培养专门著作人,支援创办国际水平的科学杂志,培养科学新闻互联网网站,对科学家、专家进行培训,以有效地推进科学著作的产出

(三)专门的科普政策——《科学技术文化昌盛五年计划》

2003年,韩国开始把科普作为一项独立的事业加以推进,制定了独立的科普政策——《科学技术文化昌盛五年计划》。从2003年至今,韩国已经制订并实施了3个科学技术文化昌盛五年计划。

1.第一次科学技术文化昌盛五年(2003—2007)计划(以下简称第一次计划)

第一次计划的主导思想是建设以科学技术为中心文化基础的社会,目标是提高国民理解科学技术和促进国民参与科学技术政策的制定,树立与科学技术亲近的社会体系，发掘科学技术文化发展潜力（见表12-3）。

表12-3　第一次科学技术文化昌盛五年计划

主导思想	建设以科学技术为中心的社会文化基础 ● 体现作为社会文化的科学技术 ● 提高科学技术的社会地位
目　标	促进国民理解科学技术和参与 树立与科学技术亲和的社会体系 发掘科学技术文化发展潜力
推进方向	促进多层次的国民参与科学文化活动 ● 强化科学技术界参与科技文化活动 ● 扩大科技文化活动队伍 ● 实现市民参与科学技术文化 ● 提高对与科学技术有关的社会性争议问题的理解
	研究开发与需求者匹配的项目 ● 举办与青少年亲近的科学体验活动 ● 提高青少年的科学意识 ● 缩小社会少数阶层的科学技术素质的差距
	扩充简单而有益的科技文化内容 ● 研发普及性科学技术内容 ● 科学技术文化活动坚实化和多边化 ● 通过发掘传统科技增强国民的自豪感
	有效活用大众媒体传播科技文化 ● 扩充科学技术媒体和项目 ● 利用互联网传播科技文化 ● 利用多样的印刷媒体扩大读者面
	扩大生活上的科技文化空间 ● 扩大建设和提高科技馆的运用率 ● 传播草根科学技术文化
	完善科技文化的制度和基本建设 ● 加强科技文化研究 ● 完善科技文化昌盛制度 ● 加大对科技文化的投资

从第一次计划中可以看到，它涉及《长期计划》中的"传统科技文化""科技文化活动形式""科技馆""大众媒体"等，基本上涵盖了《长期计划》的全部主题，而

所有这些都是围绕着构建以科学技术为中心的社会文化这一指导思想而进行的。通过开展全国性的科学庆典、科学韩国运动、生活科学教室等活动，第一次科学技术文化昌盛五年计划取得了很大的成果：实现了科技文化活动主体的多样化，提高了国民对科学技术的关心度，强化了科学家对社会的责任。

2.第二次科学技术文化昌盛五年(2008—2012)计划

第一次计划的成功实施，增强了韩国政府实施"昌盛计划"的信心，2007年12月，韩国政府制定了《第二次科学技术文化昌盛五年计划(2008—2012)》(简称第二次计划)。第二次计划是通过对第一次计划的成果分析而得出的新目标，是第一次计划的延续和发展。

第二次计划实际上就是要解决与科学技术有关的共同体问题：加强科技的作用和科技对社会的责任，鼓励市民参与科学技术政策，加强科技与社会的沟通，推进科学技术文化基础事业的发展，提高公众对科学技术的理解、兴趣与支持，构建科学技术文化昌盛的基础等。第二次计划的主导思想是"科学与社会的沟通、形成参与和共有的科学技术文化"。"科学与社会的沟通"是指科学技术积极地解决共同体问题的社会要求，科技文化活动脱离单方向的活动发展到双方向的活动。具体的目标是加强科学与社会的沟通，提倡创意性科技文化，培养科技文化的均衡发展。重点推进方向是加强科学技术对社会的作用，围绕受众研发科技文化内容，扩充和完善科技文化基础设施培养地方和民间科技文化，扩大科技文化福利。"参与和共有"是指把与科学技术有关的争论变成社会性公论，国民可参与科学技术决策过程，构建国民不但能简单有效利用的高质量科技文化内容，而且还可以自己创建和共有科技文化内容的活动和体系(表12-4)。

表12-4 第二次科学技术文化昌盛五年计划

目　标	推进方向	重点课题
加强科学技术与社会的沟通	科学技术对社会的作用和责任	构建为解决共同体问题的科技研究开发体系 • 为解决社会提出的科技问题，建设"社会技术研究中心"，建设科技与社会的传播体系 • 扩大市民参与技术影响，加强科学技术与伦理、法令、社会的关系研究，构建科技风险体系，推进科学与社会的沟通项目

续表

目标	推进方向	重点课题
提倡创意性科技文化	围绕受众研发科技文化内容	营造创意性青少年成长环境 • 校外青少年科学探求活动,创意性科学教育支援体系,支持让青少年进入理工科,青少年和科学家的见面,通过更好的科技竞赛开发青少年的创意 开发参与、开放、共有、协同的科技文化内容 • 扩充科技文化活动,支援开发多样的科技文化内容,支援科技媒体 作为业余文化的科技文化多边化 • 科学节,开发成人科技文化项目,科技与其他领域融合发掘和运用 科技文化遗产:复原和活用传统科技文化
	扩充和完善科技文化基础设施	建设和运用达到发达国家水平的科技馆 • 让科技馆成为科技文化的中心,扩充科技文化空间,支援和活用科技专门频道"科学TV(Science TV)",培养科技文化专门人才 增大科技文化的财政投入,完善制度和研究评价制度
培养科技文化的均衡发展	培养地方和民间科技文化	培养草根地方科技文化 打好导向市场的科技文化产业基础
	扩大科技文化福利	扩充高龄社会的科技文化项目 开发向残疾人传播的科技文化项目

2008年上台的李明博政府（口号是"实用政府"）在同年8月制订了《科学技术基本计划（2008—2012）》。这个计划提出到2012年国家研发总投资达到国内生产总值的5%，重点支援七个重大技术领域（七大重大领域包括：加大力度支持支柱产业、推进新产业的开发、知识基础服务产业、确保国家技术核心力量、全球化热点领域的研究开发和基础及融合技术的开发），七大体系先进化、效率化等（七大体系为：世界化的科技人才体系、基础资源研究开发体系、中小风险技术革新体系、科学技术国际化体系、地方技术革新体系、科学技术管理保障体系和科学技术文化体系）。因此，该计划又叫"577战略"。

根据该计划，实用政府的科技文化政策是"科学技术的生活化"和"提高科学技术对社会的作用"。于是《第二次科学技术昌盛五年计划》也进行了相应的修订。"科学技术的生活化"的目的是"传播国民必要的、喜爱的科技文化",到2012年使国民科技关心指数达到60(2006年为48.6,美国2001年为67.5),把科技馆增加到120个(2007年为64个)。主要推进方向是营造具有创意的青少年成长环境,促进国民科技生活化,向其他领域的专家传播科技文化,巩固由民间主导的科技文化基石,建设全国范围的科技馆,有效地运用科技馆,有效地推进科技文化活动。"提高科学技术对社会的作用"的目的是加强国民对科学技术的支持,主要推进方向是加强解决共同体问题的科技与社会研究,建设科技与社会的互相沟通系统,强化科学家对社会的责任(见表12-5)。

表12-5 实用政府的科技文化扩散政策

项 目	主要内容
科学技术的生活化	目标:扩散国民必要的、喜爱的科技文化 • 国民科技关心指数达到60(2006年为48.6,美国2001年为67.5) • 把科技馆扩大到120个(2007年为64个)
	主要推进方向: 营造具有创意的青少年成长环境 • 科学技术与文化艺术、创意教育相结合,如开发普及新一代科学教科书,扩大尖端科学教师教育中心(2007年为1个),扩大学生放学后生活科学教室
	促进国民科技生活化 • 推进面向全体国民的教育科学技术项目 • 扩大UCC(视频网站)、博客等科技门户网站的国民参与度
	传播面向其他领域专家的科技文化 • 探索对国民关心最多的与科技有关的社会议题的理解和对策
	巩固由民间主导的科技文化产业基础 • 树立支援科技文化产业体系(如完备法令、金融支援、人才培养、研究开发和失业支援等)
	建设全国范围的科技馆、有效地运用科学馆 • 建设世界水平的体验、游戏型国立科技馆[国立果川科学馆(2008年11月),大邱、光州国力科学馆(2011年)]
	有效地推进科技文化活动 • 逐步扩大科技文化财政支持(政府研发财政的1.25%) • 科技文化水平、实况调查,培养专门人才

续表

项目	主要内容
提高科学技术对社会的作用	目标：通过提高科学技术对社会的作用，加强国民对科学技术的支持 **主要推进方向：** 加强为解决共同体问题的科技与社会研究 • 组织具有未来洞察力的各界专家对未来进行预测研究，提出建议 • 为了解决自然灾害、交通事故、气候变化等共同体问题，设立"科学技术与社会研究中心"。（如通过自然科学、人文科学和社会科学之间的协作研究，研发防灾教育模拟程序、交通事故合议形成系统、医疗事故防止系统和环境排名指标等） • 加强面向国民的科学技术服务传达体系的建设 建设科技与社会的互相沟通系统 • 强化科学技术对社会文化的影响研究 • 在预先调查大型项目可行性的时候，评价反映伦理、法律和社会的影响 强化科学家对社会的责任 • 扩大"提高研究伦理的项目"（如向出捐研究机关、大学的研究人员进行定期伦理、素养教育和生活伦理教育，制定研究真实性验证程序，制定防止研究违法行为政策）加强"国民理解研究开发（PUR: Public Understanding of Research）项目"[如扩大国民参与"研究文化广场"事业（2006年开始）] • 构建研究开发失败事例共有数据库

3.第三次科学技术文化昌盛五年（2013—2017）计划

韩国第三次科学技术文化昌盛五年计划具体情况如表12-6所示。

表12-6　第三次科学技术文化昌盛计划

远景：能够与社会沟通、一起乐享的科学技术 　　科学沟通+科学融合 　　共感分享创意性 　　科学与社会的共进化	
推进方向	重点课题
强化科学和社会的沟通	培养科技文化的专业人才，促进活动主体多样化 为了解决社会文化问题强化科学技术责任 危机沟通活性化 通过多样媒体传播科学知识
通过制度的完善和基础设施的扩充强化科学文化基础	扩充科学技术文化财源和福利服务 扩充地方科学文化设施和项目 强化科学技术文化调查研究
使科学技术的共有和分享活性化	全国民能够乐享的科学活动常时运营 为成人提供的科学技术文化活动和终生教育活性化 扩充以青少年为对象的创意科学体验活动 扩充为应对高龄社会准备的科学项目 继续扩充给弱势群体和女性准备的科学文化项目
开发、传播以受益者为中心的科学内容	开发、普及生活中的科学内容 通过将科学和其他领域相融合开发、普及创意的内容 通过联系民间市场，建成科技文化的产业化基础

4.三次科学技术文化昌盛五年计划的联系和发展

随着科学文化事业的发展,虽然每个五年计划都有各自不同的理念、目标和重点推进方向,但其实每一个五年计划内容都有着相互联系,后一个是在前一个基础上的发展。同样是涉及科学传播的对象及传播模式的内容,第一次五年计划是强调"向多样团体宣传科技文化参与"的由上至下的单向沟通,第二次则调整为"强化对科学技术的社会参与和作用发挥",第三次发展为"强化科学与社会的沟通"的双向传播沟通理念;又如在内容开发方面,三次五年计划都在强调开发的科学技术文化内容要有针对性,要以需求者为中心,但其实在具体实施时也有方法、策略和渠道等方面的调整,具体见图12-1。

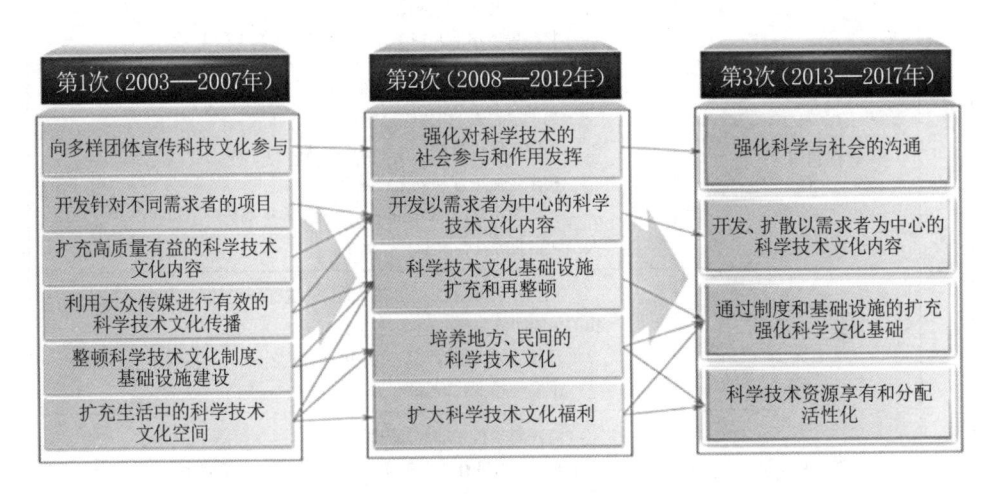

图12-1 韩国三次五年计划变化情况

第二节 韩国科学传播的主体

一、科学传播机构分类与职能

韩国进行科学文化传播的主要组织和机构包括政府部门、公共机构、民间团体/非政府组织(NGO)及教育机构等,各机构结合自身职能、资源等进行科学技术文化的传播及活动发起和组织(表12-7)。

表12-7 主要主体开展科学技术文化活动现状

不同主体		活动
政府部门	教育科学技术部①	为了将韩国建成科技强国促进多种事业发展： 总管国家科学技术文化事业，支援各种科技文化活动 建设并管理各大国立科学馆等基础设施
	农林水产食品部	为了确保食品安全的研究开发和管理： 鼓励通过科学技术的农林水产食品发展 支持高龄化、脱农后困难的农民及多元文化家庭（外来移民及国际联姻） 发掘和利用地方潜在资源促进农村发展活力
	知识经济部	为了创造融合的新市场确保法律基础： 扩充安全领域的研究与开发，准备安全性对策 构造产品安全调查系统，改善安全管理制度 为了能源节约生活化促进强化沟通 奖励青少年进入理工领域，支援理工科大学生
	保健福利部	向国民宣传生物研究成果，推行国民健康和福利事业 为了食品安全构建综合管理体制 为国民提供健康、生命现状的情报和产品 构建生命伦理和安全设施 针对低生育、高龄化的社会事业，促进弱势阶层和残疾人福利事业等社会事业
	环境部	为保护环境和保存生态界的目的进行环境教育，及与相关民间团体协作 环境技术开发及环境产业培养、支持 准备环境变化对策
	国土海洋部	海洋科学技术研究及开发 构建气候变化等自然灾害事前预防沿海管理系统 为了再生绿色城市开发生物燃气和生产技术
	文化体育观光部	针对地方弱势阶层，加强和扩大文化福利保障 为传统、地方文化资源价值再创作提供政策保证 对应电子智能环境发掘、支持第二代内容开发 培育融合的电子内容产业
	广播通信委员会	广播、通信、情报融合为国民提供多样的尖端服务 构建安全的网络环境，关爱社会弱势群体

① 该材料以2012年末为基准，2013年朴槿惠政府上台后将原教育科学技术部拆分为"未来创造科技部"和"教育部"，后文将详细介绍。

第十二章　韩国的科学传播

续表

不同主体		活动
政府部门	专利厅	发掘优秀发明人才,为提高青少年的创造力和问题解决能力举办各种发明大会
	文化遗产厅	发掘并记录传统科学技术关联文化遗产 构建全科的、系统的文化遗产保存管理基础
	消防防灾厅	培育消防、防灾产业,构建自主安全体系 构建科学的灾难对应系统 与国民一起进行生活安全实践
	农村振兴厅	开展增进青少年理解农业技术、生命工程学等的事业
	山林厅	制定气候变化关联的山林政策,培育生物资源,山林管理本源技术,新生长动力和产业化技术研究和开发
	气象厅	唤醒民众对地球变暖等其他气候变化的深刻性的理解,展开科学文化传播多样化
公共机构	韩国科学创意财团	促进科学文化传播,科学人才教育,创意、人性教育,数学、科学教育充实化,融合人才教育(STEAM)等以科学技术文化昌盛为目的的多种事业
	韩国产业技术振兴院	青少年技术文化活性化事业 为实现技术强国,基于产学研一体化强化技术革新基础和综合的产业技术发展政策的树立
	韩国情报文化振兴院	形成健康的情报文化,支持解决情报格差
	韩国原子力文化财团	以增进国民对原子力的理解为目的,为国民提供原子力信息
	韩国科学技术企划评价院	为增进国民对科技研究成果的理解,制定科学技术战略、计划,进行国家研究开发事业评价,分析和成果管理,研究开发知识传播等
	韩国研究财团	理工领域基础研究和教育人力培养事业等
	韩国文化艺术教育振兴院	为了培养创意人才,通过将艺术与科学、社会、人文等相融合,形成新的自创教育模型,学校现应用的项目
	韩国保健事业振兴院	为以国民及相关研究者为对象的保健、医疗提供对应方案及研究结果
民间团体	科学文化振兴会	建成国内科学技术者的协作网,推进提高一般市民科学技术意识的科学文化事业
	市民参与研究中心	环境,公共服务,保健,医疗,教育等,进行与地方居民密切相关的科技领域问题的调查、研究
	市民科学中心	促进科学技术的民主化的活动及研究

续表

不同主体		活动
民间团体	环境教育中心	环境教育的大众化、体系化相关活动和事业
	科学技术团体	对青少年和一般人开展了解科学的活动
	科学教师团体	科学教育材料开发和共有,科学实验教室,科学游乐场等运营
教育机构	青少年科学技术振兴中心/地方科学技术振兴中心	为了增进青少年的科学关注度及投身理工科运营相关教育项目
	韩国科学技术院科学新闻大学院	通过融合科学及舆论培养未来战略专家、科学和社会沟通专家
	光州大学研究生院科学馆学科	培养科学展示专门人才
	全北大学科学学科	科学技术全面,科学技术和社会文化的联结,具有综合知识和眼光人才的教育
	汉阳大学研究生院科学技术政策学科	培养科学技术专家

二、韩国科学传播事业的主体——韩国科学创意财团[①]

韩国的科学传播事业一直由政府作为科技发展的一部分主导推动,但因韩国从20世纪80年代到90年代局势的不稳定、各种科技相关的负面社会事件、金融危机等多种因素导致国民对政府的支持率及对科技的信任度大大降低,青少年忌讳进入科技界的现象也日趋严重。为解决以上问题,2001年的《科学技术基本法》规定开始独立地推进科学文化事业,韩国科学文化财团为科学技术事业的推进主体。

韩国科学创意财团是1967年由韩国时任总统朴正熙创立(创立初期名称为"韩国科技后援会",后又经历两次更名,2008年改为现名称至今),自创立以来为韩国科学技术大众化及科学文化的传播做出了很多努力。该财团旨在加强国民对科学的理解和提高国民科学知识水准,在国民生活和社会中全面普及应用科学技术,传播科学技术文化,培养国民的创意能力及创意人才,更好地促进国家的发展。事业主要

---

① 资料来源:韩国科学创意财团网站。https://www.kofac.re.kr/.

第十二章 韩国的科学传播

集中在科技文化传播、促进青少年及一般国民对科技的理解、科学创意人才培养及资助、举办科技传播活动、科学教育课程研究开发、韩国科学文化科学图书奖授予、科学技术振兴基金运营和国际合作交流等方面。

韩国科学创意财团组织机构：韩国科学创意财团设理事长、监事、一个特别综合教育研究院及4个主要职能部门，分别是：创造经济文化本部、科学文化振弘团、创意人才教育团和经营计划团。理事长负责财团整体运营管理，监事对财团的运营、管理和财务等进行监察，其中3个主要职能部门分别负责三大促进事业方向，经营计划团为财团整体运营服务，进行计划预算、经营支持等。

韩国科学创意财团是与民众紧密沟通的机构。韩国科学创意财团主页专设"顾客"栏目，是专门用来与民众沟通、接受民众意见的渠道。栏目下设民愿信访、按事业分类民愿信访、投诉申告、主页改善要求、一般咨询、苦衷民愿、政策协作事业提案、我的信访查询和顾客服务宪章等下设小栏目。各栏目的民众参与度都很高，并且都能得到及时、详细的答复，使韩国的科学传播事业真正达到科学与社会的双向沟通、与民众紧密联系的目标。

在科学活动发起及组织方面，除韩国最大的科学创意盛典外，韩国创意财团每年还会定期举行"大韩民国科学技术创造庆典""创造经济博览会""大韩民国幸福学校博览会""创意体验节""科学创意年度会议""圣诞科学音乐会"和"家庭科学庆典"等活动，其活动组织具有丰富性、多元化的特点。同时，韩国科学创意财团还发行了月刊《科学与创意》。

韩国科学创意财团的主要促进事业包括3个方面：创造经济文化基础建成及创意人才培养事业、创意的科学文化传播事业和科学技术人才培养事业。

1.创造经济文化基础建成及创意人才培养事业

通过传播使国民对创造经济达成共识并扩大国民参与度：使创意的理念、想法具体化、现实化，传播MAKER（创客）文化，扩充创意空间基础设施以及使创造经济文化基础体系化。相关的主要活动和项目包括：无限想象室运营、创造经济交流空间和创造经济博览会等（见表12-8）。

未来创意人才培养：为了实现学生自主体验和参与，提供革新的课程模式及高质量的教育环境和项目，通过教育公益捐赠活动实现"幸福教育"。相关的主要活动和项目包括：大韩民国人才奖、平时主题公益课程（大学生及机构免费捐赠）和可持续发展教育等（见表12-8）。

表12-8　创造经济文化基础建成及创意人才培养事业

平日主题公益课程	教育捐赠活性化（多主体）	大学生教育捐赠（志愿者）	大韩民国人才奖
无限想象室开设、运营	自由学期制支援中心	可持续发展教育（ESD）	创意教育远程研修
创意教育据点中心运营	创意教育先导教员培养大学运营	创意人性教育现场研讨	创意人性教育网（CRE-ZONE）活性化www.crezone.net
创造经济博览会	构建创造经济文化基础	校内无限想象室	

2.创意的科学文化传播事业

科学文化内容挖掘和开发：为了增进创意能力和对科学技术的理解，开发科学文化内容，通过多种媒体进行传播和发布，夯实创造经济的基础。代表项目有：科学文化调查研究、科学创意年度会议、大韩民国科学文化奖、科学技术ICT文化内容开发和优秀科学图书认证等（见表12-9）。

科学内容普及、传播：青少年、地方居民等国民无论谁都可以很容易、饶有兴致地参与科学文化体验场所运营，使科学文化能够共有并传播。代表项目有生活科学教室、大韩民国科学创意盛典、地方科学节和韩国青少年科学创意大会等（见表12-9）。

表12-9　创意的科学文化传播

科学技术、ICT文化内容开发	科学文化内容计划、调查和研究	科学文化国际合作	科学创意年度会议
提高国民的科学文化认知度	大韩民国科学技术创造庆典	大韩民国科学创意盛典	支援民间主导的科学文化内容开发活动
科学技术专门频道"SCIENCE TV"委托运营	运营"SCIENCE ALL"（给普通民众提供科技知识和信息的网站）www.scienceall.com	支援科学沟通活动	运营"SCIENCE TIMES"（科技新闻网）www.sciencetimes.co.kr/
生活科学教室	优秀科学图书认证及普及	全国青少年科学探究大会	地方科学节
青少年科学探究班（YSC）	科学游戏区（PLAY ZONE）	我们社区内的科学俱乐部（CLUB）	—

3.科学技术人才培养事业

充实科学教育、培养科学英才:通过建立科学教育标准、STEAM项目开发等培训科学技术核心人才,通过科学英才教育机构、各国间的交流与支持培养全球型科学英才。代表项目有:支援科学重点学校运营、STEAM项目开发与普及、融合人才能力强化教员研修和科学技术人才职业生涯支持等(见表12-10)。

数学教育及SW(Soft Ware,即软件)基础能力强化:改善、开发数学教育课程、教科书、学业指导材料,为了发展以计算思考力为基础的SW教育强化支持和实践能力。具体促进项目如:数学教科书改善研究、数学课程材料开发、数学教育先导学校、SW先导学校和SW教育教材开发及教员研修等(见表12-10)。

表12-10 科学技术人才培养

支援STEAM R&E 课题	运营融合人才教育领导学校（STEAM LEADER SCHOOL）	支援科学高中、科学（艺术）英才学校	科学技术人才职业生涯支援中心
支援科学重点学校运营	数学、科学教育课程指导材料	支援大学部设科学英才教育院	与大学生一起进行的融合人才教育
数学、科学教育活动支援	构建数学教育发展基础	英才教育研究事业	年度科学教师奖
融合人才教育延伸项目开发运营	融合人才教育政策研究	融合人才教育教员研修	融合人才教育项目开发
融合人才教育教师研究会	尖端科学教育三个中心运营	小学数学、科学国家指定教科书和图书开发	小学、初中SW教育底层扩充
小学、初中数学和科学教育强化	支援大学生研究项目（URP）	为支持教学及学习的数学、科学教科书改善研究	—

第三节　韩国的科学传播的基础设施

一、韩国的科学馆概况

韩国科学传播的主要基础设施还是以科学馆及与科技相关的博物馆为主,韩国在推行了第一次科技文化昌盛五年计划(2003—2007)后,科学传播事业有了长足的发展,同时对科学传播基础设施的建设也加大力度快速推进,从2007—2014年的7年时间里,韩国的科技馆数量就从62个增长到124个,正好增长了1倍。除了各大国立及公立科学馆数量不断增长外,私立科学馆数量也在逐年增加(见表12-11)。

表12-11　主要主体开展科学技术文化活动现状

单位：个

机构性质	年份							
	2007	2008	2009	2010	2011	2012	2013	2014
国立	7	8	8	8	8	8	10	11
公立	35	39	49	55	60	66	74	78
私立	20	23	25	27	27	30	33	35
总计	62	70	82	90	95	104	117	124

除首尔特别市外，全国各地方也在加大科技馆的建设和普及（见表12-12）。

表12-12　韩国各地区科学馆现状（2014年12月基准）

单位：个

地　区	国　立	公　立	主题/BTL	私　立	总　计
首尔特别市	2	2	—	9	13
世宗特别自治市	—	—	—	—	—
釜山广域市	1	4	—	1	6
大邱广域市	1	2	—	1	4
仁川广域市	—	2	—	3	5
光州广域市	1	1	—	—	2
大田广域市	1	3	—	—	4
蔚山广域市	—	1	—	—	1
京畿道	3	5	4/0	7	19
江原道	1	4	3/0	3	11
忠清北道	—	5	2/1	1	6
忠清南道	—	7	5/2	2	9
全罗北道	—	6	5/0	—	6
全罗南道	—	11	6/0	2	13
庆尚北道	—	10	6/1	3	13
庆尚南道	1	12	5/2	1	14
济州岛特别自治道	—	3	1/0	2	5
总　计	11	78	37/6	35	131

★未来创造科学部所管国立科学馆：5个
★未来创造科学部支援公立科学馆：主题科学馆37个，利贷型民间投资（BTL）科学馆6个

韩国的主要综合性国立科学馆一般由韩国未来创造科学部支持建立和管理，各类主题科学馆由所属领域相关政府部门管理（见表12-13）。

表12-13　国立科学馆现状（2014年12月基准）

单位：韩币百万元，万名

科学馆名	所属机关	所在地	开馆日	预算		观览人数
				2013年	2014年	（2013年）
国立首尔科学馆	未来创造科学部	首尔中路区	1962.08.30	1859	1863	30
国立中央科学馆	未来创造科学部	大田儒城区	1990.10.09	29,700	28,200	173

单位：韩币百万元，万名　续　表

科学馆名	所属机关	所在地	开馆日	预算 2013年	预算 2014年	观览人数 (2013年)
国立国川科学馆	未来创造科学部	京畿道果川市	2008.11.14	32,441	30,692	245
国立大邱科学馆	未来创造科学部	大邱达城郡	2013.12.24	9500	8900	16
国立光州科学馆	未来创造科学部	光州北区	2013.11.15	7000	6900	8
水产科学馆	海洋水产部	釜山机张郡	1997.05	1083	1084	31.4
农业科学馆	农村振弘厅	京畿道水原市	2002.11.15	401	401	6.2
山林科学馆	山林厅	首尔东大门	1999.11	—	—	21.5
山林博物馆	山林厅	京畿道抱川郡	1987.04.05	107	62	36.6
南部山林科学馆	山林厅	庆尚南道晋州市	2005.04.29	13,800	13,800	0.4
国立山岳博物馆	山林厅	江原道束草市	2014.10.29	—	—	—

二、韩国的"科学馆培养法"及"科学馆培养基本计划"

20世纪90年代初期，为了推进科学馆等科学传播设施的建设和发展，促进科技馆设立，监督、管理科学馆的运营及指导科技馆业务的开展，韩国于1991年12月31日颁布了《科学馆培养法》（法律第4490号），之后又历经几次修订，长期以来使韩国科技馆工作的开展有法可依。

此后，为了使全国科技馆建设及运营的具体工作更具规划性和可操作性，从2004年起韩国科技部（未来创造科学部前身）开始实行《第一次科学馆培养基本计划（2004—2008）》，现今正处于《第三次科学馆培养基本计划（2014—2018）》实行中。

《第三次科学馆培养基本计划（2014—2018）》以"成为世界瞩目的科学内容强国"为远景，以"充满想象力和创意力的科学馆"为目标，列出以下五大战略和措施。

1. 扩大全国科学馆建设，实现运营更加效率化

(1) 在首尔、釜山等大城市建立综合科学馆。

(2) 按各区域别促进国立科学馆的特性化发展，强化竞争力。

(3) 强化科学馆间合作的网络。

(4) 扩大对公、私立科学馆的支援。

2.传播以想象力和创意力为根基的科学文化内容

(1) 形成展示研究与开发生态系统。

(2) 扩大作为"创造经济"后盾的"无限想象室"。

(3) 扩大观览客参与型展示空间。

(4) 扩大以想象力和创意力为基础的融合内容开发。

(5) 以ICT为基础开发、扩大SW项目。

3.专业人才的培养和任用

(1) 培养科学馆核心领导。

(2) 培养和任用科技馆、科学文化传播专业人才及专家。

(3) 提升科学讲解员能力,并引入职业认证制度。

4.为科学馆活性化运营提供基础和保障

(1) 国家科学技术事务认证制度实施。

(2) 构建、扩大智能(SMART)科学馆。

(3) 捐赠、委托制度及民间后援活性化。

5.扩大国际合作及与科学文化机构的合作

(1) 提升科学馆的全球化水准。

(2) 强化与博物馆等其他文化设施间的联系与合作。

(3) 构建科学馆与韩国科学创意财团间的合作体系。

第四节　韩国科学传播的公众活动

2016年,韩国迎来了其科技振兴发展的50年纪念,在这50年的历程中,各类科技活动的发起和举办在韩国科技大众化事业的发展过程中起到了举足轻重的作用。韩国的各类科学节活动主要由政府科技部门支持,韩国专职科学传播机构——韩国科学创意财团主办,全国各级科技馆结合各自资源及特点多元开展。

第十二章　韩国的科学传播

一、韩国的"科学日""科学月"

为了纪念1967年4月21日韩国科学技术处的成立,在其1周年庆典上(1968年)将4月21日定为"科学日",而后在1973年制定并公布的《关于各种纪念日的规定》正式将每年的4月21日确定为韩国的"科学日"。因为韩国对科技发展及科技大众化的重视,近些年来针对"科学日"的各种庆祝、宣传活动一般从4月初就陆续开始,一直持续到月末,所以4月也逐渐被官方、媒体和大众称为"科学月"。

在"科学日(月)"期间韩国主管科技、教育的相关政府部门(韩国未来创造科技部、教育部等)及科技界会举行各种庆祝、表彰、评奖及科技文化宣传活动;促进科技大众化发展的组织、机构(韩国科学创意财团、各级科学馆等)会联合或各自分别举行可供国民参与的各种体验活动,活动内容丰富,参与性强。韩国的大学、中学、小学也会在校内举行各类科技庆祝活动,如各类参与体验活动、科技竞赛活动等。另外,在"科学日(月)"期间韩国各大国立科学馆和地方各道、市科学馆都会有1—2周的免费开放时间,供民众免费参观。

二、韩国最大规模的科学节——韩国科学创意盛典

"韩国科学创意盛典"由韩国未来创造科技部主管、韩国科学创意财团发起并主办,各级地方政府、科研机构、大中学校及知名企业多元协办与后援,截至2015年已举办了19届,2016年8月将迎来它的20周年纪念。该活动广受国民欢迎和好评,有着较高的公众参与度,首届达40万人次,之后每年都保持在20万以上,与此同时,该活动也是一个国际先进科技交流和展示的平台。

(一)发起背景及目的

20世纪60年代,韩国科技振兴以后,科学节类的活动都是较零散地进行的,进入20世纪90年代后韩国一直在摸索提高科学活动效果的方案。在此背景下,同时为了纪念"韩国科学日"30周年,1997年在政府的大力支持下由韩国科学文化财团发起并主办了第一届大韩民国科学庆典。该科学节的目的是向国民展示本国科学技术的发展情况,使国民了解国家科技未来发展的规划和展望,与国民一起谋求为民服务、与民共融的科学。

（二）发展沿革

韩国科学创意盛典发展沿革情况如表12-14所示。

表12-14　发展沿革

年 份	变革内容	庆典主题
1997	活动初创。第一届庆典与韩国"科学（日）月"活动相结合，于4月18—24日在汉江汝夷岛地区举行。期间总共约有40万人参与。此次科学节被评价为使韩国科学大众化事业飞跃到一个新阶段的重要事件	简单、有趣地体验科学
1998	由韩国前总统金泳三在第二届APEC科技部长会议上提出并通过的首届"APEC青少年科学节"于1998年在韩国首尔奥林匹克公园举行，第二届盛典与此合并举行。来自13个APEC成员经济体的近700名代表参加了活动，参观人数超过20万。以后该活动每年都定在8月份举行。由此该科学节也成为国民及青少年了解世界各国先进科技的窗口	科学与通信
2002	第六届盛典在韩国浦项市举行，力图加强地方城市的科学技术文化传播，从此以后科学庆典打破了以往偏重在首尔特别市举行的惯例，每3年在地方城市举行1次	科学的力量！改变未来
2003	从第七届科学庆典起，为了缓解韩国理工科危机，在科学盛典中加入了"理工科专业及职业发展博览会"这一附加活动	科学技术、整合与未来
2005	到第九届科学庆典，其活动的内容、形式更为丰富多样，参与的团体及展示、体验项目更为多元，已达到了相当的规模，被评价为既具科学趣味又具教育价值的综合娱乐型科学庆典	SCIENCE 180°
2009	从第十三届庆典开始为了贯彻时任李明博政府的"创新"科技政策，科技节的内容和主题都开始增强了创意的部分	科学和创意创造的绿色未来
2011	"大韩民国科学庆典"正式更名为"大韩民国科学创意盛典"	面向未来的科学技术，为了未来的创意、融合教育

（三）活动主题及主要形式

韩国科学创意盛典初创时期的主题大多体现了韩国政府当时"增进国民理解科学技术、促进国民生活科学化"的科普理念，如第一届"简单、有趣地体验科学"、第三届的"科技融合咖啡馆"等。韩国最近几年科普活动发展走向的关键词为创意、融合及指向未来，活动主题也充分体现了这一点。如：2012年为"创意世界，从科学中寻路"；2013年为"科学，插上想象的翅膀"；2014年为"孕育创意的希望、科学的未来"；2015年为"光复70年——科学技术引领的新飞跃"。

韩国科学创意盛典形式多样，既给研究所、企业、学校及民间社会团体等提供了充分交流、展示的平台，又满足了国民尤其是青少年对科技发展最新成果的加深了解、参与体验的要求。活动形式主要包括项目展示、体验活动、科技竞赛、特别讲演、科技电影节、各类科技教育成果研讨发表会和科技图书推荐等。活动主会场一般会按不同活动的内容、主题及机构类别进行分区。

三、韩国国立中央科学馆的"科学日"

韩国国立中央科学馆从2000年开始每年春、秋两季各举行一次"科学日"活动，具体为每年4月、10月的第二个周末（周六、日两天）。"科学日"活动是韩国国立中央科学馆最具代表性的活动，是可供全民参与的科学创意体验活动，活动形式主要有科学展示、科学体验、科学讲演、特别展览和文化公演等，活动在国民中有较高的知名度，尤其受儿童和青少年学生的欢迎，截至2015年第35届"科学日"观览总数已达到856,000多人，参展机构最多时达到100多家。"科学日"期间国立中央科学馆的所有设施及各类活动免费对市民开放。

四、家庭科学节

韩国的"家庭科学节"是由原韩国教育科学技术部（2013年起改为未来创造科学部）主管，韩国科学创意财团联合国立果川科学馆等机构主办，是可供国民以家庭为单位参加的体验型科学节，以此促进韩国普通国民家庭能够在科学中体验到乐趣，形成家庭科学文化氛围，尤其使家庭中的青少年在良好的科学文化环境中提升其科学素养及创意、创造能力。

该科学节从2004年起开始举办，一般在每年4月，作为韩国"科学日（月）"的其中一项活动。活动主题涉及的科学内容范围较广，形式多样，早些时期的活动主要是让民众更多地了解、关注科学，所以活动并没有统一的大主题；近些年渐渐开始强调科学发展中的国民参与性，主题开始将科学与国民的家庭、生活建立连接，使国民能够将科学融入生活，让生活充满科学与创新的活力，如2010年的活动主题为"用科学打开家庭的三个梦想——梦想之山、梦想之海和梦想之城"；2011年主题为"听科学讲的三个故事——描绘富饶而清新的地球、与创意一同梦想的未来以及科学与艺术相遇坠入爱河"；2012进行新的尝试，以三天两夜的"科学创意家庭营"的形式进行，在全国通过线上报名选出100个家庭参与活动，在韩国的4个地区进行多样的科学参观、体验和教育活动；2013年韩国总统换届，"家庭科学节"以全新面貌示人，以"想象、幸福、科学花园"为主题在首尔特别市光化门广场（相当于中国北京市天安门广场）举行。

五、韩国最大的中小学生科学社团节——创意体验节

"创意体验节"是韩国最大的中小学生科学社团节，由韩国教育部主管，韩国科学创意财团主办，2011年在日山市举办第一届，以后每年11月在不同城市举行。该活动致力于帮助中小学生构建具有创造力、团队合作能力和健康同伴文化的优秀社团，是全国中小学生社团间创意沟通和开放交流的摇篮，是全国优秀社团风采展现的平台。参加创意体验节的全国学生科学社团一般从每年7月开始选拔，学校的社团和联合社团（青少年活动机构、科学场馆等运营的学生社团）都可参与，通过初选、复选最终选出300个左右学生社团参加。活动主题一般都与创意相关，如"创意合作"（Creative Collaboration）"创意沟通"（Creative Communication）和"创意挑战"（Creative Challenge）等。活动的形式主要包括展示、体验、公演、竞赛大会和特别活动（一般提供学生社团发展及学生个人生涯发展的咨询、指导和讲座）等。

六、科学与艺术的融合——圣诞科学音乐会

从2003年起开始举办的"圣诞科学音乐会"由韩国未来创造科学部（原韩国教育科学技术部）主管，韩国科学创意财团主办。在每年年末圣诞前后都会邀请著名的科学家、学者进行精彩的科学演讲，与温暖激情的音乐会一同为国民和青少年准备了特别的精神盛宴。每年的活动一般会举行两天共4场，每场一个半小时左右，科学演讲及音乐会进行中也有很多与观众互动的环节。"圣诞科学音乐会"将科学演讲与音乐会相结合是韩国科普较为创新的形式，是国民尤其是青少年非常喜欢和参与度较高的科普活动。

韩国公众活动内容丰富、形式多样，为不同的参与者提供了有针对性的主题和设计；在向国民展示最新科学研究成果、科技产业发展的同时，更注重科学教育成果及青少年科技创造力的展现，如专门针对青少年科技社团的"创意体验节"，多数科学节中都有STEAM教育成果、科学重点高中教育成果、青少年科学探索班成果的

展示和体验,等等;同时韩国的各类科技节活动记录也见证了韩国科技的发展,深深地打上了韩国科技、科普政策发展变迁的烙印。

第五节 科学传播的内容开发

一、科学写作

韩国科学技术出版协会(前身为韩国工学图书亲睦会)创立于1975年4月10日,是以促进科学技术图书出版协会以人的亲睦和出版信息交流为宗旨和目的而创立的。1978年韩国科学技术图书协议会成立,1987年韩国科学技术媒体协会创立,1993年两协会合一,改名称为韩国科学技术出版协会,由当时韩国科学技术部认证。该协会共97家会员单位,包括综合出版社、理工类出版社、各专业领域的专门出版社和儿童出版社等。该协会的创办目的是为了科学技术良好的发展,发掘、培养优秀的著作人,交流信息及培养专门编辑人才,通过科学技术出版促进科学技术文化的基础扩大,为国家科技有力发展做出贡献。

依据协会创办目的,主要从事以下主要事业。

(1) 为提升科学技术出版文化及促进出版事业发展的相关事业。

(2) 科技阅读人口的开发与调查。

(3) 为了培养科学技术出版专业人才的相关事业。

(4) 与出版相关机构、团体间的交流及合作事业。

(5) 国外科技图书版权引进及促进出版物有效利用相关的国际 交流事业。

(6) 促进出版经营的合理化和出版流通的现代化事业。

(7) 发行与科技出版发展相关的刊物。

(8) 为谋求会员的亲睦及共同福利的相关事业。

(9) 为达成该协会创立目的其他必要事业。

具体包括:每年的科学技术图书奖评颁奖、发行《科学技术出版》期刊以及为科技作者及经营者举办研讨会和培训等。

《科学技术出版》:1994年发行创刊号,为了促进科学技术基层的扩大化和科学技术出版情报的媒体化而创办，主要刊登科技出版行业各类信息、情报，推介会员出版社的新书等内容，每年发行春刊、秋刊两种。在韩国全国政府机关、各大学理工科、大学图书馆、国公立图书馆、各研究所、出版社和全国书店发行。

二、图书作品

（一）韩国科技图书的出版状况[①]

从韩国近5年科技类图书出版数据看来，出版发行的种类基本上呈上升趋势，2010—2014年的5年间就增加了1388种，技术科学类图书各类要明显比纯科学图书种类多。外国引入翻译类的科技图书种类近5年除2011年各类明显增多外，发展趋于平稳。5年间科技图书发行册数也有一定程度的增加。具体数据如下表12-15、表12-16、表12-17所示。

表12-15　2010—2014年科技类图书发行种类数

单位：种

类别	年份				
	2010	2011	2012	2013	2014
纯科学	541	647	521	645	718
技术科学	3206	3628	3552	3880	4417

表12-16　2010—2014年科技类翻译图书种类

单位：种

类别	年份				
	2010	2011	2012	2013	2014
纯科学	216	272	205	214	194
技术科学	578	740	705	704	691

表12-17　2010—2014年科技类图书发行册数

单位：册

类别	年份				
	2010	2011	2012	2013	2014
纯科学	726909	1113374	675499	782696	796439
技术科学	4396833	4976884	4633667	4871936	4985615

（二）科学技术图书奖

韩国科学技术图书奖于1983年设立，该图书奖通过对优秀的科学技术图书的表

[①] NAVER韩国2015出版年鉴. http://terms.naver.com/list.nhn?cid= 55608&categoryId= 58131.

第十二章 韩国的科学传播

彰、奖励,来鼓励各领域中参与科技图书创作、出版的工作者们的创作热情,从而更好地促进科学技术的发展,并为科技出版事业的提升做出贡献。具体相关信息见表12-18。

表12-18 韩国科学技术图书奖相关信息

奖 项	奖励明细及奖金	获奖人数
著述奖	未来创造科学部长官奖,奖金100万韩元	1名
翻译奖	未来创造科学部长官奖,奖金100万韩元	1名
出版奖	未来创造科学部长官奖,奖金100万韩元	1名
特别奖	韩国科学技术团体总联合会长奖,奖金100万韩元	1名
鼓励奖	韩国科学著作人协会长奖,奖金50万韩元	1名
贡献奖	韩国科学技术出版协会长奖,奖金50万韩元	1名

韩国科学技术图书奖一般在每年的2—3月份征集、评奖,征集图书作品范围为前一年3月至本年度2月出版发行的科技类图书,在每年的"科学日、科学月"期间(4月)举行颁奖仪式。2014—2016年获奖名单分别见表12-19、表12-20、表12-21。

表12-19 2014年韩国科学技术图书奖获奖名单

奖 项	获奖者	评选图书名	出版社
著述奖	朴景美	《数学音乐会PLUS》	东亚西亚出版社
翻译奖	李景植	《胜者的脑》	RH韩国出版社
出版奖	金泰秀(代表)	《韩语伤寒杂病论》	医圣堂出版社
特别奖	高英秀	《我没有垃圾的生活》	青林出版社
鼓励奖	安尚宪	《我们彗星的故事》	科学图书出版社
贡献奖	金秉葵	《探寻建筑之路》	宝文堂出版社

表12-20 2015年韩国科学技术图书奖获奖名单

奖 项	获奖者	评选图书名	出版社
著述奖	崔德根	《韩半岛形成史》	首尔大出版文化院
翻译奖	权尚哲、朴景焕	《环境谜题(PUZZLE)》	图书出版宇宙
出版奖	张周年(代表)	《为了痴呆患者的记忆旅行》	君子出版社
特别奖	宋祖聂	《甲状腺、头颈部位科学》	法文教育
鼓励奖	金钟秀	《冷冻空气调节的故事(漫画)》	建基院
贡献奖	李星范	《材料力学》	文运堂

表12-21 2016年韩国科学技术图书奖获奖名单

奖 项	获奖者	评选图书名	出版社
著述奖	徐遥生	《虚拟现实时代的脑与精神》	老山鹰出版社
翻译奖	朴秉哲	《心的未来》	金赢社
出版奖	李太刑	《星座的旅行》	书之星出版社
特别奖	科学共享研究会(编)	《科学家的两张脸》	日进社
鼓励奖	金主宪	《骨头的故事》	绿林社
贡献奖	金主元	《充满科学的我们家》	元教材社

(本章作者:王玥)

CHAPTER THIRTEEN
Science Communication in Australia

第十三章
澳大利亚的科学传播

第十三章 澳大利亚的科学传播

澳大利亚全称为澳大利亚联邦(The Commonwealth of Australia),领土面积为7686850平方千米,四面环海,是世界上唯一一个国土覆盖整个大陆的国家。根据澳大利亚统计局的数据,2014年全国的人口达到2346万人。在开展科学研究和科学传播方面,澳大利亚的主要机构包括联邦科学与工业研究组织(Commonwealth Scientific and Industrial Research Organization, CSIRO),澳大利亚研究理事会(Australian Research Council, ARC),澳大利亚创新、工业与研究部,澳大利亚海洋科学研究所(Australian Institute of Marine Science),澳洲核能科技组织(Australian Nuclear Science and Technology Organization),堪培拉国家科技中心,大学,科学中心和科学博物馆,专业学会及研究会等。[1]

本章将从澳大利亚的科学传播政策、组织与机构、人员队伍、经费投入、基础设施建设、大众媒体、科学传播活动、科普创作和科学传播的评估等方面进行简要介绍。

---

[1] Priest S H. Encyclopedia of Science and Technology Communication[M].//Encydopedia of Science and Technology Communication.Sage Publication,2017:79-81.

第一节　科学传播的政策

澳大利亚十分重视科学传播工作，在一系列政府机构和科研院所中都有科学传播方面的政策规定和战略。澳大利亚政府对科研给予了很大的支持，以发挥科学研究在改善公民福祉方面的作用。为了最大化这些研究的益处，来自于这些研究活动的结果必须尽可能广泛地进行传播，以让其他研究人员和广大公众获取。

2016年8月8日，澳大利亚工业创新科学部新任部长雷格·亨特（Greg Hunt）在国家研究联盟大会上发表就职以来的第一次重要讲话，重申了科学对于澳大利亚未来的重要性，提出了科技领域当前和未来的工作重点，政府也对这些工作重点提供了相应的经费。这些工作重点包括：①执行和推动国家创新和科学议程。②加强科学、技术、工程和数学教育投入：拨款5100万澳元促进数字化教育，使学生和教师具有相应的工具和技能以适应未来环境；拨款4800万澳元用于培养所有年龄段澳大利亚人的科学、技术、工程和数学，艺术和人文的素养；拨款1300万澳元用于激励女性从事科学、技术、工程和数学教育及事业。③加强产业界与研发部门的合作：1800万澳元的"全球创新联系"计划已经开始申请，对每个项目提供为期4年、最高100万澳元的资助。[1]

澳大利亚全国科学周是一个年度性的科学传播活动，该活动每年支出经费大约130万澳元，其中一半由政府出资，另一半由企业资助。[2]政府拨款方式是由科学节有限公司向教育科学培训部提出经费申请后下拨，政府的经费主要用于科学节的重点活动。

2009年5月，澳大利亚政府创新、工业和科研部（Innovation, Industry, Science and Research）部长洪·金·卡尔（Hon Kim Carr）发布了《澳大利亚政府创

---

[1] 澳大利亚工业创新科学部长提出科技领域工作重点[EB/OL].(2016-10-10).http://www.casipm.ac.cn/zt/ydkb/201610/t20161025_4685390.html.

[2] 澳大利亚科学节(周)[EB/OL].(2011-08-28).http://gdsta.cn/Item/20171.aspx.

第十三章 澳大利亚的科学传播

新议程2020：创意的力量——21世纪的创新议程》（Australian Government's Innovation Agenda to 2020-Powering Ideas:An Innovation Agenda for the 21st Century），该文件提出的愿景是：①在最大化地利用资源、创新驱动和对成功进行衡量提供基准方面，澳大利亚政府清晰地陈述其国家优先性和愿望；②大学和研究机构吸引最优秀的人力资源来开展全球一流的研究，用新知识和新思想为创新体系提供源泉；③各行各业把创新作为在更大的竞争中获得优势的必经之路，为了新思想和新技术的商业化，政府政策将降低各种壁垒，并最大化各种机会；④政府和社区组织通过创新来改善政策和服务；⑤科研人员、企业和政府将通力合作，以确保商业创新的价值，并解决国内和国际挑战。

在创新技能、支持研究以产生新知识、促进企业创新和合作方面，澳大利亚可以做得更好。上述愿景的实现得到了政策的支持，具体包括：①增加在世界水平上开展研究的澳大利亚团队数量；②通过澳大利亚的大学来推动国际合作研究；③在未来十年，显著增加完成大学学历的人数；④澳大利亚企业、大学和公共资助的研究机构之间的合作再上一个台阶；⑤企业参与创新的比例增加25%，在研发方面投资的企业数量持续增加。

为了实现这个目标，并通过咨询众多科学传播者、教育人员、记者和科学家，以及对国内外文件的审查，澳大利亚出台了激励澳大利亚战略（Inspiring Australia Strategy）。该战略旨在让更多的澳大利亚公民参与到科学中来：澳大利亚公民受到科学努力的激励，并且珍视这种努力；澳大利亚在科学方面吸引了越来越多的国内和国际关注；澳大利亚公民批判性地参与到关键科学议题中；鼓励年轻的澳大利亚公民学习科学并追求科学相关的职业。该战略是由科学共同体为科学共同体本身制定的，在2009年12月份的创新部长会议上，联邦、州政府同意在科学传播方面采用协调一致的方式。

这项战略由一个指导委员会统领，该委员会的组成人员包括澳大利亚首席科学家、联邦科学与工业研究组织的行政长官、堪培拉国家科技中心主任、澳大利亚广播公司（ABC）的高级代表以及一位副秘书长。通过与澳大利亚政府创新协调委员会（the Australian Government's Coordination Committee on Innovation）

的配合,该战略建立了一个工作组以对政府所有的措施予以支持。另外一个工作组是与联邦、国家和地区创新咨询委员会(Commonwealth, State and Territory Advisory Committee on Innovation) 共同建立的,以促进联邦、州和当地政府的连贯行动。他们共享关键的理念和项目信息、寻求合作的机遇、为战略的制定和执行提供一个平台。

每个州执行该战略的工作人员的费用由澳大利亚政府与地方政府和当地机构共同支付。在确保该战略的"国家框架——当地行动"方面,这些工作人员发挥了重要作用,他们对当地和国家战略进行协调、强化科学传播网络、厘清伙伴关系以解决优先需求、为目标受众设计年度活动。

激励澳大利亚战略提供的报告为公众参与科学提供了一个全国性的框架。该战略的持续实施有助于建立伙伴关系并最大化其影响。6位专家组成的小组在以下6个方面就加强科学参与提供建议和意见,具体包括土著澳大利亚居民、热带区域、海洋科学、沙漠区域、主流媒体和社交媒体。

为了实现这个战略目标,激励澳大利亚战略还开发了一系列国家项目,具体信息将在后续章节中介绍。

第二节　科学传播的主体

近年来,澳大利亚政府在科学、研究、创新和科学传播方面的工作有很大的发展,这是一系列科学传播主体共同发挥作用的结果。这些主体包括澳大利亚研究委员会、政府部门和机构、联合机构以及独立的顾问、学术机构和科学网络等等。下面将对这一系列主体进行讨论和分析。

一、澳大利亚研究委员会

澳大利亚研究委员会(Australian Research Council, ARC) 是澳大利亚政府的一个法定机构。它负责管理国家资助计划(National Competitive Grants

Program），澳大利亚自然科学、社会科学和人文学科的研究和相关培训的经费都来自于该计划。

为确保通过研究委员会经费支持所开展的科研项目取得的成果得到最大化传播，2013年1月1日，澳大利亚研究委员会开放获取政策（ARC Open Access Policy）开始生效。该政策要求研究委员会支持的研究项目的任何成果都应该在发表的12个月内提交到开放存取库。

因为认识到研究、科学和创新对提高生产力、改善福祉方面的重要性，澳大利亚政府越来越关注展示和改善研究的社会影响，在汇报和促进这些研究结果的影响方面的协调力也越来越强。2012年，澳大利亚政府成立了一个工作组，对科学研究影响的方法、术语和报告达成共识，这个工作组包括澳大利亚海洋科学研究所、澳大利亚研究理事会、全国卫生与医学研究委员会等8家机构。2012年8月以来，这个工作组召开了一系列会议，主要聚焦于在上述机构内对研究的影响进行策划、监测和评估的当前安排的理解，向利益相关者展示研究活动的收益、建立一系列原则等。这方面的举措包括使用通用语言和术语来促进公众对研究影响的理解，对研究影响的策划、监测和评估方面的积极行为予以鼓励和奖励等。

二、澳大利亚政府部门和机构

澳大利亚开展科学传播的政府部门和机构包括工业创新和科学部、堪培拉国家科技中心等。

（一）澳大利亚工业创新和科学部

澳大利亚工业创新和科学部主导整个澳大利亚政府的科学行动，并且是澳大利亚政府在科学政策、与产业互动以及科学事务方面的首席顾问。一系列科学机构都隶属于该部门，同时它主管澳大利亚首席科学家办公室，并且是政府各部门之间有关科学政策的主要协调机构。通过首席科学家办公室，该部门为联邦科学委员会（Commonwealth Science Council）设立了秘书处，并且与教育和培训部密切合作。

澳大利亚工业创新和科学部网站为http://www.industry.gov.au/Pages/default.aspx。

(二)堪培拉国家科技中心

堪培拉国家科技中心是一个动手为主的互动科学中心,它鼓励公众通过动手参与来学习科学与技术。除了在堪培拉的展览之外,它还负责壳牌科学马戏团(Shell Questacon Science Circus),这是一个包括偏远的土著社区在内的全澳洲的教师和学生都可以参与的流动拓展项目。

该中心网站为https://www.questacon.edu.au/。

浏览该中心的网站,可以看出堪培拉国家科技中心全方位展示了澳大利亚的科学传播,其公众拓展项目包括Q2U以及壳牌科学马戏团,其流动展品十分丰富。

在"发现"(Discovery)板块,该中心设计了针对不同人群的资源,包括科学教师、家长和监护人、在校学生、大学生以及其他感兴趣的人群等。

"科学传播"(science communication)板块列出了澳大利亚课程代码(Australian Curriculum codes)、展品制作、激励澳大利亚、国际参与和科学传播硕士等信息。特别值得一提的是科学传播硕士,壳牌科学马戏团的成员也是澳洲国立大学科学传播硕士一个为期1年的拓展实习项目,他们大多获得了奖学金,并且就读于澳洲国立大学的澳大利亚国家公众意识科学中心(Centre for the Public Awareness of Science),该中心也是联合国教科文组织(UNESCO)在亚太地区的重要合作伙伴与据点,以科学传播(Science Communication)方面的研究而闻名。详细信息将在科学传播人才一节进行介绍。

三、联邦机构

(一)联邦科学与工业研究组织

联邦科学与工业研究组织是澳大利亚一个国家科学组织,该组织成立于1926年,旨在开展一些支持农业、矿业和制造业发展的研究。该组织的科学家们有很多享誉科学界的发明,包括1956年原子吸收光谱测试法的发明和20世纪80年代塑料钞票的发明等。

联邦科学与工业研究组织共有16个部门和9个旗舰项目,其致力于科学研究的人员达到6500多人。

该机构的官方网站为http://www.csiro.au/。

联邦科学与工业研究组织有很多与科学传播相关的活动,包括教育项目、教师能力建设、社区参与、孩子们动手做科学实验、双螺旋杂志和编辑部以及儿童电视科学节目《眼界》等。

具体而言,教育项目包括科学与技术创造力、学校的科学家和数学家、可持续发展等。教师能力建设主要是通过为教师提供职业发展的机会来提升科学教育的质量。社区参与涉及望远镜观测、开放日等活动。动手做旨在让孩子们通过身边或者学校发现的简单元素来探索科学概念和了解科学发现。双螺旋编辑团队及其出版物则是为了激发学龄儿童对科学、数学、工程和技术的兴趣。《眼界》节目则是一个为8—12岁孩子准备的集科学、娱乐和信息性为一体的半小时科学电视节目。

(二)澳大利亚海洋科学研究所

澳大利亚海洋科学研究所是澳大利亚的一个热带海洋研究机构。它就保护和可持续利用澳大利亚的热带海洋资源开展大规模的、长期且世界水平的科学研究并提供资源,以便政府、监管机构、产业和社区可以做出理智的决策。

该机构的网址http://www.aims.gov.au/。

四、卫生部

卫生部的一部分工作包括通过健康推广活动和疾病预防活动来促进公众的健康。其教育和预防活动涉及众多方面,比如酒精问题、青少年健康、环境健康、流感、食品、母婴健康、精神健康、患者教育,等等。同时有关基因技术的监管也隶属于卫生部。《基因技术法2000》是一个对澳大利亚转基因生物进行监管的全国性纲要,目的是识别基因技术可能给澳大利亚居民和环境的健康和安全带来的风险。

其他涉及公众健康的机构还包括:①全国卫生与医学研究委员会。为澳大利亚居民、医疗工作者和政府提供健康建议。②基因技术监管办公室。根据风险评估框架开展风险分析,并提供科学和技术建议。

五、环保部

环保部主要负责保护环境、水资源、土地资源和清洁空气以及开展缓解气候变化的行动等。环境知识传播也是科学传播的一个重要方面。环保部根据《信息自由法》披露环境相关的信息。同时，环保部持续开展公众咨询活动，并发布一系列报告。

拥有相关科学职能的相关机构还包括：南极局、可再生能源机构、气候变化局、大堡礁海洋公园局和水科学办公室等。

六、独立的顾问、学术机构和科学网络

1.澳大利亚首席科学家

澳大利亚首席科学家为总理和其他部长就科学、技术和创新提供高层次的独立建议。首席科学家是向公众传播科学的重要人员，目的在于促进公众对科学的理解、欣赏，并使公众形成以实证为基础的思维。

2.数学和科学教育和工业国家顾问

数学和科学教育和工业国家顾问负责向首席科学家提供科学咨询，并且在教育和工业领域促进科学、技术、工程和数学的发展。

通过与学校、雇主、研究机构和政府合作来制定澳大利亚STEM教育的战略框架，可实现：①在各个层次上提升STEM的教育质量；②根据雇主的需求，提供更恰当的STEM内容；③促进全民科学素养和识字能力；④在教育、产业和政府之间就STEM教育进行更好的协调和沟通。其目标在于：①鼓励教师们利用以实证为基础的教育实践；②让更多的学生在小学、初中和高中阶段接受更多的STEM教育；③STEM领域的毕业生满足产业需求；④形成创新的文化和企业家精神；⑤满足对STEM技能的大量劳动力需求；⑥形式对STEM价值和益处的强烈认知；⑦促进STEM素养的提升；⑧在创新和STEM教育中位居全球前列。[1]

---

[1] The watinal Adviser for Mathematics and Science Education and Lndustry[EB/OL]. http://www.chiefscientist.gov.au/wp-content/uploads/National-Advisor_final.pdf.

3.澳大利亚科学院

澳大利亚科学院成立于1954年2月16日,是一个独立于政府之外的机构,政府为其提供一定的经费,以支持一系列活动的开展。

科学院通过众多项目和活动来支持并促进科学的发展,它的使命之一就是促进公众对科学的理解和认识,即提升公众的科学素养。具体而言,其目标是提升学校科学和数学教育的质量,以及促进公众对科学的认识和欣赏。

为实现上述目标,科学院采取了一系列措施,包括:①强化并拓展"原始联接"和动手做科学项目的影响;②寻找开展"数学探索"(Maths By Inquiry)学校教育项目的机会;③推广旗舰项目《新星:为了好奇心的科学》;④通过创新性的传播策略来提升公众的到达率和社交媒体的到达率;⑤开展全国性科学活动;⑥举办年度科学研讨会。

其网址为www.science.org.au。

4.科技澳大利亚

成立于1985年的科技澳大利亚(Science and Technology Australia, STA)原名为澳大利亚科技协会联合会(Federation of Australian Scientific and Technological Societies, FASTS),其使命是将科学家、政府、产业和更广泛的社区衔接起来,以提升科学和技术的作用和影响。

科技澳大利亚共有3个正式目标:①鼓励政府、科学共同体和产业之间的对话;②促进公众理解科学;③促进各学会之间更紧密的联系。

5.澳大利亚科学传播者

澳大利亚科学传播者是澳大利亚科学和技术传播者的一个全国性网络。其成员包括记者、咨询人员、科学家、教师和科研机构的公共关系人员,他们致力于将科学传播出去。

1996年,设立于澳洲国立大学的国家公众意识科学中心标志着科学传播运动的开端,旨在让公众更多地参与到科学和科学文化中来,让公众对科学试图达到的目标有更好的认识,并且培养公众的"需求"。

加入该网络的一系列大学都开展了科学传播课程,包括澳洲国立大学、新南威尔士大学、昆士兰大学、西澳大学、墨尔本大学以及阿德拉德大学等。

同时,该组织还召开年度科学传播者会议,并出版年度会议论文集。

其机构网站为http://www.asc.asn.au/。

6.澳大利亚科学媒介中心

作为一个非营利性组织,澳大利亚科学媒介中心成立于2005年。科学媒介中心致力于促进媒体的科学传播,即为媒体提供全面、持续、及时和准确的科学新闻。其工作的主要内容包括:专家反馈——对科技上突发性事件和持续的议题提供综合性的专家评论;科学活动——针对即将出现的科技事件进行陈述和解读;反思科学——科学家和其他人员就科学与社会及二者之间的关系进行探讨;背景简介——以音视频、演示文稿和研究论文为辅助的新闻陈述;科研论文介绍——对科研论文进行简单明了的独立的数据分析,并对该科研论文的相关情况进行介绍;概况陈述——就媒体未关注到的突发科技事件进行综合性的描述,提供该话题的详尽信息;等等。[①]

同时,澳大利亚科学媒介中心已经获取了近千名记者的信息和3000多名科学家的相关资料。仅在2011年,该中心就向海内外相关科学杂志推荐了800多名科学家开展科学传播活动。

7.澳大利亚皇家学会

澳大利亚皇家学会是全国性的科学组织,致力于促进公众的科学意识和对科学的理解。该组织每年开展各种科学活动,包括广播、出版物和教育支持项目等。

该机构开展的项目包括:激励澳大利亚(前文已有介绍);科学动画——利用动画来呈现复杂的科学议题,以易于理解;皇家学会艺术项目——通过室内展厅和最先进的场馆把艺术家和科学家聚集起来,以让他们分享创造性方面的想法,其公共科学项目把各种形式的艺术纳入进来,包括视觉艺术、文学、音乐、影视和舞蹈等;

---

① Australian Science Media Center. https://www.baidu.com/link?url=N8RWT8pCmFJv2ANqUqWn2Hqai6t7J49mvXy2FYB5IV_&wd=&eqid=b4cca7f6000447090000000258d52134.

图书俱乐部——该活动聚焦于科幻、传记等书籍,每两个月举办1次,具体活动有小组讨论、与作者见面会以及特定话题的作家小组讨论;科学俳句(Sci-ku)——有关科学的三行诗,描述我们周围的世界,目的在于对世界提供新的见解,同时科学俳句还举办竞赛,2015年国际光学年的主题是全国科学周的"制造波浪——光的科学";总理科学奖——对优秀的科学家和科研人员颁发总理奖等。

在科学教育方面,该组织开展的活动包括:科学之助(Spirit of Science)——为南澳地区10—11岁的在校学生提供前往伦敦参加圣诞科学演讲的奖学金;头条背后的科学——探索热点科学话题以及它们如何出现在媒体上;STEM职业发展资源——为学生们提供必要的资源,确保他们认识到STEM在日常生活中发挥的作用;教辅素材(PDplus)——为致力于为科学方面热点议题的教师提供资源包,包括低水平加速、平方公里阵列望远镜、食品安全、再生医学和风电技术等。

第三节　科学传播人才培养

澳大利亚科学传播的人才培养主要是致力于提高公众科学意识。这既包括专业的科学传播者(例如,科学媒体工作者、科学场馆、博物馆和动物园等公众科学普及场所的工作人员以及科研单位、企业和政府等组织与科学传播工作人员等),也包括理工科学生,因为提高公众的科学素养是一个系统工程,并不能仅仅依靠职业的科学传播者,更需要从事科学研究的科学家、理工科学生的参与。

澳大利亚科学传播专业一般都设在科学学院下面,授予理学位。科学传播作为一个多学科交叉的新兴学科,涉及科学、科学的社会研究、教育学与传播学等4个传统领域。澳大利亚的科学传播专业在涉及上述4个领域的同时,更强调学生的理工科知识(本科要求选修大量的自然科学课程,硕士一般要求科学相关专业毕业才能入学)和科学传播实践,或者说学校更侧重于教授学生怎样才能进行更加有效的科学传播。澳大利亚科学传播专业培养形式既有3年的学士学位、4年的荣誉学士学位,又有研究生证书、研究生文凭、课程硕士学位,还有研究型的硕士、博士学位,各种培养模式应有尽有,形成了一个不同层次的人才培养体系,从而满足社会的不同需求。[①]

设有科学传播专业的院校包括:①澳洲国立大学,该大学的国家公众意识科学中心(该中心也是联合国教科文组织在亚太地区的重要合作伙伴与据点)是澳大利亚历史最长的科学传播学术中心,1986年颁发第一批学位。该大学目前提供本科、硕士至博士研究生教育,允许函授,其硕士教育分为研究型和应用型。②新南威尔士大学,自2000年开始设立科学传播学科,提供本科教育。③昆士兰大学,2005年设立学科,提供研究生教育。④西澳大学,2002年设立学科,提供本科教育,其研究生教育目前在冻结中,有望于2016年重开。⑤墨尔本大学,2010年开设科学传播相关课程。⑥阿德莱德大学为研究生提供科学传播短期课程。

壳牌科学马戏团的成员也是澳洲国立大学的科学传播硕士,大多数学生都获得了奖学金,并且在国家公众意识科学中心学习。该中心的使命是通过提升公众的科学意识、促进公众对话以及改善科学家的科学传播技能来促进人们对现代科学的信心。通过学习和培训,学生们可以成为优秀的科学传播者,并且可以让人们参与到与自身相关的科学、技术和医学信息的讨论中。该中心提供的课程十分广泛,涉及各种传播媒介,比如新媒体、网络、社会媒体、报告、电影、电视和科学中心展览等。

第四节 科学传播的基础设施

一、澳大利亚国家科技中心

澳大利亚国家科技中心创建于1980年,在1988年澳大利亚200周年国庆之际正式对公众开放。该中心为联邦通讯和艺术部下属机构,属于联邦文化与遗产项目的一部分,由联邦通讯和艺术部长任命,大学、企业和金融界人士组成的理事会负责管理。该中心的宗旨是促进全澳国民对科学技术的信任、理解和正确态度,从而推

[①] 樊春丽,吴琦来. 从澳大利亚壳牌科学马戏团看科学传播人才培养[J]. 新闻世界, 2013(8):350-352.

动经济和文化事业的发展。目标是提供世界一流的公共科普教育活动，扩展其在国内科普方面的领导地位和加强与亚洲国家的合作，增强与工商部门的联系以支持科普活动的开展。该中心举办的活动形式丰富多彩，大体分为3类。第一类是在中心本部举办的永久性展览和活动，中心6个展室定期举办展览，还举办公共讲座和各种研讨会，在学校假期为堪培拉附近中小学生举办各类活动。第二类为巡回展览，通过"澳大利亚全国科技展览中心网络"组织，国家科技中心每年组织一些展览到澳大利亚其他城市的科技中心和博物馆巡回展出。第三类是为边远地区和社区举办小型流动展览，如壳牌科学马戏团、科学剧院和行星实验室等。

二、澳大利亚天文台

澳大利亚天文台代表澳大利亚天文学共同体，负责英澳望远镜和英国施密特望远镜的操作。这些世界一流的设备是全球同等规模的望远镜中最具"生产力"的设备。同时该天文台还开展各种各样的公共拓展和教育活动，包括图片库、公众和学生问答板块、天文学术语、天文学史、技术、视频和今日夜空等。

该天文台的网站为https://www.aao.gov.au/public。

三、悉尼动力博物馆

悉尼动力博物馆的收藏约有40万件，它是由一个发电厂改造而成的，悉尼动力博物馆内的收藏五花八门，包括装饰艺术、科学、通信设备、交通工具、服饰、家具、电脑技术、航天工程技术以及蒸汽机等。馆内有一些独一无二的收藏，包括可以追溯到1785年的世界上最古老的旋转蒸汽机、建造于1854年的新南威尔士的第一号蒸汽机车以及最知名的建造于1887年的斯特拉斯堡时钟模型等。馆中还有一个固定展区，展览的内容为网络世界、蒸汽革命和交通工具等。

悉尼动力博物馆的展品具有趣味性、科学性，受到了孩童、年轻人和老人的青睐。其开馆时间为早上的9:30至下午5:00，除圣诞节外，全年开放，在公共假期和学校假期还会延长开馆的时间。博物馆总共有5层，这座多功能的博物馆涵盖了日常生活的各个领域，科学、技术和手工艺品等。访客可以在真正的艺术影院里欣赏有声或无声电影，甚至可以自己探寻科学的奥秘。

博物馆于1991年开馆，馆内展览项目多达数千种，内容五花八门，观众可以看到早期的海滩时髦风情、移民的航行游记、一个悉尼人如何在其后院建造出世界上速度最快的船的有趣展示，也可以看到罪犯在船上的生活情形，同时可以了解为什么冲浪板越变越短，或者在这里玩一玩高科技的电脑游戏，在博物馆的戏院里看一场电影。

第五节 大众媒体的科学传播

媒体是公众获取科技信息的重要渠道，在澳大利亚的科学传播中，大众媒体的形式非常丰富。

一、广播电视科普

澳大利亚广播公司提供有深度的科学内容，它设有科学频道，旗下有广播电台节目和电视节目。其中广播电台节目包括：《尽在脑中》（*All in the Mind*）：关于脑科学和行为学；《人体圈》（*The Body Sphere*）：关于医学、运动和健康；《卡尔博士三级跳》（*Dr.Karl on Triple Jump*）：科学访谈节目；《将来时态》（*Future Tense*）：关于科学技术进展对社会、文化和经济影响的深度探讨；《伟大科学瞬间》（*Great Moments in Science*）：科学话题杂谈；《健康报道》（*Health Report*）：从社会、科学及政治视角解读健康和医学话题；《奥卡姆剃刀》（*Ockham's Razor*）：科学话题杂谈；《脱轨》（*Off Track*）：关于自然、生态和环境；《哲学家地带》（*The Philosopher's Zone*）：探讨逻辑、形而上学和伦理学；《科学秀》（*The Science Show*）：最新科研进展解读等。电视节目包括：《最强职业》（*Ace Day Jobs*）：深入解析不同职业，科学、工程领域职业在节目篇幅中占比显著；《催化剂》（*Catalyst*）：以生物、环境领域为主，偶尔涉及天文、科幻等话题；《实验》（*Experimentals*）：以科学周边实验为主轴的娱乐节目；《谈科学》（*Talking Science*）：科学家访谈等。

澳大利亚皇家学会有澳大利亚的国立科学电视频道，总部位于阿德莱德。其致力于通过线下活动、电视节目、出版物和教育支持项目让科学更有趣、更亲民，让所有澳洲国民能借此感知科学。其经费来自澳洲政府、南澳洲政府和南澳能源巨头桑托斯公司（Santos）。该组织为英国皇家学会的姊妹机构，是非营利性组织。

折射媒体是扎根于STEM领域的定制媒体，其目标为创造世界上最好的STEM资源，使观众全方位地接触STEM。其旗下项目包括网站"科学与商业"，高中信息教育资源指引"编程生涯"，以及出版物《明日边缘》等。

二、网络科普

随着网络的发展，通过互联网开展科学传播已成为一大趋势，在这方面澳大利亚也有值得借鉴的经验。

（一）澳大利亚广播公司

澳大利亚广播公司（ABC）是国家公共广播机构，向澳大利亚和全球提供电台、电视和互联网服务。在其官方网站上，有20个一级栏目，其中有5个栏目与科技或科普内容相关，包括科学（*Science*）、《在线教育》（*Splash Education*）、《健康》（*Health*）、《技术 & 游戏》（*Technology & Games*）和《青少年》（*Kids*）。科技和科普内容占比为25%左右，其中科学栏目包含大量天文、环境、生物和地理等方面的科普知识，呈现形式包括图片、视频、新闻和评论等；在线教育栏目主要面向青少年、家长和教师，超过70%的内容均为青少年设计，含有丰富的多学科（英语、数学、科学、历史和地理），多形式（视频、游戏、图片和科学实验）等互动内容，强调启发性和参与性。青少年栏目面向16岁以下青少年，以动漫和游戏等互动内容为主，旨在激发青少年的学习兴趣。[1]

---

[1] 澳大利亚网络科普现状[EB/OL].(2014-11-21). http://www.crsp.org.cn/xueshuzhuanti/yanjiudongtai/112111M2014.html.

(二)澳大利亚科学媒介中心

澳大利亚科学媒介中心网站的科普资源内容主要分为科学新闻、科技报道指导、科学家受访指导和媒体官员业务指导等。科学新闻分为4个主要类别,包含约100种标签,热点新闻约每3天更新1篇,网站上共有约1000篇。日本福岛核事件后,澳大利亚科学媒介中心共发布16篇有关福岛核辐射的科学新闻和消息,为破除公众疑虑提供了权威科学的信息来源。针对媒体记者的科学报道技巧有11个主题,帮助科学家理解媒体的页面包含多段视频、音频和相关讲座信息,此外,包含针对媒体官员的业务指导的多段视频和音频内容。

(三)澳大利亚联邦科学与工业研究组织

澳大利亚联邦科学与工业研究组织拥有一个媒体中心,在全国设有9个教育中心,其网站上绝大部分都属于科技内容。这些科技内容可分为3类。一是关于澳大利亚联邦科学与工业研究组织自身的研究项目和基础设施,占总体内容的1/4左右,这部分内容有丰富的外部链接;二是由媒体中心发布的科技新闻,占总体内容的1/5左右,其中一半以上是由澳大利亚联邦科学与工业研究组织发布的新闻;三是为青少年、教师和家长提供的课堂教学、科学实验、家庭教育、科普活动信息和科技职业简介等,相当多的内容链接到澳大利亚联邦科学与工业研究组织开展的各类科普活动(如科学俱乐部),或向其推荐澳大利亚联邦科学与工业研究组织出版的科普期刊(如《双螺旋》),这部分内容约占总体内容的一半。

(四)澳大利亚国家科技中心

该中心的网站科普内容主要面向教育者、在校学生和公众,包括教育资源、学习资源和展品科技背景知识等。其中,包含四大类科技信息。一是科技中心举办的展览、讲座和其他活动信息,以及科技中心在澳大利亚举办的全国巡展和校园拓展活动信息(如壳牌科学马戏团、Q2U俱乐部等);二是向青少年、教育者和家长推荐的各类参观、展览、科学实验和科普活动信息;三是技术学习中心的一些模型制作简介;四是科技中心在国内和国际科学传播领域的职能和活动介绍。这4类科技信息各占1/4左右,主要为各类人群参与各种科普活动提供资源向导。

（五）澳大利亚皇家学会

澳大利亚皇家学会是唯一一家有科学共同体背景的科学传播权威机构，其网站核心栏目是"一周科学"（Science in a Week），配以视频及文字解说，还有科学博客、媒体新闻以及媒体问答反馈内容。另外，澳大利亚皇家学会网站上还有其科学教育项目的内容简介和相关讲解视频，并为注册会员提供多种科普资源包和相关资料下载，包括教育资源包、图书馆资源包和STEM就业资源包等。皇家学会的网站上的科普内容超过80%。

（六）公众科学传播公司

公众科学传播公司的核心成员均为在科学传播领域有多年经验的科学传播专家，开展专职人员培训、科学家媒体应对培训、媒体报道培训和活动策划等业务内容。其网站上的核心科普栏目是"一周公众科学话题"，其他科普资源主要是与其业务活动相关的拓展内容。公司网站上的科普内容约占1/3。[1]

三、其他形式的科普

《宇宙杂志》（*Cosmos Magazine*，https://cosmosmagazine.com/）是由澳大利亚出版发行的致力于深度报道科学新发现的科普杂志。该杂志两月一期纸刊、每周一期电子刊，并为文章配套与7—10年级课纲匹配的教学素材。其主编为墨尔本莫纳什大学神经科学家艾伦·芬克尔（Alan Finkel），发行机构为宇宙媒体私人公司（Cosmos Media Pty Ltd），该出版社位于墨尔本，曾两度获得澳大利亚年度最佳出版商奖。该杂志类似于美国的《科学美国人》或者《新科学家》。

澳大利亚怀疑论者（Australian Skeptics，http://www.skeptics.com.au/）是一个以负责任的科学视角审视超自然现象和伪科学声明的组织，他们出版有季刊《怀疑论者》杂志。

---

[1] 澳大利亚网络科普现状[EB/OL].(2014-11-21). http://www.crsp.org.cn/xueshuzhuanti/yanjiudongtai/112111M2014.html.

第六节　公众科学传播活动

一、壳牌科学马戏团

壳牌科学马戏团是一个由澳大利亚壳牌公司、澳大利亚国立大学和Questacon联合发起的项目。参与该项目的表演者是在国立大学学习科学传播专业的硕士研究生。该研究生项目学制一年，目标是培养学生进行有效科技传播的技巧。参与科学马戏团的活动是实践课程的一部分。科普马戏团一般雇用15人，其中有澳大利亚国立大学科学传播专业选派的10名硕士研究生，其余为项目经理、协调、工作人员和司机等5人，雇用的费用由科技中心提供。科普马戏团共分成5个演出小组，每2人组成1个小组。科普马戏团的成员不仅要负责所有的展览，担任讲解员，还要负责为所到地区培训年轻的科普志愿者，以利于他们到当地电视台做科普节目，扩大科普传播范围。

二、澳大利亚全国科学周

澳大利亚科学节（周）每年8月中旬举办，是澳大利亚一年一度庆祝科学技术和科研人才的活动。参与者有学生、科学家、厨师和音乐家等，科学周囊括1000多个全国范围内的科学技术活动。该活动在各大城市举办，但在活动名称上有所区别。在首都特区堪培拉称为"澳大利亚科学节"，它是澳大利亚举办最早的科学节，首届于1993年举行，有70,000名访问者参与了其中的65项活动。此后，科学节迅速发展，每年可吸引120,000访问者参加其组织的180项高质量活动。该活动在其他州则称为"科学周"。

科学周的目的在于提高全社会对科学、技术及其发明在推动社会发展、经济发展和维护环境中所起作用的认识和了解。国家科学节（周）与澳大利亚广播公司，科学节有限公司，澳大利亚科学教师协会，澳大利亚教育、科技与培训部，澳大利亚工业、旅游与资源部，以及澳大利亚科学与工业研究组织均建立了伙伴关系。

因为科学对社会的影响是全方位的，所以每年的科学节不设主题。但是澳大利亚科学节注重发挥名人的影响力。在科学节中邀请社会名人参加活动，提高了对公众的吸引力，这些名人包括相关参议员、政府部门高官和诺贝尔奖获得者等。该活动的参展单位以科研、教育部门为主。青少年是系列活动的主要目标人群。

三、其他的科学传播活动

澳大利亚科学院开展了科学通道(Science Pathways)研修班,这是一个致力于为处于职业初期的科研人员提供科学传播相关活动的项目。

3分钟论文竞赛,该活动由昆士兰大学在2008年首次创立,2009年和2010年,该竞赛扩展至澳大利亚和新西兰其他高校。截至目前,该活动已经在全球18个国家的350多所高校举办。这种竞赛活动对于传播科学具有重要的影响,参赛者需要在3分钟的时间内把其论文的主要内容陈述清楚。这一方面促进了相关领域的科学传播,另一方面也有助于科学传播人才的培养。

慕课课程覆盖了很多领域和话题,而科学话题所占的比重最大。此外,众多的科学项目也致力于把很多小的科学项目集中起来,在传播科学方面发挥了重要作用。

澳大利亚工业创新和科学部设立了学校中的科学家(Scientists in Schools)项目,在科学家和学生以及教师之间架起桥梁,从而促进学校的STEM教育。同时,该部门的出版机构还为学校和公众提供了与科学相关的素材,以促进公众对科学的理解。

科技澳大利亚每年组织科学与政策制定者面对面活动(以前是科学与国会面对面),进一步提升政策制定者对科学的认识。

澳大利亚政策及科学研究所设立了出头鸟奖(Tall Poppy Awards),奖励处于职业早期且对科学传播做出贡献的科研人员,同时也会组织科学传播活动。该奖项由澳大利亚政策及科学研究所于1998年设立,并且在促进更广泛的公众参与方面取得了很大的成就。特别是出头鸟进校园(Tall Poppies Reaching Students Program)让年轻的获奖者走进校园,提升学生和教师对科学的理解、兴趣和欣赏力。

澳大利亚研究委员会和国家卫生与医学研究委员会支持开展开放获取运动,确保公共经费资助的科学可以被公众熟知。

开放创新体系和开放科学药物发现(Open Source Drug Discovery)让更多的公众参与到公民科学项目中来,从而促进了科学传播的发展。

气候委员会为公众提供独立、权威的气候变化信息,并且发布一系列报告和视频节目,开展有关气候变化的科学传播活动。

(本章作者:王大鹏)

参考文献

[1] Frank A J, James L.Guides to the Royal Institution of Great Britain:1 HISTORY [EB/OL]. (2017-01-05) [2017-01-05].http://www.rigb.org/docs/brief_history_of_ri_2.pdf.

[2] 田锋,李侠.何时才会出现中国人的"圣诞讲座"?[EB/OL]. (2015-04-08) [2017-01-05]. http://wap. sciencenet.cn/blogview.aspx?id=880767.

[3] 梁玉兰,邱举良.英国科学文化传播体系及其措施 [EB/OL]. (2013-05-25) [2017-01-05]. http://www.bsc.cas.cn/jlyd/tszs/201305/t20130525_3849464.html.

[4] 王黎明,赵立新.澳大利亚网络科普现状[EB/OL].(2014-11-21) [2017-01-05]. http://www.crsp.org.cn/xueshuzhuanti/guojikexuechuanbodongtai/112111M2014.html.

[5] 英国皇家学会. 公众理解科学[M].唐英英,译.刘华杰,校.北京:北京理工大学出版社,2004.

[6] 佟贺丰,赵立新,朱洪启.各国科普政策比较[J].科技中国,2006(2).

[7] 中国科普研究所.科研与科普结合的机制研究——若干科技先行国家政策文献研究报告[R].2011.

[8] 翟杰全.科技公共传播的传播主体及其参与动机[J].北京理工大学学报:社会科学版,2005,7(5).

[9] 李伟伟.科学传播的主体及其责任研究[D].太原:太原科技大学,2012.

[10] 维克多·丹尼洛夫.科学与技术中心[M].中国科技馆,编译.北京:学苑出版社,1989.

[11] 任福君,翟杰全.科学传播与普及教程[M].北京:中国科学技术出版社,2012.

[12] 欧亚戈.浅谈美国科技博物馆的发展态势[J].自然科学博物馆研究,2016(2).

[13] 王大鹏,钟琦.国外科学媒介中心综述[EB/OL].(2014-10-16)[2017-01-05].http://www.crsp.org.cn/xueshuzhuanti/guojikexuechuanbodongtai/101610552014.html.

[14] 李红林,钟琦,王大鹏.科普:科学家和媒体都要拼[J].博览群书,2015(3).

[15] 杨文志,吴国彬. 现代科普导论[M].北京:科学普及出版社,2004.

[16] 萧庆元,强亦忠.科技写作教程[M].北京:高等教育出版社,2005.

[17] 中国科普研究所.国外科技传播综述:2001－2005[M].北京:科学普及出版社,2007.

[18] 付萌萌,何丹.中国科普影视如何实现自身的发展——借鉴国外影视作品《生活大爆炸》[Z].北京科学传播创新与发展论坛,2010.

[19] 张明生.我国科技馆发展中的问题与对策[J].科技通报,1999,15(5).

[20] 胥彦玲,何丹,吴晨生.国外科技馆建设对我国的启示[J].科普研究,2010,5(1).

[21] 陈静."世界地球日"各国活动集锦[J].地球,2011(4).

[22] 党伟龙,刘萱.论欧美"科学咖啡馆"的实践及其启示[J].科普研究,2013,8(1).

[23] 菲利普·夏皮拉,斯蒂芬·库尔曼.科技政策评估:来自美国与欧洲的经验[M].方衍,邢怀滨,译.北京:科学技术文献出版社,2015.

[24] 郑念,张平淡.科普监测评估理论与实务[M].北京:科学普及出版社,2008.

[25] 任副君,张志敏,翟立原.科普活动概论[M].北京:中国科学技术出版社,2013.

[26] 景佳,韦强,马曙,等.科普活动的策划与组织实施[M].武汉:华中科技大学出版社,2011.

[27] 任副君,张志敏,翟立原.科普活动概论[M].北京:中国科学技术出版社,2013.

[28] 李秀菊,袁洁.欧盟框架计划中科普项目的评估分析[J].科研管理,2015(s1).

[29] 李林.博物馆展览观众评估研究[D].上海:复旦大学:2009.

[30] B.约瑟夫·派恩,詹姆斯·H.吉尔摩.体验经济[M].毕崇毅,译.波士顿:哈佛商学院出版,1993.

[31] 李林.博物馆展览观众评估研究[D].上海:复旦大学,2009.

[32] 英国科学文化传播体系及其措施[EB/OL].(2014-03-11)[2017-01-05].http://www.whiov.ac.cn/xwdt_105286/kydt/201403/t20140311_4049292.html.

[33] 中国科普研究所.国外科技传播综述(2001—2005)[M].北京:科学普及出版社,2007.

[34] Review of BIS Science & Society[EB/OL]. (2017-01-05) [2017-01-05].Programme. http://webarchive.nationalarchives.gov.uk/20120206100416/http://interactive.bis.gov.uk/scienceandsociety/site/.

[35] UK Charter for Science and Society[EB/OL]. (2017-01-05) [2017-01-05].https://scienceandsociety. blog.gov. uk/uk-charter-for-society/.

[36] 2010 to 2015 Government Policy:Public Understanding of Science and Engineering [EB/OL]. (2017-01-05) [2017-01-05].https://www.gov.uk/government/publications/2010-

to-2015-government-policy-public-understanding-of-science-and-engineering/2010-to-2015-government-policy-public-understanding-of-science-and-engineering.

[37] Schiele B,Landry A,Schiele A.Science Communication in Canada[R],2011.

[38] 马英民.加拿大博物馆的理念与实践[J].中国博物馆,2006(4).

[39] Science Literacy Week Sept 19-25[EB/OL].(2016-04-01)[2016-04-01].http://sciencewriters.ca/4222258.

[40] MPG.A Portrait of the Max Planck Society[EB/OL].(2016-11-13)[2016-11-13].https://www.mpg.de/short-portrait.

[41] 陈江洪.德法最大国立科研机构的科学文化传播[J].科普期刊,2012,7(3).

[42] 王一.德国科幻笔杆子是怎样炼成的？[EB/OL].(2016-06-20)[2016-06-20].http://cul.qq.com/a/20160620/020996.htm.

[43] 吴限,谭文华.德国科普期刊综览与评析[J].科普研究,2015,10(3).

[44]《科学技术普及概论》编写组.科学技术普及概论[M].北京:科学普及出版社2002.

[45] 司荫贞.日本面向二十一世纪中小学教育内容和课程改革[J].比较教育研究,1999(2).

[46] 张馨文,诸葛蔚东.日本科学媒介中心在福岛核电站事故中的措施和作用分析[J].科普研究,2016,11(1).

[47] 姚利芬.日本科普图书编撰形式初探[J].科技传播,2015(4).

[48] 余维运.韩国科学文化事业演变浅析[J].科普研究,2010,5(3).

[49] 董向荣.韩国起飞的外部动力——美国对韩国发展的影响（1945—1965）[M].北京:社会科学文献出版社,2005.